暨南大学马克思主义与中国社会研究系列丛书

程京武　柏元海／主编

# 综合国力与文化软实力系统研究

ZONGHE GUOLI YU WENHUA RUANSHILI XITONG YANJIU

贾海涛／著

中国社会科学出版社

**图书在版编目（CIP）数据**

综合国力与文化软实力系统研究／贾海涛著．—北京：中国社会科学出版社，2015．4

（暨南大学马克思主义与中国社会研究系列丛书）

ISBN 978-7-5161-5661-2

Ⅰ．①综…　Ⅱ．①贾…　Ⅲ．①综合国力—关系—文化事业—建设—研究—中国

Ⅳ．①D6　②G12

中国版本图书馆 CIP 数据核字（2015）第 041701 号

---

出 版 人　赵剑英
责任编辑　王　茵
责任校对　任晓晓
责任印制　王　超

---

出　　版　中国社会科学出版社
社　　址　北京鼓楼西大街甲 158 号（邮编 100720）
网　　址　http://www.csspw.cn
　　　　　中文域名：中国社科网　　010-64070619
发 行 部　010-84083685
门 市 部　010-84029450
经　　销　新华书店及其他书店

---

印　　刷　北京君升印刷有限公司
装　　订　廊坊市广阳区广增装订厂
版　　次　2015 年 4 月第 1 版
印　　次　2015 年 4 月第 1 次印刷

---

开　　本　710×1000　1/16
印　　张　20.75
插　　页　2
字　　数　330 千字
定　　价　63.00 元

---

凡购买中国社会科学出版社图书，如有质量问题请与本社联系调换
电话：010-84083683

# 文化认同、国家认同与人的发展（总序）

蒋述卓

马克思主义是当代中国的主流意识形态，但是要“使马克思主义在中国具体化，使之在其每一表现中带着必须有的中国的特性”。[①] 马克思主义中国化进程中始终不能回避的是“认同”问题。“认同（identity）是人们意义与经验的来源”，[②] 是公民实现从思想到行为转变的关键因素。只有公民从理性和情感上对理论产生了认同感，才能自觉地践行和发展。认同构建可以在不同领域开展，每个领域的认同都会对人的发展产生潜移默化的促进作用。

## 一

在认同领域中，文化认同是深植在历史与文明之中的基础性认同。文化变迁是认同变化的重要缘由，文化认同也会深刻影响经济认同、政治认同、社会认同等认同格局。“必须经年累月，借助集体记忆，借助共享的传统，借助对共同历史和遗产的认识，才能保持集体认同的凝聚性”。[③] 文化认同的产生既与文化的凝聚力和说服力相关，也与文化的传播力和渗透力相连，这是文化认同延续的内在和外在力量的结合。从文化的凝聚力和说服力来看，狭义文化特

---

① 《毛泽东选集》第 2 卷，人民出版社 1991 年版，第 533 页。

② ［美］曼纽尔·卡斯特：《认同的力量》，夏铸九、黄丽玲等译，社会科学文献出版社 2003 年版，第 2 页。

③ ［英］戴维·莫利、凯文·罗宾斯：《认同的空间——全球媒介、电子世界景观和文化边界》，司艳译，南京大学出版社 2001 年版，第 98 页。

指社会在不同历史阶段的精神文明，其中包括价值观文明。文化的内核是价值观，不同的价值观通过多种文化形式来传递或表达。价值观是人类观照自我和社会的精神产物，其对自我和社会发展有着内在的驱动力量。价值观的影响力来自其对人和社会的作用力，即是价值观内在的指引能力。文化认同以价值观的凝聚力和说服力为基础，呈现其内在的吸引力和感染力。另外，文化的传播和渗透是在社会交流过程中完成的。“交流是借助于社会经验过程中的姿态的会话而进行的”。[①] 社会交流越频繁，文化传播越活跃；社会互动越多元，文化渗透越广泛。文化的传播力和渗透力既与社会形态相关，也与技术发展相连。社会形态越高级，文化传播越迅速；技术发展越快捷，文化渗透越普及。文化认同以文化的传播力和渗透力为拓展，传播渗透力越旺盛，文化认同持久性越明显。

那么，如何才能不断增强文化的凝聚力、说服力、传播力、渗透力呢？第一，文化的主导性。任何民族文化都会在自身长期发展中逐渐形成主流文化和非主流文化。主流文化对社会的影响高于非主流文化，主导着社会的价值观念、思维方式、交往特征等。主流文化需要有意识培育，既要有文化根基和积淀，也要有意识形态的引导和塑造。在文化的主导性上，核心价值观问题尤为重要。“传统的中国人之自我被看作是某种和有意义的他人发生关系的角色构形，在由主导性的文化价值观所限定的方式之中，自我的取向主要是倾向于有意义的他人”。[②] 社会群体具备了内化的核心价值观，才能把持社会尺度和底线。个体具备了核心价值观，才能发挥自身优势和特长。社会精神底蕴的呈现，需要核心价值观的支撑和发展。文化的主导性实质在于核心价值观的主导性，来自其对社会精神需求的准确把握和反映。核心价值观的主导性建立在一定社会的经济形态、政治制度、文化模式、社会发展之上，是对社会发展阶段精神需求的高度概括凝练，能够深层反映社会需要解决的思想矛盾和

① ［美］乔治·H. 米德：《心灵、自我与社会》，赵月瑟译，上海译文出版社 1992 年版，第 44 页。

② ［美］A. 马塞勒等：《文化与自我》，任鹰等译，浙江人民出版社 1988 年版，第269 页。

问题。

第二，文化的多元性。文化认同不仅需要文化主导性，还需要文化多元性。其实质是指社会文化的包容性。只有主流文化具有包容特质，才能呈现文化的繁荣景象和局面。文化多元性是经济全球化和政治多极化的必然结果，要想融入全球化浪潮之中，主流文化对现实社会思潮的包容度须不断加大，多元才能多样，多样才能繁荣。文化多元性需要文化对话，只有在对话中，文化才能兼容并蓄，协同发展。文化对话是文化认同的必要路径。通过文化对话，文化主体不仅从情感上接纳文化多样性，而且通过理性来辨析文化异质性，进一步在比较中彰显优势，弥补不足，不断强化自己的能动适应性。文化对话通过一定的中介来完成，包括政府机构、社会组织、专家学者、公民自身等。不同主体在文化对话中发挥的功能各不相同。政府的作用在于开放文化对话和交流的大门，容纳文化的“百花齐放、百家争鸣”，构建多样化的文化交流平台和机制。社会组织的作用在于通过文化产品来传递文化内涵，沟通有无，搭建起文化对话的多样化渠道。专家学者的作用在于贡献思想创新的力量，诠释文化传统，挖掘文化特色，创造文化未来。公民自身的作用在于用个体的言行举止来鲜活生动地展开文化对话。只有通过不同形式的文化对话，文化的多元性才能始终保持生机，增添文化认同的吸引力。

第三，文化的时代性。文化认同在不同时代皆有存在价值，只有充分体现出时代特色的文化，才具有感召力。文化的时代性离不开民族国家和社会发展的具体阶段。不同的民族国家基本国情不同，其文化依托于历史、宗教、伦理、制度等多重因素，体现出文化的延续性。社会发展经历不同阶段，在每个阶段中文化会鲜明地反映出时代特质。民族文化既要保持自身文化传统，也要与时代特质接轨。文化全球化是伴随着经济全球化而来的时代潮流，带来两种文化后果。一种是文化的相生相长，共存共荣，另一种是文化的冲突和对抗。无论是文化共生，还是对抗，都取决于两种文化价值理念的兼容度。具备高度兼容性的文化能够与更多的文化种类和平共处，共同发展。反之，文化冲突和对抗不可避免，诱发的经济后果、政治后果、社会后果等将出现连锁反应。文化信息化是信息时代带来的时代要求，信息化的文化交流更加便捷，形式更加多样，影响更加广泛。“新的信息科技将会松动权力网络并使权力分散化，事实上打破了单向结构、垂直监控的集权逻辑”。[①] 信息时代的文化认同视域是信息化生产，异质文化在相同的技术平台上交融交锋。文化在世俗化时代逐渐成为经济的俘虏或附庸，文化仅仅通过经济力量来展现自身存在，就会失去文化内在价值的光芒和观照。文化认同既要适应世俗化的文化存在，更要凸显文化主体的价值取向和追求。

第四，文化的超越性。“文化是思想活动，是对美和高尚情感的接受”。[②] 文化的超越性指文化不仅是社会生活的现实反映，而且在一定程度上能够超越现实，引领现实发展。因为文化是人自主能动的创造物，人能够在自己的思想世界中对未来进行现实建构。现实社会在不断发展，文化认同不能仅依赖于传统与现实，必须要有对未来的展望和设想，为人们提供愿景和期待。文化的超越性如何得以实现？关键在于文化批判性。“怀疑，即现代批判理性的普遍性的特征，充斥在日常生活和哲学意识当中，并形成当代社会世界的一种一般的存在性维度”。[③] 文化生于传统，但要批判传统，才能超越传统。文化批判既有对传统的批判，也有对现实的批判。这种批判主要来自理性精神。只有理性才能克服情感对现实和传统的依赖，才能从现实出发，构想未来。文化理性精神的培育需要长期过程，既需要国家开明、开放的文化战略，也需要公民意识的启蒙和养成。从文化战略来说，需要把文化软实力的地位提升到与经济发展同等重要的位置，也就是文化自觉、自省、自建思想的确立和形成。同时，还需要明确文化的价值理性方向，即文化价值来自哪

---

① ［美］曼纽尔·卡斯特：《认同的力量》，夏铸九、黄丽玲等译，社会科学文献出版社2003年版，第346页。

② ［英］怀特海：《教育的目的》，徐汝舟译，生活·读书·新知 三联书店2002年版，第1页。

③ ［英］安东尼·吉登斯：《现代性与自我认同》，赵旭东、方文译，生活·读书·新知 三联书店1998年版，第3页。

里，追求什么的问题。文化理性不仅是国家战略设计，也是公民意识应有之义。文化的微观主体是公民，公民意识的进步和落后直接关系到文化理性的土壤和根基。

## 二

文化认同实践在一定的民族国家之中进行，国家认同是文化认同的深层演进和升华。所谓国家认同是指公民对作为政治共同体的国家从情感和理性上的认知、评价和行动。国家认同更多的强调政治意义上的认同感和归属感，而文化认同则强调对社会文化的心理态度评价。文化认同是国家认同的前提和基础，文化认同强化国家认同，为国家认同提供心理支撑。国家认同在经济全球化、政治多极化、文化多元化、社会信息化的时代凸显重要意义。首先，国家认同是意识形态纷争的基本要求。当代世界东西方价值观的冲突没有消失，意识形态的纷争和对抗仍然存在，意识形态安全问题越来越重要。无视意识形态的差异和渗透，将可能导致政权垮台、国家解体的严重后果。国家认同的塑造对于巩固意识形态主导权，加强意识形态安全有现实价值。其次，国家认同是民族国家自主发展的信心保证。历史经验表明，任何国家的持久发展都必须建立在独立自主的基础之上。这种独立自主不仅是政权的独立，还特别强调发展道路的独立性。世界上没有一个国家的国情完全相同，决定着没有一个国家的发展道路适合所有国家。要想民族崛起、国家富强、人民幸福，需要从心理上找到对自己国家发展道路的坚定信心。再次，国家认同是公民人格成熟的重要标志。“只有在共同体中，个人才能获得全面发展其才能的手段，也就是说，只有在共同体中才可能有个人自由。”① 人类的群体性生存特征显著，没有人能够脱离群体成就自身完整的人格特质。自近代以来，民族国家作为新型社会共同体出现，成为公民赖以生存和发展的基本场域。公民与国家

① 《马克思恩格斯文集》第 1 卷，人民出版社 2009 年版，第 570 页。

之间的相互依存关系日益增长，公民只有在国家中才能获得生存资料、知识信息、社会支持、发展机会等。反过来，失去公民认同的国家将会失去其政治合法性基础。

那么，如何才能在当代世界建构起国家认同，塑造良性的公民与国家沟通模式，实现国家治理现代化呢？第一，国家道路的可持续性。国家认同是长期动态的形成过程，既有文化传统的历史因素，也有国家道路的现实缘由。选择什么样的国家道路直接决定国家认同的可持续性存在。“与外界完全隔绝曾是保存旧中国的首要条件，而当这种隔绝状态通过英国而为暴力所打破的时候，接踵而来的必然是解体的过程”。[①] 国家道路的可持续性有内外因素的综合作用，根本性的是国家自身因素。国家道路要有从上至下、从前至后的系统性顶层设计，着眼大局，着眼长远，全面部署，重点推进，从理论上不断完善指导思想，从现实上不断修正实践方案，保证国家道路有条不紊，有序前进。国家道路设计要有充分、扎实的国情基础，着眼自身，着眼实际，广开言路，汇集民智，从思想上摆正国家权力与公民权利的关系，从行动上把民众利益放在首要位置，奠定国家道路的底层支柱。同时，不能偏执狭隘执着于自身利益，要有开放豁达、放眼世界的人类情怀，着眼人类，着眼自然，互利共赢，互帮互助，从认识上提升大国责任意识，从交往上体现大国形象。国家道路与国家认同之间相互促进、相互制约。国家认同是国家道路的精神支撑，国家道路是国家认同的实践体现。

第二，国家实力的增长性。国家道路要保证国家实力不断增长，国家地位不断上升，才能提升国家认同概率。国家实力增长含义丰富，既要有物质基础的不断夯实，也要有精神力量的持续引领；既要重视技术生产的创新变革，也要关注社会生活的量质提升；既要对内凝聚人心，也要对外辐射影响。国家实力成为全球化时代国家地位的决定性因素，国际竞争从整体上带动社会进步和发展，促使国家迎接挑战，成为时代的参与者和推动者，但也可能引发国家认同的分散效应，多元、多样、多变的社会思潮给国家凝聚

① 《马克思恩格斯全集》第12卷，人民出版社1998年版，第115页。

力带来巨大冲击和威胁。“新的权力在于信息的符码与再现的意象，社会据此组织其制度，人们据此营造其生活并决定其行为。这个权力的基地是人们的心灵。”① 要在全球化竞争中保持国家认同的集中性，需要从经济实力、制度实力、文化实力、技术实力等多方面、多层次、多维度建构认同空间。经济实力是基础，当代中国经济实力水平的结构调整与深层优化是发展方向。制度实力是关键，国家道路的优越性如何显现，国家发展成果如何分享，主要通过开创完善实效性制度。文化实力是提升，大国风范不仅是物质富足，更要通过文化素养来怀柔天下，体现国家价值。技术实力是创新，在信息时代的国家竞争中，技术已经成为领先时代的核心要素，要有技术开发的理念和实力，保证国家竞争的技术优势。

第三，国家意识形态的凝聚力。意识形态与文化之间有交叉性，但两者之间不完全等同。文化更多意义上着眼于社会层面，意识形态更多的出发点是国家政权。文化影响力不等于意识形态的感召力，要想实现国家认同，还需要对意识形态的凝聚力有更多的探讨和研究。意识形态凝聚力表现在意识形态自身的先进性、意识形态功能的现代性、意识形态发展的变迁性等方面。首先，意识形态自身的先进性。意识形态虽然为不同政权服务，但是其自身的理论特质存在诸多差别。意识形态的先进性呈现出历史和国家的不同，资本主义意识形态比封建主义意识形态先进，因为其与历史发展趋势一致。社会主义意识形态比资本主义意识形态先进，因为其与人类未来相符，与中国国情相适应。不顾历史趋势和国情类型，盲目照搬照抄他国意识形态，不可能体现意识形态先进性，更不可能谈得上凝聚力。其次，意识形态功能的现代性。意识形态的先进性不是一劳永逸的，其凝聚力不仅体现在其性质上，而且在于其功能的现代性上。意识形态功能不能局限于为国家政权辩护的领域之中，必须拓展其社会功能性，也就是要发挥意识形态在社会领域之中的作用和价值。再次，意识形态发展的变迁性。意识形态不是一成不

① ［美］曼纽尔·卡斯特：《认同的力量》，夏铸九、黄丽玲等译，社会科学文献出版社2003年版，第415页。

变，其必须随着社会变迁改变其相应的话语体系，体现出意识形态对现实社会发展的强大解释力和说服力。

第四，国家制度的适应性。公民与国家之间良性沟通渠道建立的关键是制度的适应性。良好的制度能够为公民与国家搭建畅通的交流平台，缓解社会情绪，释放社会压力，维持社会的正常运行秩序。制度的适应性主要表现在制度的理性化、控制力、公正性、发展性等方面。制度的理性化是指国家制度的构建需要遵循理性原则，从历史传统、经济状况、社会性质、政治体制等多种因素综合考量，体现制度的内在契合能力，通过制度来安排社会关系，从而达到制度的最大化效益。制度的控制力是指国家制度对社会的协调能力，这种协调能力不仅需要刚性规制，而且需要柔性影响力。也就是指制度的人文理念，以人为本，从人的需求和发展出发进行制度设计，从而得到民众情感上的认同和支持。制度的公正性是制度公信力的关键所在。当代社会对于公平正义的企盼在某种程度上甚至超过利益需要。国家要想长治久安，就需要平衡社会各阶层群体诉求，从制度上尽可能照顾多方切实期待。制度的发展性是指国家制度既要在一定历史时期保持稳定，以达到凝聚力量，聚集资源，整合社会的目的，也要随着时代发展及时进行调适，实现制度现代化，提高国家制度的治理水平。

## 三

“一个民族的根本性自我认同，必须和该民族为维护自己的社会理想和政治理想所作的努力结合起来”。[①] 无论是文化认同，还是国家认同，都要明确其根本性指向在哪里。认同的目标有两方面，一方面是国家整体上的进步和发展，另一方面是人自身的提升与发展。两方面相辅相成，国家发展为人的发展提供现实的良好环境和

① 张旭东：《全球化时代的文化认同：西方普遍主义话语的历史批判》，北京大学出版社2006年版，第66页。

条件，人的发展从长远上增强国家发展的后劲和机会。认同是人的认同，其最终的回归仍然是人的发展。人的发展命题贯穿古今中外思想家的思虑始终，而且将会伴随人的存在成为永恒命题。人的发展在不同时代有不同显现，除了其基本问题包括人的智力、体力、素质等方面发展之外，还有广泛的拓展内涵。当代世界人的发展是在民族国家之中实现的发展，其无法脱离一定的文化传统，也离不开民族国家的时代变化。文化认同、国家认同为人的发展提供内在精神动力，从历史与现实上为人的发展指出方向。

第一，人的思想意识发展。“人一旦有了意识，人就具有了一种解释自己记忆中的过去、解释将要参与的未来和解释自己所遭遇的世界的结构”。[①] 认同是个体在多种因素刺激下，构建内在精神世界的心理活动过程。认同活动可以促进人的公民意识、国家意识、全球意识的共同发展。一是人的公民意识发展。人以个体存在于世界之中，脱离个体发展的世界是空洞的世界。当代人不是以单子的现实形式存在，其自身的公民身份与国家同在。当代人的发展首先是公民意识的觉醒，从公民身份出发，对自身权利与义务有清醒的认识，身体力行，在与国家的互动中发展自己，成就他人。公民意识的传统性与时代性复杂交错，当代中国人的公民意识与中国的思想传统不可分割，尤其是儒学的民间文化血脉根深蒂固，不了解儒学的历史与现实状况，就无法在中国培育公民意识。公民意识的时代性与中国的发展密不可分，体现在经济意识、政治意识、文化意识、社会意识等方面。经济意识是指随着市场经济的体制性转变，个体的利益需求不断增长，物质要求不断提高。政治意识是指随着民主政治体制改革的推进，公民权利意识不断觉醒，对政府和社会的政治期待不断上升。文化意识是指随着精神文明建设事业的开展，个体对丰富精神文化产品的渴望与日俱增，对文化主体的创造性表现有更多期许。社会意识是指随着社会组织的不断壮大，公民参与不同社会活动的需要和机会大大增加。二是人的国家意识发

① ［美］A. 马塞勒等：《文化与自我》，任鹰等译，浙江人民出版社 1988 年版，第82 页。

展。公民是国家的公民，国家是公民的国家。公民意识是针对个体而言，将其上升到国家层面，就需要发展其国家意识。国家意识既包括公民在心理上对国家的认同感和归属感，更体现在公民自身行为的国家利益性上。在思想与行为转化的过程中，认同是必经阶段。只有构建了有效的认同心理，才能继续进行认同行为。国家意识的发展也可以分为认知、情感、意志、行为等不同阶段。认知层面是指公民对国家基本情况的了解和认识，从知识接受角度完成基本的思想准备。情感层面是指公民在认知基础上内心态度的转变和倾向，从价值选择上开始自觉判断。意志层面是指公民对国家行为的信心和坚持，从目标指向上明确了努力方向。行为层面是公民建立在前三个阶段基础上的外在表现，从实际行动上进行认同实现的过程。三是人的全球意识发展。人的发展愿景不仅在于自身和国家，当代意义上的发展已经将人类作为整体性存在开展研究。也就是说，人的思想意识需要从狭隘的个体发展与国家发展，上升到全球发展。全球发展既是人类自身发展的内在要求，也是人类生存环境的外在压力。认同构建要从文化认同与国家认同跨越到全球认同，出发点不在孤立的个体和国家层面展开讨论，而是立足人类，放眼未来，构建人与自然的和谐空间。

第二，人的社会关系发展。“家庭和市民社会是国家的现实的构成部分，是意志的现实的精神存在，它们是国家的存在方式，家庭和市民社会使自身成为国家，它们是动力”。[①] 也就是说，社会的存在是自己的生存过程，而不是观念的产物。认同对社会的塑造主要体现在主体性、交往性、体验性、传承性等多方面。首先，人的主体性。每个个体从出生到死亡，都需要不断改造自己的主体性。人的主体性是区别于其他个体，形成正常社会关系的根本。人的自我认同是主体性成长的支柱，自我认同是通过与世界和他人的信息交换而逐渐得出的自我评价。不同文化和国家为主体评价提供标准和准则，其随着文化和国家的变化而变化。所以，主体性实质上是一定文化和国家的主体性，文化认同和国家认同也就是将文化以及

① 《马克思恩格斯全集》第3卷，人民出版社2002年版，第11页。

国家认知通过不同途径转换为主体的组成部分。其次，人的交往性。交往是人社会性的集中体现。无论哪种类型的社会关系都以交往为前提，交往奠定社会关系深化和发展的基础。人的交往需要一定的文化条件，包括语言、符号、思维、规则等，也就是说人的交往是文化的交往。文化认同为人的交往创造了良性的沟通环境，减少了交往的沟通成本，进一步丰富了人的社会关系。国家是现代人生活的空间，也是其交往的社会背景。国家认同对人交往的影响有两面性，既强化了交往主体的群体意识，在其交往过程中拓展了交往空间，但是也会在不同国家主体交往中增加交往障碍，为社会关系发展平添诸多复杂因素。再次，人的体验性。人的社会性存在从主体出发，以交往为中介，回归到人的体验。不同个体对社会关系的体验程度不同，其受个体的禀赋性格、知识教育、环境背景、心理状态等综合要素的功能作用。文化认同在人的体验中占据中心位置，因为任何的个体体验都是文化体验，没有文化基础的社会体验纯粹是生物性的条件反射和本能需要。进一步来说，国家认同对人的体验性价值在于其提升了人的体验境界，超越关注自我的层次，将其思想意识中的群体性特征逐步放大，为其在国家社会中的所作所为铺垫认同基础。最后，人的传承性。没有人能够永恒存在于世界之中，个体的有限生命终将被时间所吞噬。但是，作为文化存在的个体却能持续地传承下去，成为社会不变的组成部分。人的存在就是将肉体生命的存在转化为文化存在的过程，这个过程完成得越突出，其传承性表现就越明显。文化认同是人的传承性实现的必要条件，其为人的文化存在准备文化意识，贮备文化资源，改变文化偏见，最终成就人独特的文化个性。国家认同为人的传承性提供群体意识条件，其为人的文化存在准备文化视野，开辟文化路径，消除文化阻力，最终成就人的文化境界。

第三，人的实践活动发展。人是社会实践的人，人在实践中改变自我，改变社会，改变世界。人的实践活动离不开文化和国家，不同文化和国家中人的实践活动也会呈现不同特征，主要有实践指向性、实践条件性、实践关联性、实践多样性等。实践指向性是指随着人的思维水平、生产工具、社会阶段等发展变革，社会实践的目标指向将会越来越符合人与社会的需要，为人类更好地生产生活创造环境。不同文化和国家之中的社会实践指向还会表现其社会特征，为其社会发展提供动力支持。实践条件性是指人的社会实践水平与具体的社会条件相适应，不同的社会条件决定实践水平的差距。不同文化和国家之中的社会实践水平各不相同。实践关联性是指随着全球化进程的加快，社会实践交流与融合度越来越高，相互之间的影响和带动作用越来越强，最终推动社会实践水平的整体进步。实践多样性是指社会实践在文化和国家之中的价值表现具有较大差异，这种差异性存在正是人类丰富实践能力的证明，差异多样化可以促进社会实践发展。认同在社会实践活动发展中起到的推动力主要是精神作用。首先，认同凝聚实践力量。“在晚期现代性的背景下，个人的无意义感，即那种觉得生活没有提供任何有价值的东西的感受，成为根本性的心理问题”。① 无论是文化认同还是国家认同，其对于主体的内在影响是凝聚人心。任何社会发展目标的实现都需要凝心聚力，认同能够为社会实践中的智力资源汇集提供心理基础。其次，认同创造实践条件。实践条件需要实践主体创造，实践主体的创造前提是对社会的认同。通过认同，主体才可能充分了解社会文化和基本国情，并加以创造。再次，认同促进实践交流。全球化进程中，文化交流与国家交流越来越频繁，在交流过程中认同将会强化文化与国家形象，加速实践水平提升。最后，认同加剧实践多样。认同是对不同文化和国家的认同，内部认同程度越高，社会实践的差异性越明显。差异性的存在可以向正反两方面发展，一方面是实践的差异化导致文明的冲突性，世界分裂性倾向越来越严重，另一方面是实践的差异化展现世界的多元性，文明的丰富性越来越突出。

未来的社会“将是这样一个联合体，在那里，每个人的自由发展是一切人的自由发展的条件”②。人的发展问题贯穿马克思主义理论与实践始终，也是中国特色社会主义建设事业的核心问题。在全

---

① ［英］安东尼·吉登斯：《现代性与自我认同》，赵旭东、方文译，生活·读书·新知 三联书店1998年版，第9页。

② 《马克思恩格斯选集》第1卷，人民出版社1995年版，第294页。

球化、信息化、多元化的时代，对认同问题的研究是实现国家治理和人的发展的新课题，在暨南大学马克思主义与中国社会研究系列丛书出版之际，对文化认同、国家认同与人的发展问题进行初步探讨，希望能够引发专家、学者对相关问题的关注和研究，共同推动马克思主义中国化的理论建构。

（作者为暨南大学党委书记）

# 前　言

此书稿是笔者所主持的2005年度国家哲学社会科学基金项目“文化力与综合国力系统研究”（批准号为05BZX012）的最终结项成果。本来，在课题的申报书中，原计划只是完成一个5万字的研究报告，但最终完成的结项成果却是一部近40万字的书稿，字数超过了原计划的近8倍。当然，最终的结项形式也由研究报告改为专著。实际上，真正完成的文字更多，只是被删减下来，以备他用。不过，真正以这部专著的形式出版的内容却只有20余万字。由于字数的限制，一些内容不得不忍痛删去。此次出版删去的内容，以及此前从最终结项成果中删去的内容，都是关于西方“权力”和“国力”理论的。这些删去的内容自成体系，字数也在20万字以上，我将加以整理，单独出版。

为了完成这个课题及这部专著，笔者系统阅读了西方关于权力、国力和“软权力”（中国学界将其称为或翻译为“软实力”）的经典、准经典以及相关测评理论的专著、文章，同时也阅读了中文的关于综合国力与文化力（包括“文化生产力”与“文化软实力”）的主要专著与其他相关文献。当然，本课题的研究更需要对阅读内容、牵涉的现实与理论问题进行系统、全面的思考。除此之外，对马克思主义基本理论、国际关系理论和新时期党的执政理论和理念，也进行了一次深入的阅读和思考。这绝非轻而易举就能完成的。无论如何，以这部书稿作为这个研究课题的结项形式花费了笔者相当多的时间、心血和精力。

将原研究计划中的5万字扩大到近40万字的篇幅或许是自寻烦恼，自找麻烦。因为这等于给自己增加了研究的负担，延长了结项时间。但是，只有这样才能比较充分地将自己的研究结果表达出来，也只有这样才能较好地反映或揭示研究对象的本质及其包含的问题本身，也只有这样才能突破原来的中西方旧的理论体系并系统阐述自己新的主张。原计划中5万字的容量无论如何是远远不够的。

在研究展开之前，笔者从来未曾低估这一课题的重要理论价值、实践意义和学术分量或含量，但在展开研究之始也曾低估了研究的难度、所涉及领域的广度、问题本身的复杂性以及前人和他人的研究成果在基本概念、研究方法和理论体系方面存在的极大差异和不一致性。随着研究的进行，笔者发现本课题的复杂性越来越大，相关领域所存在的问题也超过了原来的想象。坦白地说，这是一个客观研究对象本身就很复杂但又因研究方式和已经形成的体系的差异而被极度复杂化了的问题。也就是说，研究本身要面对双重的复杂性和双倍的困难；其中一层复杂性和一份困难或许本来是不应该存在的。至少，它的分量不应该那么大，不应该与正常的学术过程的复杂性和理论难度等量齐观。一言以蔽之，那不是一种正常的复杂性和合理的学术难度。这使得研究本身的难度和相应的付出增加了很多。这也是本课题突破原来的研究计划和增加结项成果的篇幅的主要原因所在。本书花费了大量的篇幅考辨基本概念，梳理并纠正因体系和研究方法差异造成的混乱，纠正误解和歧义，探讨产生这些差异、误解和歧义的根源。如果所有的结项内容都能一起出版，读者将会对相关理论和问题获得较为完整的认识。不过，本书当前的面目也足以反映问题的全部和理论的大概。

作为研究对象，综合国力和文化力（包括“文化软实力”）问题本身的复杂性和重要性就很大，理论价值和现实意义也很大。这是毋庸讳言的。相信本书的论述较为充分地反映了这些。从理论的难度来说，这一课题的挑战性也非常大。笔者修改了研究计划，将原计划5万字的研究报告扩大为一部专著，就是要对这一领域存在的问题进行彻底清算并提出自己新的理论体系。可以毫不夸张地说，本书介绍了该领域几乎所有应该涉及到的理论家及其理论，涵盖了这一领域所涉及的所有主要问题。对前人的理论或观点，本书进行了系统的评判或批判，绝不是简单的介绍或一般评介。与此同时，本书对本课题所涉及的所有问题进行了系统、深入的分析和探讨，最后提出了自己新的观点或理论。可以说，本书从头到尾应该都是自己的观点和创见；介绍别人的观点也仅仅是论证的需要，绝非简单重复。况且，这里面都有批判，无一例外。本书严格遵守了学术规范和学术道德。

另外，完成这一课题需要阅读的基本文献与相关资料的构成也非常复杂，内容也是相当多的；查找、搜寻这些材料也不是件简单的事情。完成本课题所需的资料是在不同的地方获得的，包括国外。笔者也曾多次前往北京和香港，在那两座城市的书店和图书馆（包括中国国家图书馆和一些大学的图书馆）里获得了很多必需的资料。到外地查阅、购买资料花费了大量的资金，以至于本课题第一批拨款早就用光了。笔者所在单位的图书馆的工作人员也为笔者获得本课题必需的一些专著提供了较多而及时的帮助，比如爱德华·卡尔（E. H. Carr）、汉斯·摩根索（Hans J. Morgenthau）和雷·克莱因（Ray S. Cline）的相关专著就是他们通过自己的渠道特地为我从国外购买的。没有他们的帮助，本课题如期结项几乎是不可能的。

在课题申报以前，笔者曾经有一些关于综合国力、文化力和"文化软实力"的研究成果发表。笔者一些关于综合国力和文化力及其关系的提法还辗转成为决策部门和党的重要文件的组成部分，同时也为很多相关论著所借用或引用。也就是说，笔者以前的成果曾被不少学者引用和参考（尽管不少的参考或引用并没有注明出处或提及笔者）。对此，本书也作了详细的交代。

最后还有一个重要情况需要说明或辩解。那就是关于"文化软实力"概念和问题在本书中的地位及其与文化力和综合国力概念的关系。

最近几年，"文化力"概念的使用频率在降低，而"文化软实力"概念新近产生并在理论界和各种媒体广泛使用。这一新的提法似乎大有取代"文化力"概念之势。随着党的十七大报告等党和政府文件以及中央领导讲话正式使用这一概念，各种媒体和各级政府官员的讲话中基本上正式使用“文化软实力”一词而少用或几乎不用“文化力”一词了。学术界或理论界也遵从了这一习惯并将关注或研究的兴趣转向了“文化软实力”。然而，“文化力”与“文化软实力”是两个用来描述完全不同的对象的概念吗？或者说，它们是关联甚少或互不相关的概念吗？绝对不是。

“文化生产力”和“文化软实力”是在“文化力”概念和“软实力”或“软权力”概念的基础之上发展起来的概念。它甚至可以说是“文化力”概念的衍生概念。具体而言，“文化软实力”几乎是“文化力”和“软实力”两个概念相加而产生的；“文化生产力”几乎是将“文化力”与“生产力”概念相加而产生的。这一过程并没有经过严格的学术论证和规范的学术界定，而是有很大的偶然性或随意性在里面。对于“文化软实力”概念的内涵及其与“文化力”和综合国力的关系，关于党的十七大报告中“文化软实力”概念的内涵及理论价值与实践意义，本书都有详细而严谨的考辨、分析和论述。相关内容请看本书的相关章节，这里先不多说。这里想强调的是，将“文化软实力”和“文化生产力”两个概念看作是与“文化力”完全不同的概念是不妥的；因“文化软实力”的最近频繁使用而认为“文化力”概念已经过时更是一种非学术的态度。更重要的是，本书虽然从书名或课题的题目上显得以讨论“文化力”为主，但实际的情况是将“文化力”、“软实力”（软权力）、“文化生产力”、“文化软实力”等诸多概念一起讨论的。这里的讨论是按照学术发展史或这些概念产生和使用的时间顺序进行的，绝不是因为哪个最近受到重视或更为流行就先讨论哪个。这不是一种可取的学术的态度或方法。况且，本书是将它们作为一个整体、一个体系一起讨论的，“文化软实力”概念绝对没有受到轻视或忽略。难道本书只应该讨论“文化软实力”而不能讨论“文化力”不成？

讨论“文化力”和“软实力”（软权力）概念和理论是讨论“文化软实力”概念和理论的基础，“文化力”理论仍适用于“文化软实力”理论。“文化力”理论相对已经成熟，绝对没有过时；相反，“文化软实力”概念和理论仍需要严格界定和不断完善。毕竟这是一个新的提法，其产生本身有一定的偶然性。对此，笔者已经发表的几篇文章已经详细地讨论过这个问题。本书也有相当的篇幅进行详细的论述。舍“文化力”而完全代之以“文化软实力”完全没有必要。本书从“文化力”概念开始，有时甚至以它为主，兼顾“文化生产力”和“文化软实力”概念的做法是合理的。总之，说“文化力”概念过时并指责研究它“跟不上时代”的说法是荒谬的。

笔者在本书的初稿中，就已经主动、自觉地加入了“文化软实力”的内容。这本来不需要提醒，更无须更改课题的题目。任何遵循学术规范的研究者都会这么做。笔者这么做了，在本书中完成了相当比例的关于“文化软实力”的内容，为什么会被个别鉴定者视而不见并指责我的研究没有“涉及文化软实力”因此“跟不上时代”呢？这种判断不能被我接受。事实上，笔者一直在研究“文化软实力”概念和理论并以“文化软实力”为题发表了三篇论文，参加过两次相关的学术会议；相反，专门以“文化力”为题却几乎没有发表过一篇文章。现在，本书的第二稿又加入了足够多的关于“文化软实力”的内容，但愿这些内容及相关努力能够得到足够的尊重。总之，本书的“文化力”内容是与综合国力和“文化软实力”概念和理论一起讨论的；反过来，本书的“文化软实力”也不可能脱离“文化力”和综合国力概念和内容而独立进行。本书将“文化软实力”和“文化力”视为血脉相连的概念，同时将它们视为同属一个理论体系。

还有一个非常直接的理由使我们不能舍弃“文化力”概念而完全以“文化软实力”代之。那就是，本课题的立项题目是“文化力与综合国力系统研究”，如果将它改为“文化软实力与综合国力系统研究”是否合适呢？笔者是否有这个权利呢？本课题的题目是“文化力与综合国力系统研究”，我们不可能对“文化力”概念弃而不用，也不可能围绕着其他概念做文章。

另外，虽然在党的十七大召开之后，“文化软实力”作为党的重要执政理念和重要理论热点似乎超过或取代了原来的“文化力”概念和理论，然而，本课题立项及展开研究之际，“文化软实力”的概念尚未出现（至少没有流行）。因此，本课题这里仍需继续以

“文化力”问题或“文化力”概念作为主要研究对象（与综合国力一起），以保持与本课题立项时研究计划的一致性。况且，本课题的初稿本身已经详细论证了“文化力”与“文化软实力”之间的联系以及它们作为概念和理论体系的产生和发展过程，从头至尾都详细地讨论了它们的继承关系，不知因何有人还会得出“文化力”“落后于时代”的结论。就“文化力”与“文化软实力”的关系而言，绝对不存在前者“落后于时代”或不合时宜、后者就更先进的问题。“文化软实力”概念刚刚流行，而“文化力”概念已流行了多年，我们不得不花大篇幅先介绍“文化力”，然后再介绍“文化软实力”。事实上，本书论述的重点在于综合国力，而将“文化力”和“文化软实力”看做是附属于综合国力的概念进行讨论。按照这种理论体系和研究的方法，根本不存在哪个概念过时不过时的问题，几年前，十年前，几十年前，甚至几百年前的概念都会拿来讨论。实际上，本书讨论的最核心的概念是权力（power），综合国力、“国力”、“文化力”、“软实力”或“软权力”、“文化软实力”等概念都是由它派生的；而它是所有这些概念的词根（从英语的角度来看）。权力是一个存在了几千年的概念，难道它过时了？或者说因为它的“年龄”太大，我们不应该讨论它？如果不讨论它，本课题就没法展开讨论，本书就没法完成。

“文化力”概念何时过时了呢？事实上，只要有文化概念存在，就可以讨论“文化力”，正如我们可以讨论“文化软实力”一样；只要有文化概念存在，“文化力”概念就不会过时。本书立足于建立一个真正将综合国力与“文化力”（包括“文化软实力”）融为一体的理论体系——综合国力与“文化力”或“文化软实力”系统论，实现研究方法和理论框架的全面革新。这里主要探讨文化与综合国力的关系。党的十七大报告实际上重点说的也是文化而不是“文化软实力”，对此本书的第九章会有详细的讨论。可以说，党的十七大报告强调的仍然是文化。无论你说“文化力”也好，“文化软实力”也好，都是在说文化。或许“文化力”概念会过时，“文化软实力”概念也会过时，但文化概念过时的可能性很小。作为一个不同文明所使用的共同概念，它已经存在了几千年了。实际上，本书的最基本的两个关键词，一个是权力，另一个是文化。

总之，“文化力”概念并没有过时或被淘汰；而“文化软实力”概念和理论是在“文化力”概念和理论的基础之上建立和发展起来的。谈“文化软实力”绕不过“文化力”概念和理论。本课题已经花费了太多的笔墨讨论它们之间的关系，任何认真、仔细阅读本书的人都不难明白这一点。本课题实际上是将“文化力”概念和“软实力”（“软权力”）、“文化软权力”看作一个历史发展、继承的关系来研究的，绝不可能遗漏或忽略其中任何一个概念。从题目上来说不该忽略“文化力”概念，从学术和理论新进展的角度不该忽略“文化软实力”。这是一个基本的学术常识，笔者认为都照顾到了。

应该说，本课题超额完成了研究任务。我不可能做成一部百科全书，面面俱到而且详细准确。不过，本书应该称得上是到目前为止最为系统的基础理论和应用理论的专著，因为此前中国学界几乎没有一部真正意义上的考察相关学术史演变轨迹的专著和基本理论的专著，即便是相关问题的应用性的理论研究也并不存在。

贾海涛

# 目　录

# 第一章

# 导　论

文化力[①]与综合国力，或者说综合国力与文化力（这个顺序更符合二者之间的逻辑关系），是一个非常大的话题或研究课题，其复杂性远远超过了一般人的想象。甚至，仅仅一般关注而未曾深入其中的学者也可能低估了这一话题的复杂性和理论深度。任何歧视这一话题、无视其所具有的学术性和理论分量的行为都是无知的表现。有人曾对笔者用轻浮或不以为然的口气评论这一话题及笔者所从事的这一话题的研究，但笔者发现他们对这一话题涉及的问题和理论实际上是完全不了解的。原来，他们是将这两个概念看作完全意识形态化的简单标语或口号了。综合国力与文化力问题是关乎中国的社会主义建设、改革开放、综合发展、全面进步、走向世界和融入世界的急务和形成突破的关键，同时也是整个中国理论界和学术界应该关注的核心问题之一，相关研究涉及的学科、专业是相当广泛且相互交叉的，参与研究的队伍也是相当庞大的。中国学术界和理论界业已形成的关于综合国力与文化力（包括文化生产力和文化软实力）的相关理论既是中西学术界前沿成果跨学科相互交流的

---

① 关于“文化生产力”、“文化软实力”概念与“文化力”概念之间的关系，本书后面有详细介绍。关于本书的题目为什么仍使用“文化力”的字眼，而不完全代之以“文化软实力”，其原因可以简单地归纳为两点：一是因本书原题目是“文化力与综合国力系统研究”，围绕着命题做文章这是一种必需；二是我们认为文化力与“文化软实力”在概念上基本相同或相似，仍属于一个理论体系，故未与时俱进地处处使用“文化软实力”，以取代“文化力”而完成概念上的完全“更新换代”。学界不需要也不存在这类概念上的更新换代。盲目地跟风或以简单的图解意识形态概念取代学术研究将使本书失去学术意味，也会使该题目的研究丧失其应有的价值。本书仍然坚持以使用“文化力”概念为主的根本原因就在这里。就此后面将不再做特别的解释。不过，本书也系统地讨论了“文化软实力”问题并将它与“文化力”概念的关系进行了系统的交代。

结晶，又是新时期党的执政理论和执政理念与马克思主义经典理论的有机结合，同时还是马克思主义经典理论与发展中的科学社会主义理论和中国的改革开放、走向世界、融入世界及和平崛起等实践活动和现实问题相结合的产物。

## 一　综合国力与文化力、文化软实力研究的现实意义与理论价值

综合国力与文化力、文化软实力概念绝非简单的意识形态的概念，而是有着深厚而复杂的理论背景，更有着系统而复杂的学术内容。它们是两个相互关联的概念——虽然各自有自己的问题，也可以构成独立的理论体系，但放在一起，却能构成一个更大的话题和理论体系。总之，它们应该属于一个理论体系，共同构成了一个更大的话题。这是一个跨学科的话题，涉及诸多学科的知识、理论和方法。这一话题的学术性是中外学者共同构建的，其理论体系既涉及西方政治学和国际关系理论中的权力理论，又涉及马克思主义的经典理论，更涉及中国共产党新时期的执政理论与执政理念。实际上，执政党关于综合国力与文化力的理论已经成为发展中的马克思主义和科学社会主义理论的一部分。因此，中国综合国力与文化力理论体系实际上是马克思主义经典理论、党的执政理论与理念、中国改革开放政策与国家发展战略、中国学者的相关研究以及国外关于国力（权力）和软权力理论的结合。从实践和应用的角度，综合国力与文化力问题也是中国的改革开放、和平发展、和平崛起和融入世界面临的现实问题，其理论对中国的全面发展和外交开拓也具有极大的指导意义。研究综合国力与文化力问题，发展相关理论，具有极大的学术价值和实践意义。

不过，由于学术严谨性的关系，在国内学界，关于综合国力与文化力（包括文化生产力和文化软实力）研究从基本概念的界定到方法和理论体系的构建，都还存在着不少的问题。这使得综合国力与文化力研究领域一些本该简单的问题反倒变得扑朔迷离；而一些本来不太简单的问题因处理过于简单而给人以生硬、变形的感觉，

并因此产生很大的误解。总之，从理论的复杂性、问题本身的复杂性和因研究失范而造成的复杂性等多角度来说，综合国力与文化力（包括文化生产力和文化软实力）研究绝对是一个相当艰巨的任务。

综合国力与文化力（包括文化生产力和文化软实力）不能被看作纯粹的属于意识形态的问题，不能仅仅被看作属于新时期党的执政理论或理念的一部分的理论。也就是说，综合国力与文化力（包括文化生产力和文化软实力）问题不能仅仅被看作属于新时期党的执政理念或某种口号、某种提法，不能仅仅满足于从一些文件或领导讲话中寻章摘句，寻找理论源头，或是将文件和领导讲话看作唯一的理论来源。当然，新时期党的执政理念和理论，包括党的重大决议和文件，也包括党和国家领导人的一些讲话或提法，无疑是构成综合国力与文化力（包括文化生产力和文化软实力）理论的重要来源，应该是研究的重点之一。不过，综合国力与文化力概念和理论形成、发展的学术史也是应该认真考察的，中外许多学者先期的独立研究也是应该正视和尊重的。就是说，具有典型学术特征的一些研究成果绝对不能被忽视。总之，我们应该从学术发展史和纯粹的学术活动的角度来考察、研究综合国力与文化力（包括文化生产力和文化软实力）问题；党的执政理念和理论中关于综合国力与文化力（包括文化生产力和文化软实力）的提法或理论本来就是对相关学术成果的继承和发展，同时也是学术活动的一部分，而不是与学术活动及其成果对立的。这里，我们应该用学术的标准去考察、研究它，将其纳入或融入学术的框架或体系。在本书中，我们不应该有两种互不相干或内容大不相同的综合国力和文化力（包括文化生产力和文化软实力）的理论体系。

总之，综合国力与文化力（包括文化生产力和文化软实力）问题有着极大的现实意义和理论价值。同时，由于相关的研究和已经形成的理论体系仍有不少领域需要开拓，有许多问题需要解决，有不少争议和误解需要澄清，整个理论体系和研究方法亟须突破，理论与现实之间需要更加紧密的结合，我们仍有许多工作要做，研究的力度需要加强。本书从学术史的角度对相关问题和此前研究做一个系统的考察和归纳，希望能够解决一些问题，澄清一些困惑和争议，提出一个新的理论框架，借此推动整个理论体系和研究方法的突破，从而对中国综合国力与文化力（包括文化生产力和文化软实力）的发展产生推动作用，进而对中国的改革开放、全面发展和走向世界产生积极的影响。

## 二 问题的复杂性

文化力与综合国力的概念貌似通俗，但绝非出自日常用语，而是源于学者的学术原创。甚至，它们的国际学术色彩或国外理论的源头也是非常明显的。曾几何时，这两个概念在学术界尚显陌生呢，而如今，它们已经成了在中国媒体出现最为频繁的词汇之二（“文化力”有淡出并为“文化软实力”所取代的趋势）。实际上，这两个概念的创立并不太久，其为大众接受并广泛运用也只是最近几年的事情，尤其是文化力概念（文化软实力概念则更新）。如今，文化力和综合国力的概念已经非常流行，业已完成了由比较专业的学术概念转化为大众词汇的过程。然而，它们成为日常语言并不意味着学术界对它们的研究和界定已经非常充分、非常严谨，也并不意味着大众对它们的理解和使用已非常准确或恰当。恰恰相反，这两个词汇一方面是较新的学术概念（新创概念），另一方面也是缺乏严谨的学术界定的概念。另外，也存在着普通大众甚至某些学者对它们的一定程度的误读或误解。也就是说，目前围绕着这两个概念建立起来的相关理论尚显稚嫩，而大众对它们的理解也停留在最表层，甚至有望文生义的畸解。这导致两个概念在使用或运用方面一定程度的混乱局面。可以认为，到目前为止，学术界关于文化力和综合国力问题的研究仍远远不够，勉强形成的理论体系尚欠发达，一些基本概念的关系也还没有理顺；而对于文化力和综合国力的关系更是缺乏论证或缺乏足够的认识。总之，在中国学术界，关于文化力（包括文化软实力）和综合国力的研究，仍有许多理论的盲点，各基本概念之间的逻辑关系不是太清晰，学术的基本框架仍有待发展或完善。

从词源或学术发展线索的角度来看，综合国力基本上可以被认为是中国学术界自创的概念，与国际学术界流行的相关概念是有所不同的。国际学术界目前仍沿用“power”（权力）一词表达“国力”或中国人所说的“实力”，并无“综合”的限定（不太使用“综合”作为限定词）[①]，但国际学术界所使用的“power”一词在很多情况下指的是一个系统，而非单一因素，因而大致相当于我们所说的综合国力。文化力概念几乎更是中国学术界独创的术语，国际学术界尚未形成这一学术概念或相对应的名词。[②] 比较接近中国学术界所说的文化力概念的是约瑟夫·奈（Joseph Nye Jr.）的“软权力”或“软实力”（soft power）概念。不过，不论中国学界所谓的文化力（包括文化软实力），还是国外学者所谓的“软权力”，都是国力（综合国力或国力系统）的重要组成部分，对它们的研究都是同一个话题。关于文化力、文化软实力和综合国力问题的研究，中国学术界尽管在概念表达上与国际学术界略有不同，但受国际学术界的影响是非常明显的。可以认为，综合国力和文化力概念（包括文化软实力概念）的形成或提出正是这一影响的结果。这两个基本概念的形成虽然不是直接的翻译，但也是受西方学术界的启发而形成的；基本的理论框架也是如此。所以，从另一个角度来看，关于综合国力和文化力（包括文化软实力）问题的研究，理论的源头在国外，在西方学术界。

也有中国学者尝试从马克思主义经典理论中寻找综合国力与文化力概念和理论（尤其是文化力概念和理论）的源头，并忽视西方理论的影响或源头。他们从马克思、恩格斯、列宁和毛泽东的经典论著中查找依据，力图证明马克思主义的经典理论或传统理论早就有了这些概念和理论体系。这种学术努力是极具价值的，不仅丰富、发展了目前已有的综合国力与文化力的理论体系，也是对马克

① 关于“综合”问题及西方学界（英语的）“国力”词组前面的限定词，后面会有详细的讨论。

② 大约只有日本例外，因为日语中有汉字“文化力”的说法。虽然中文中的“文化力”可能出自日文的“文化力”，但中文中的“文化力”与日文中的“文化力”也有质的不同。对此，我们后面会详细讨论。

思主义传统经典理论的一种更加全面的阐释和解读，加深了我们对马克思主义理论的理解和把握。不过，如果硬说综合国力与文化力概念和理论（包括文化软实力概念和理论）直接来源于或主要来源于马克思主义经典理论，或者说是马克思主义经典理论体系中固有的，则是值得商榷的。因为在中国改革开放以前，综合国力与文化力概念和理论无论在马克思主义理论还是实践中都不是为人熟悉的，或者说几乎没有这种明确的提法和相关实践行为。综合国力与文化力成为中国共产党的执政理念和执政理论笼统说来是最近20年的事。文化软实力概念和理论更是最近才产生和形成，并成为党的重要的执政理念和执政理论的一部分。学术概念的起源问题应该看学术发展史，看它们影响学术或理论发展的方式和过程。至少在20世纪80年代以前，综合国力与文化力概念不是中国学术界和理论界讨论的话题；无论是理论家、学者还是大众，都不熟悉、不使用或不知道这两个概念；甚至压根儿没有这两个概念。文化软实力概念更是如此。

当然，我们并不是说马克思主义经典理论体系中没有综合国力与文化力（尤其是文化力）的理论或提法。这些内容当然是有的，而且相当丰富，只是原来没有被发掘并发挥出来，更不可能得到重视。甚至，几乎与综合国力与文化力概念完全相同的提法或名词在马克思、恩格斯、列宁和毛泽东的著作中（尤其是在毛泽东的论著中）已经有了。而且，如今中国学界的相关研究也正在力图将这些提法和内容当作综合国力与文化力理论的基础与核心内容。这样做无疑是对的。但这并不能改变中国综合国力与文化力概念和理论首先来自当代西方学术的事实。无论如何，至少在20世纪80年代以前，综合国力与文化力没能成为中国理论界和学术界的概念，一些相近的提法或概念不能完全等同于现在我们所说的综合国力与文化力，其理论地位与功能更是完全不同。那些相近的提法或概念没能成为当时马克思主义理论体系和执政党的执政理论的核心概念并产生较大的理论影响，而是受到了各方面的忽视。而正是西方学界的一些相关成果激发了中国学者相关的探索热情，然后在借鉴的基础之上形成了中国特色的理论体系。我们应该承认，中国的综合国力与文化力概念和理论源自西方学术界，但并不是机械地照搬。这里面既有创造性的发挥，也有误解的成分。

在国际学术界，对权力系统或“综合国力”问题的研究起步较晚，直到现在该领域尚未形成比较固定的理论体系，专门从事这一问题纯理论研究的学者不多。事实上，在国际学术界没有明确的“综合国力”概念或观念，更无“综合国力”的提法（没有完全对应的外文表达）。这里所谓国外对“综合国力”或“国力系统”的研究指的只是对“power”（权力或实力）的研究或相关理论。而且，在国际学术界，单纯对“power”（权力或实力）的研究并不是太热门，也算不上一个独立的研究领域或话题。权力理论的权威，如爱德华·卡尔（E. H. Carr）、罗伯特·达尔（Robert Dahl）、汉斯·摩根索（Hans J. Morgenthau）、雷蒙德·阿隆（Raymond Aron）、马丁·怀特（Martin Wright）、肯尼思·汤普森（Kenneth W. Thompson）、肯尼思·沃尔茨（Kenneth Waltz）、罗伯特·基欧汉（Robert O Keohane）、罗伯特·吉尔平（Robert Gilpin）、迈克尔·曼（Michael Mann）、乔治·莫德尔斯基（George Modelski）、查尔斯·金德尔伯格（Charles Kindleberger）、雷·克莱因（Ray S. Cline）、亨利·基辛格（Henry Kissinger）、塞缪尔·亨廷顿（Samuel Huntington）、保罗·肯尼迪（Paul Kennedy）与约瑟夫·奈（Joseph Nye Jr.）等，大都是从事国际问题（国际关系）、政治学、历史学研究的大家。他们在探讨国家兴衰、国际体系演变、世界霸权与国际秩序等问题时，涉及了国力或国际体系中的权力问题并提出了系统的看法。也就是说，国力（权力）只是他们学术兴趣和理论贡献的一部分。

“权力”（power）尽管是整个社会科学领域的一个基本的学术概念（尤其是在政治学领域），同时也是国际关系理论中的核心概念，但大多数学者都将它看作一个不证自明的东西、一种现成的答案拿来运用，并不注重对该概念进行考证、辨析。在国际关系学领域与在政治学等领域，“权力”概念的内涵相对又发生了很大的变化，对它没有重新的认识或界定是不行的。在国际关系的研究领域，自 20 世纪 30—40 年代“现实主义”（Realism）理论流派产生以来，“权力”就成了国际关系理论或国际政治理论最核心的概念之一，任何涉足该领域的学者都绕不开这个概念。但是，一般的认识是，在国际关系学领域，就什么是权力，历来争论很大，从来没有过定论。[①] 目前最流行的定义也只能说是一种假定。自国际关系学的“现实主义”流派将“权力”定义为这门新兴的理论体系的基石之日起，它就被认为是一个似是而非、充满疑问、让人误解的概念。实际上，在前面提到的几位对“权力”或“国力”概念或理论有着重大建树或影响的西方学者中间，关于“国力”或“权力”的理论不但没有形成定论，他们之间也分歧极大。甚至，在他们中间，各自的观点可能是对立的。尤其是那些当今仍然活跃在学术前沿的学者之间更是如此。比如，约瑟夫·奈与保罗·肯尼迪不但对美国的所谓“权力”或“实力”在看法上针锋相对，而且对“权力”的界定或理解也有着明显的分歧。二人的学术交锋堪称近年来国际学术界影响较大的学术争论之一。而塞缪尔·亨廷顿（Samuel Huntington）等在这一问题上又显现出另外的风格，他的“文明的冲突”（the Clash of Civilizations）理论不将国家看作权力（国力）的集合体，也不从权力的角度分析国际社会或国际体系的发展演变。目前，无论对“软权力”（soft power）的研究还是对权力系统（综合国力）的研究，约瑟夫·奈在国际学术界都是有较大影响的。他似乎成了研究“权力”（国力或实力）的代表或专门以“权力”为研究对象的权威，其理论体系也明显地围绕着“权力”（“软权力”或“软实力”[②]）而建立。这在其他国际知名学者中间并不多见。

中国学术界的综合国力概念与国际学术界的“权力”（power）概念关系比较密切、直接，或者说综合国力的概念干脆就是对“权

---

① Charles W. Kegley Jr. and Eugene R. Wittkopf, *World Politics*: *Trend and Transformation*, New York: St. Martin's Press, 1997, pp. 24-25.

② “soft power”有“软权力”、“软实力”、“软力量”等多种译法。究竟哪一种译法更合适或更接近英文原意，后面会有专门的讨论。本书为了强调“软权力”概念与“权力”概念和“权力”理论的直接关系（不可割舍的关系），基本上采用“软权力”的译法。关于“power”一词的翻译，究竟是“权力”还是“实力”，或“力量”等，后面也会有详细的讨论。

力”（国家权力）概念的借用加改造。但是，中国学术界的综合国力概念从本质上讨论的是“实力”，而与“权力”几乎没有什么关系；文化力概念则与国际学术界的“软权力”概念差别较大，几乎可以看作是中国学者独创的。当然，综合国力和文化力概念的提出本身首先也是受西方“国力”和“软权力”概念启发的结果。

总之，国际学术界所讲的“power”是一个政治学概念，然后被引申或转借到国际关系学领域，现在它仍是国际关系学领域的一个核心概念或术语。所谓“软权力”与“权力”之间的不可割舍的血缘关系是不言自明的。而中国人所讲的综合国力和文化力如今无论其内涵还是外延与国际学术界所讲的“power”相比都有了较大的发展或变化，西方学术体系中表达国力的“power”基本上被中国学者理解或翻译为中文的“实力”，而非“权力”。中国的综合国力与文化力（包括文化软实力）理论基本上是“实力说”而非“权力说”。这是我们不得不正视的，也是不得不承认的现实。当然，我们可以认为这种变化或发展基本上意味着进步和提高，具有较多的积极意义，而不是相反。

这种从西方学术界或理论体系中探寻其理论来源的企图，其目的并非意味着我们对这些问题的认识或在该领域的研究中必须一切唯西方学术标准的马首是瞻，妄自菲薄，亦步亦趋地紧跟西方学术，最后陷入教条主义的僵局，不允许创新或突破，而是要系统考察综合国力、文化力和文化软实力等概念及相关理论演变、发展的完整而真实的全部过程及相关理论在“中国化”的过程中产生的变异。只有将这些概念形成的全部过程及所有变化，以及这些过程及变化产生的学术价值和现实意义梳理清楚，才能发现目前该研究领域一些亟待解决问题的关键所在。这种探讨绝非没有必要，因为有些基本的东西从一开始就充满疑问，或者说一开始就产生了一些偏差。这种疑问和偏差导致将错就错，带来了一些不必要的困惑和研究的困难。即便说本书在概念方面的追根溯源和有些发现不具备颠覆性的意义，但这种正本清源和系统梳理也是非常有必要的；而以往学界对这类工作的某种程度的忽视无疑也是不太正常的。

## 三　从基本概念的中国化到理论体系的中国化

毫无疑问，综合国力与文化力的理论开始是中国学术界对国际学术界相关理论改造并发展的结果，后来又有了党的执政理念和执政理论的内容。围绕着这两个基本概念，中国学术界已经形成了属于自己的理论体系。因此，我们在研究综合国力和文化力（包括文化软实力）的问题时，一方面要与国际学术界进行理论的接轨和对话，注重学术的互动，但另一方面也应该注意到该理论体系的中国特色以及它与国际学术界相关理论的差异。这种差异首先表现在最基本概念的表达或使用上，其次表现在理论体系和研究方法上。当然，基本内容的差异也很大。

应该承认，中国学界无论是综合国力概念还是文化力与文化软实力的概念，与国际学术界流行的概念（主要是“权力”和“软权力”概念）还是有着明显的差别的。综合国力、文化力和文化软实力等概念不是对国际学术界的相应概念的直接翻译，而是在国外相关概念或相关理论的基础上创立的新概念。当然，这些新概念的国际学术背景或线索是非常清晰或明确的，也是不容否认的。一方面，它们是中国化的国际学术概念或中国人自己的概念，但另一方面，却也体现了对国外前沿理论的借鉴和引进。由于在最基本的概念的使用上国内学术界与国际学术界已经出现了较大的差异，所以，在理论体系和基本理论要点方面继续产生新的更大的差异也就不足为奇了。而且这种差别正在越拉越大。

也就是说，尽管在综合国力与文化力问题上我们的一些理论探索者或开创者自称其理论的发现是西方或国外学术理论的延续、发展和改造，而实际上，人家没有与我们的综合国力、文化力和文化软实力概念及理论完全一致或大体一致的对应物。按照中文综合国力与文化力概念直译的英文单词基本上是中国人自己的“杰作”——差不多是一种中式英语。这种英文的“综合国力”和“文化力”在英语国家要么没有这种说法，要么只是普通词汇，基本上不是学术考察的对象，更谈不上是学术理论的核心概念。[①] 所谓概念和理论体系的引介有误解的成分。因此，一般意义上的中国的综合国力与文化力理论国外没有；而那些被认为是中国综合国力与文化力理论的“国外前身”，其探讨的对象其实不是我们所说的综合国力与文化力。“文化软实力”概念和理论也在很大程度上存在着类似的情况。中国学者对那些被认为是综合国力与文化力的“理论前身”的国外理论实际上存在一定的误解。当然，这并不妨碍我们将综合国力与文化力（包括文化软实力）作为一个学术考察对象展开独立（脱离国外的理论体系）的研究，也不妨碍我们借鉴那些与我们的综合国力与文化力理论（包括文化软实力理论）相像或有关联的国外学术成果或理论。然而，理论的借鉴不能想当然，不能歪曲别人的东西，不能自以为是，不能指鹿为马，更不能“拉大旗作虎皮”或狐假虎威。国外的学术影响是什么就是什么，要实事求是。而且，我们应该说清楚国外相关理论到底说了些什么，又是从哪些方面影响我们的综合国力、文化力和文化软实力理论的形成与发展的。

在西方语言与学术体系中，相当于中文和中国学术界所使用的“权力”、“力量”和“实力”的往往是一个词汇（即“power”）和一个理论体系（即关于“power”的理论体系）。这与中国的情况和中文的表达大不一样。相关问题在西方语言和理论体系中属于一个体系，浑然一体；而在中国学界和中文里，往往分裂为两个体系，相互关联甚少。在中国学界，有谁会说研究权力问题与研究综合国力是一回事呢？但在国外学界，“权力”与“国力”的确是一个话题，或者说是一回事，也同属一个理论体系。这种差异导致了中国综合国力理论与西方“国力”理论的分裂或脱节。这种脱节和

① 英文中无相当于中文“综合国力”的概念，中国学界流行的英文“comprehensive power”表达是中国人的翻译（中译英）。英文中有“cultural power”的表达，相当于我们所说的文化力，但这一英文词组在英语世界的学术价值不大，谈不上是什么学术概念。而“文化软实力”基本上是中国“文化力”概念与中国化的“软实力”（软权力）概念的相加。西方学术界没有这种说法，也没有这种理论。但是，这个概念和相关理论与“文化力”和“软实力”（“软权力”）理论的关系是不容抹杀的。对此，后面还会有系统的考证和分析。

造成的中西学术对话、学术借鉴的困难，不利于中国学术的发展。而造成这种脱节和分裂的主要因素并不能说是语言表达习惯造成的，而是学术规范和学术传统的问题。我们知道，语言的表达习惯也是学术传统和学术规范培养、形成的。

前面已经说过，综合国力的理论源于西方国际关系学理论中的“权力”（power）概念，然后成为较为典型的中国特色的概念。这是一个“中国化”的过程，也是逐渐摆脱西方概念特征与理论体系的过程。目前，这个概念（综合国力）及与之相关的理论体系的西方色彩或与西方相关理论的联系是如此之少，以至于西方理论界、媒体和政界几乎不知道这一概念本来出自西方理论或西方知识界。或者说，他们对中国的综合国力或国力概念与西方“权力”（power）概念之间的关系是相当“无知”的。而我国很多相关的研究或不少关注综合国力问题的学者也对综合国力的理论源头及其与西方学术界关于“权力”理论的渊源是缺乏了解或深究的——至少是了解不深或了解不够。这种双方的互不了解和缺乏互动不仅有碍于中国的学术成果输往国外，更不利于中国学术自己的进步，甚至会造成我们自己的学术研究以讹传讹、复制错误。而今，对于中国人来说，谁还会看出或关注“国力”（或综合国力）与西方学术中“权力”（power）概念的关系?！而这些完全是中国学术界自身的局限造成的，没有任何值得自豪之处。毕竟，这不是一种良好的学术现象。

学术概念的准确界定及其特定内涵的统一是学术规范化的前提，也是在某一领域学术对话的前提或对某个问题进行学术交流的前提。在学术界，如果对某一问题产生、发展的历史缺乏系统了解，但却以权威的口气发布其自以为是的研究成果，只能会贻笑大方或让人不知所云。这种所谓的“研究”也只能是一种毫无学术内涵或学术价值的搅局行为或破坏行为。明白自己要探讨的问题所涉及的基本概念的内涵和外延，同时也清楚别人对这些概念的基本认识和界定是学界的常识，也是作为学人所应具备的基本专业素质。任何学术研究都是在全面、系统地了解某一问题或某一领域的所有重要成果的前提下展开的，即便是准备彻底否定前人成果时也是如此，也应如此。否定或批判也要搞清楚你要否定或批判的对象及代表人物的主要观点。这不仅体现一种对前人或别人成果的尊重，也是一种学术能力或学识基本功的起码要求。否则，某些讨论或研究只能流于表面化，甚至是业余状态。如果没有某种对基本问题或基本概念的基本共识，各种自说自话和自以为是的论点不仅难于交流，而且会使论战显得极其混乱而难以涉及问题的实质。这种局面只能使人感到进一步的学术探讨意义不大。在中国学术界的很多领域（主要在人文学科与社会科学领域），对中外前人和同行学术成果的忽视（实为无知），以及缺乏了解他人学术成果的欲望，已经成为一种相当普遍的现象。很多情况下，问题不是越辩越明，不是逐步朝着解决问题的方面发展，而是陷入一种目的不明、缺乏自律和他律的毫无秩序的乱战或自以为是的自说自话的状态。这种状态严重妨碍了中国学术的发展和进步。从某种程度上来说，关于综合国力、文化力和文化软实力问题的研究也或多或少地存在这种情况。

## 四　国内相关研究的现状

在中国学术界，较早研究综合国力问题的是中国人民解放军军事科学院的黄硕风研究员，较早提出文化力概念的是当时在复旦大学任教的王沪宁教授和中共中央宣传部理论局的理论工作者贾春峰研究员。通过他们的推介，这两个概念和围绕着它们形成的理论体系受到了国家决策部门的重视。学术界的研究成果与执政党关于这些问题或现象的认识的结合使得相关理论的发展如虎添翼，使之上升到了一个新的理论高度并成为新时期马克思主义和科学社会主义理论的重要组成部分（主要体现在邓小平同志的“社会主义初级阶段理论”与社会发展理论、“三个代表理论”、“科学发展观理论”、“和谐社会与和谐世界理论”和马克思主义生产力理论等方面）。因此，最近几年，“综合国力”和“文化力”成了非常流行的概念（“文化软实力”概念也在“文化力”及“软实力”概念的基础上产生并受到重视），中国学术界对综合国力和文化力的研究也逐渐自成体系。一些学者，如黄硕风、王沪宁，关于综合国力与文化力（或文化）之间的关系是交代得非常清楚的。他们基本上将文化或文化力看作国力的组成部分，将综合国力和文化力看作属于一体的大的理论体系。王沪宁更是将文化力看作国力的核心或最重要的因素。他对整体的中国综合国力与文化力理论的影响非常大，做出了巨大的贡献。但现在很多学者并没能够很好地沿用他建立起来的理论框架，忽视了对综合国力理论与文化力理论的结合。

事实上，自邓小平大力提倡提升中国的综合国力和注重中国的综合国力的发展以来，综合国力已经成了我国意识形态的一个非常重要的核心概念和发展中的马克思主义理论的新的理论核心之一，而“文化力”概念也逐渐成为这一核心概念和理论核心中的核心或重中之重；“文化力”概念也从邓小平同志的“科学技术是第一生产力”的提法，逐渐丰富、发展为系统的“文化力”理论。最近，这一理论体系更是完成了由“文化力”概念和理论到“文化生产力”概念和理论，再到“文化软实力”概念和理论的嬗变或升华。① 可以说，从马克思主义和科学社会主义理论不断发展的角度来说，从邓小平、江泽民，到胡锦涛，对“综合国力”和“文化力”（包括“文化软实力”）的重视和提倡是一以贯之、持之以恒的，而相关理论也在不断地发展、完善。如今，这一理论体系已经成了党和政府执政方针和改革开放政策的重要组成部分，而且已经成为新时期马克思主义理论和科学社会主义理论的一部分。这一理论是我党对马克思主义理论和科学社会主义理论的重要贡献。它一方面是集体智慧的结晶，有学者的学术贡献，同时也体现了党和国家领导人独特的聪明智慧和卓越的理论贡献。目前，这一理论与中

---

① 党的十七大召开之后，“文化软实力”作为党的重要执政理念和重要理论热点似乎超过或取代了原来的文化力概念。不过，本书立项及展开研究之际，“文化软实力”的概念尚未出现（至少没有流行）。因此，本书仍需继续以文化力问题或文化力概念作为主要研究对象（与综合国力一起），以保持与本课题立项时研究计划的一致性。况且，文化力概念并没有过时或被淘汰；而“文化软实力”概念和理论是在文化力概念和理论的基础之上建立和发展起来的。谈“文化软实力”绕不过文化力概念和理论。我们会在后面涉及“文化软实力”的问题，但仍将以讨论文化力问题为主。

国的改革开放、社会发展以及国家发展战略的联系是全方位的，而介入这一学术领域的学科和研究人员也越来越多。这方面，西方学者或国际学者是无法与中国学术界相比的。

在中国学术界，研究综合国力问题的学者开始主要集中在军事理论（主要是战略学）、国家战略和国际问题研究领域。一些学者，如中国人民解放军军事科学院的黄硕风研究员和吴春秋研究员，主要从战略学（包括军事战略、国家战略或国家发展战略等）和国际竞争的角度研究这一问题。事实上，在最初的研究阶段，有相当一批学者关注的是所谓的国际竞争力而不是综合国力问题。曾几何时，在国内学术界，“国际竞争力”竟然是一个与“综合国力”并肩而立，甚至是更受关注的概念或话题。后来，随着党和政府对综合国力概念重视程度的提高，“国际竞争力”的概念和理论与综合国力的概念和理论也拉开了距离。实际上，国际竞争力主要用来描述一个国家的经济竞争力，这是与“综合国力”有着很大不同的概念和理论。

由于综合国力理论已经与马克思主义基本理论和中国的国家发展战略结合在一起，成为科学社会主义理论的一个重要组成部分，目前从事这一问题研究的学者也越来越多。毫无疑问，综合国力研究从一开始就是一个跨学科的交叉话题。而如今，它涉及的理论和学科更是非常庞大。在当今中国学术界，在这些新加入的学者中，从事马克思主义理论研究、思想政治教育、经济学研究、国际问题研究的学者组成了研究这一问题的最为庞大的研究队伍或集群。其中，从事马克思主义哲学、科学社会主义理论、毛泽东思想、邓小平理论、“三个代表重要思想”和“科学发展观”研究的学者已经成为这一研究队伍的主力。当然，相对而言，从事马克思主义哲学、科学社会主义理论、毛泽东思想、邓小平理论、“三个代表思想”研究的学者目前更关注的是文化力（包括文化生产力和文化软实力）问题，对综合国力问题只是一般的涉及，而且并没有明确涉及综合国力与文化力的关系问题。他们对综合国力问题的研究只是着重于邓小平等党和国家领导人对这一问题的看法和提法以及执政党的一些重要文件和决议的考证和分析，原创性的研究不多，不太注重以某一基本学科为学术依托。

在国际关系学和军事理论等研究领域，那些较早涉足这一领域的学者们对综合国力的关注是比较连贯且持久的，研究的水平相对较高。相反，他们对“文化力”或“文化软实力”问题关注不够，甚至对文化力（或文化软实力）与综合国力的关系也缺乏足够的认识。这一点，他们与其他领域的学者是一致的。毫无疑问，在中国学术界，综合国力和文化力（也包括“文化软实力”）的研究基本上是分开进行的，而且是渐行渐远。这是一个让人感到遗憾的不足。实际上，二者是互为关联、难以分开的，是可以互相解释的。对任何一方的忽视或缺乏认识，必将导致对另一方认识的不足或局限。文化软实力的研究与文化力的研究更是难以割舍，完全可以视为一回事。

总的说来，对文化力（包括文化软实力）和综合国力问题的研究在中国学术界可以大致分为两个集群：一是从事思想政治教育、马克思主义哲学、科学社会主义理论、毛泽东思想、邓小平理论、“三个代表重要思想”和“科学发展观”研究的学者群体；二是从事战略学（包括军事战略、国家战略或国家发展战略）、经济学、文化学或文化传播学和国际问题研究的学者群体；另有一批学者处在两个群体之间，在学术方法和学术观点上或多或少兼有两派的特点。这两个群体或派别中间，并没有所谓的第三派或第三个群体的存在，因为不存在折中派或中间派。处于两派或两大群体之间的学者人数很少，而且往往以某一派的学术主张或学术特点为主。他们只是涉及了两派都涉及的基本问题，但在主观上并无促成两派交流或沟通之意。事实上，所谓的两个集群或学术派别是在不自觉间形成的，而且在研究兴趣方面也不自觉地做了分工：一方注重文化力或文化软实力的研究；另一方只关注综合国力。这是两派的学术局限造成的，而不是一种自觉或自主的选择。不可否认，这两个群体或学术派别的学术对话或学术互动不够，学术成果的相互借鉴和相互吸纳也是个问题。这似乎也使综合国力研究和文化力问题（包括文化软实力问题）愈来愈显得成为互不相关的话题。由于两大派别的学者缺乏沟通和对话，在理论上出现了体系的明显差异。不仅如此，从某种程度上来说，介入文化力、文化软实力与综合国力研究的不同学科的研究者们在展开研究时有闭门单干、自说自话的特点。很多研究存在着低水平的重复现象。甚至，不正常的抄袭、剽窃现象也并非罕见。

## 五　中国学界相关研究存在的问题

由于综合国力概念和文化力概念的最初形成（建立）与国外的学术贡献有关，可以认为其理论源头在国际学术界。然而，现在国外学术在这一领域的影响已经微乎其微、可有可无。这不能不让人深思。忽视理论源头及其流入中国的方式、过程及其变异必然影响我们在相关领域与国际学术界的学术互动和合理借鉴，也会影响我们自己的学术规范。事实上，关于综合国力与文化力问题（也包括文化软实力问题），我们借鉴国际学术成果的过程和与西方理论体系及理论界的互动是不系统、不连贯，甚至是不规范的，或者说是有相当欠缺的。而当下一些即兴的借鉴只能算零星的点缀，远远谈不上“互动”。在该研究领域，当中国学者的研究在与国际学术界（主要是西方学术界）拉开距离之后（脱离或获得独立性之后），我们自己的理论体系也没有注重对基本概念的界定、论证和对它们之间逻辑关系的系统探讨和分析。可以说，在国内学术界，综合国力与文化力理论体系建立的基础一直是非常薄弱的，整个理论体系也富有争议，充满疑问。就文化力理论而言，并没有随着“文化软实力”概念的产生而有了质的飞跃。相反，倒是又产生了不少新的争议和疑问。

目前国内关于综合国力理论的研究还谈不上发达、完善。关于文化力或文化软实力的研究，目前已经非常热门，越来越多的学者正不断地参加进来。不过，人多并不一定意味着研究水平的提高。关于文化力（包括文化生产力与文化软实力）概念或理论，也还有许多问题需要深入研究，而大量的新的研究成果也有待完善和进一步系统化。不难发现，在现有的研究成果中，基本概念缺乏较为严格的界定，对国外相应学术概念的译介既不统一，也不太规范。更严重的是，综合国力和文化力没有被当作系统研究，研究方法上存在着一定的缺陷；综合国力的源泉及文化力在综合国力体系中的地位等重要问题无人问津。某种不规范、非专业或非学术的习惯严重影响了中国学术界与国际学术界的互动，同时也阻碍了该领域中国学术水平的提高。可以说，在综合国力和文化力研究的领域，从基本理论体系到研究方法都有一定的欠缺，或存在着一定程度的混乱。新近的“文化软实力”研究也存在着类似的情况。“国力”或“综合国力”研究本身与生产力研究或文化力研究都是多学科的交叉性理论领域，因而需要多学科的真正的交叉、互补，研究成果本身应涉及诸多领域或诸多学科的问题，应该多视角地考察和提问，而不是各学科各搞各的；研究方法也需要诸多学科相互借鉴，交叉互补。否则，不但研究方法和理论体系没法发展和提高，而且容易出现理论和认识的混乱，使问题越来越模糊，而不是越来越清晰。

正如前面所展示的，综合国力与文化力概念及相关理论体系的建立过程是这样的：首先，受国际学术界的影响，中国学界的理论家或学者提出了综合国力和文化力的概念；进而，它们便成了相当“政治化”、“口号化”（标语化）或“行政化”的概念；然后，它们便成为极其流行的大众化的概念。这一大众化的过程促进了相关研究的发展，形成了综合国力与文化力“热”（以及随后的“文化软实力热”），掀起了综合国力与文化力研究的高潮（也包括最近的“文化软实力”研究的高潮），但同时也造成了这两个概念内涵与外延的无限扩张和不确定性。“文化力”演变为“文化软实力”就是这种概念和理论体系不确定造成的结果之一。现在，在国际学术界和国际社会，相当于中国学术界和理论界的“综合国力”与“文化力”的概念并不流行，绝大多数国家甚至没有与中国人所理解的“文化力”与“综合国力”对等的观念或概念。“文化软实力”的概念国外学界和社会更是压根儿没有。“综合国力”、“文化力”和“文化软实力”等已经成了纯粹中国人自己的概念或完全中国化的概念。而且，关于这些概念的出处、本原含义、学术意义和存在的问题或多或少地处于被遗忘或被遮蔽的状态。它们作为初创概念和尚未成熟的理论的假定性和不确定性等特征被忽略了，一些逻辑的假定和尚待论证的假说被当成成熟的或不被质疑、毋庸置疑的东西，甚至被看作客观事实、客观存在本身。甚至，一些随意的或想当然的观念或提法都被看作理所当然的东西或固有的事实，当作了学术的出发点和理论体系的基石，一些理论的缺陷和研究方法的不足却被忽视。

实际上，“综合国力”、“文化力”这两个最基本的概念本身就缺乏严格的统一界定，学界关于其学术发展的理论源流的描述或探究也并不是太清晰。“文化软实力”概念更是如此，其基本的理论框架尚不清晰。关于文化力与综合国力的研究，存在的问题是：该研究领域的学科归属或学科特征不明确；其研究的方法和理论体系也相当杂乱，因而研究方法和理论体系并没有真正成熟或理顺。甚至可以说，该学术领域的理论体系尚未真正形成。事实上，“综合国力”和“文化力”（也包括“文化软实力”）作为基本概念现在仍缺乏严谨的界定，或者说对其界定或认识仍存在着严重的问题，可谓该领域最主要的或最严重的问题。即便将综合国力与文化力的研究看作交叉学科，建立严谨的理论体系和规范的学术方法、解决那些争论和悬而未决的问题也是非常必要的。交叉学科或交叉性的研究领域更需要理顺那些显得混乱的理论或逻辑关系，更需要在概念上正本清源，做出规范界定，以形成最大可能的或最大范围的学界共识。我们首先应该从考察综合国力和文化力概念做起，搞清楚围绕着这两个概念建立起来的相关理论的历史演变与发展过程，尤其是搞清楚这两个概念和相关理论从国外引入中国学术界出现了哪些变异，考察在这种变异过程中中国学者与国际学者在理论认识方面出现差异的原因所在，然后系统展现这两个业已中国化的概念和相关理论的价值所在。“文化软实力”概念与它们之间的关系也应该得到系统的考察。

中国理论界关于文化力问题的一些有深度的讨论基本上是围绕着生产力概念或问题展开的。也就是说，他们将文化力问题与传统的生产力问题挂钩并将其视为文化力研究的理论根基。这种做法是具有学术合理性和理论深度的，但忽视文化力与综合国力的关系则不能不说是一种失误。可以说，目前流行的文化力理论基本上是对传统的生产力概念的丰富与发展。理论界一度热烈讨论的“文化生产力”概念更是这一理论或这一概念（文化力）的进一步发展，同时也证明了文化力及文化生产力与生产力理论的关系。令人感到遗憾的是，关于文化力与综合国力的关系并没有得到重视和合理的论证。目前，它们之间的关系甚至被忽视或忽略了。最近出现的文化软实力概念也并没有引起人们对文化力概念（也包括文化软实力概念）与综合国力概念之间关系的重视。

也有相当多的关于文化力问题的研究既没有提及它与生产力概念和理论有什么联系，也没有发现它与综合国力概念和理论有什么关系。这种研究本身缺乏学术性和系统的分析框架，只能将综合国力与文化力概念最大限度地简单化、口号化、意识形态化。我们不得不承认，有时候，这种缺乏学术性和思想分量及理论深度的研究不仅对大众关于如何认识文化力问题是一种干扰，对学术界和决策部门的相关研究和认识也是一种干扰。学界或理论界关于“综合国力”与“文化力”和“文化软实力”就基本概念和理论框架难以达成共识的主要根源可能就在于此。

## 六　综合国力与文化力系统论与新的研究方法

中国综合国力理论的主要奠基人之一黄硕风说过，“综合国力学是一门新兴的综合性学科”①。然而，正如我们在前面所暗示的，在中国，“综合国力学”是否已经真正形成还是个问题；即便勉强说得上真的形成了，其理论体系、研究方法是否成熟、稳定也是个问题。更何况，正如前面所说的，作为一个所谓学科（subject 或 discipline）或理论体系，如果将它与文化力研究分离开来也是不完整的。本书立足于建立一个真正将综合国力与文化力融为一体的理论体系——综合国力与文化力系统论，实现研究方法和理论框架的

① 黄硕风：《综合国力论》，中国社会科学出版社 1992 年版，“前言”。

全面革新。

文化或文化力与综合国力的关系是非常明显的，也是非常直接的，完全可以被看作综合国力的主要部分或核心。这种关系的明确提出，始于王沪宁教授，[①] 后来强调二者之间这种必然关系的学者几乎没有。一些专门致力于综合国力研究的专家，比如黄硕风等，并没有指出文化在综合国力中居于何种地位。他们甚至并没有形成文化力的概念，文化基本不被他们视为综合国力的要素或独立要素（独立组成部分）。黄硕风使用的是“文教力”概念。[②] 即便在强调文化力为综合国力的重要组成部分的理论中，关于文化力在综合国力诸要素中的位置及其与其他要素的关系，也没有系统的论证和明确的说法。而目前，关于文化力的理论大有脱离综合国力理论并与之分庭抗礼之势。

事实上，可以认为文化力理论是在综合国力理论的基础上发展起来的，文化力概念与综合国力概念在中国学术界往往是联袂登场的。如果将它们分开讨论或视为互不相干的独立概念并不合适。而且，如果二者互相脱离，不利于对它们各自单独的研究，不利于对两个概念的准确把握和系统研究。二者有着密不可分的学术上的血缘关系；而这种血缘关系是没法斩断的，也是不应斩断的。本书就是立足于二者之间不可分割的理论渊源和逻辑关系展开研究的。也就是说，它们在这里属于一个大话题，讨论或分析其中一个概念，离不开对另一个概念的分析或研究。而事实上，论证二者之间的关系及相互影响是文化力和综合国力理论的关键。本书的主要任务之一就是要揭示这种关系及文化力在综合国力中的独特地位。同时，“文化软实力”的情况也将得到系统的讨论。

对综合国力的考察，“综合”是国内学界的基本方法，但这种“综合”实际上是对一些综合国力基本要素杂乱无章的堆砌或罗列，综合国力也没法被看作一个有机的系统。一反过去简单的罗列与相加的“综合”方法，本书提出了新的研究方法和视角，将文化力或

---

① 王沪宁：《作为国家实力的文化：软权力》，《复旦学报》1993 年第 3 期。

② 黄硕风：《综合国力论》，中国社会科学出版社 1992 年版，第 110 页。

文化作为综合国力系统的核心，建立起综合国力系统论。本书从系统的角度考察综合国力，对这些问题给予详细的回答，同时，文化力（文化）的特殊地位也将得到论证。

本书在分析综合国力概念的基础上，从综合国力的构成的角度引出文化力的概念，从综合国力系统论的角度，提出文化力的概念并分析其地位。当然，文化力概念也可以撇开综合国力概念本身单独提出并展开研究。目前，从文化力概念已经发展或引申出文化生产力（新近更是出现了文化软实力概念或提法）。实际上，也可以从生产力的概念引出文化力或文化生产力的概念。这也是目前从事文化研究的大多数学者的思路。不过，本书倾向于两种思路或两种方法的结合。本书将匡正一些对综合国力的错误认识或模糊认识，提出一种将“文化力”囊括在内的关于综合国力的新理论——“综合国力系统论”，并对“文化力”重新界定和定位。这些都是理论上的首创。另外，本书还主张，文化或文化力也是一个系统，不是由某个孤立或单一的成分构成的。总之，本书将对综合国力和文化力进行新的更系统的全面阐释，并全面廓清二者之间的关系。

考察综合国力，不仅要考察人力、物力、自然资源、军队和财富等物质力量，还要从高质量力量的源泉、催化力量的因素和力量产生的方式等角度去考察。高质量的力量及其产生的方式和“催化剂”是综合国力的核心和真正的力量源。一旦这些被揭示出来，就等于把握住了综合国力的实质，综合国力系统论的建立也就水到渠成了。本书认为，作为一个系统，综合国力由基本资源、军事力量、经济力量和文化力量与软实力（文化软实力）等因素或基本范畴组成。构成综合国力的几乎所有因素都可归为这几种基本范畴，它们之间是互为关联的关系。

基本资源指自然资源和人力资源，它和军事力量似乎一直是国力最直观或最直接的体现；其次是经济力量，也是相当直观的物质力；最后是文化力（包括“软实力”或“软权力”），是不太直观的力量，往往被认为属于“软实力”（“软权力”）或精神范畴的力量。其实，文化力（包括“软实力”或“软权力”）才是国力中最关键的力量，是高质量的力量，也是唯一能渗透到其他因素中的无所不在的力量，堪称综合国力产生的“催化剂”；它还决定了综合国力产生的方式。本书主张，综合国力的核心、主要源泉以及连接其他要素的主线就是文化力（包括“软实力”或“软权力”），综合国力系统论的建立也应该以文化力为核心。这里所说的文化力产生于一种“大文化”，而非某种精神资源或意识形态。所谓“大文化”概念就是将社会制度、科技力量、教育和人才资源、知识积累、文化产业和价值观等因素视为一个有机的系统——“大文化”系统；“文化力”和所谓的“软实力”或“软权力”就产生于这一大文化系统。本书所说的“软实力”或“软权力”与约瑟夫·奈的“软权力”概念在定义或内涵方面是一致的，但这里主张“文化力”是比“软实力”或“软权力”更大的一个概念，可以涵盖“软实力”或“软权力”。或者说它基本上相当于目前流行的“文化软实力”概念。文化力是国家强盛或崛起的根本保证，中国应将提升文化力作为发展综合国力的根本。

综合国力与文化力问题的研究具有较大的社会意义和理论价值。该理论与国家发展联系在一起，对国家战略的制定具有重要的理论指导意义。同时，这方面的研究对马克思主义哲学、科学社会主义理论、历史学、政治学、管理科学、国际关系理论、经济学、战略学、未来学等领域都有重大的理论价值，对科学社会主义实践各方面的具体影响也是全方位的。本书也将以上述提到过的基本学科与基本理论体系为学科和理论依托，形成一种跨学科的研究方法和分析框架。不过，马克思主义基本理论（如历史唯物主义及相关的生产力理论、发展中的科学社会主义理论）、西方国际关系理论（主要是其权力或国力学说及其测评理论）将是本书进行研究的基本方法和主要方法。本书或许会对国内综合国力和文化力问题研究的理论突破起到一定的推动作用。

## 七　研究宗旨和基本结构

中国的综合国力理论起源于西方的权力理论，文化力概念也与之（主要是西方“软权力”理论）有很大、很直接的关系，甚至可以说也是起源于它。然而，无论在中西国力理论之间，还是在中国的综合国力与文化力理论之间，从基本概念到体系和方法，都存在极大的分歧和差异。这造成了我们综合国力与文化力理论体系的某种程度的混乱和研究方法的不一致。在综合国力与文化力研究领域，当务之急和重点不是对某种对象进行量化测评或考察，甚至不是进行应用性理论（包括分析框架、测评方法或测评公式）的建构及用它得出某种数据，而是建立一种新的较为合理的理论框架（theoretical framework）或范式（paradigm）。也就是说，基础理论的研究仍是综合国力与文化力研究的首要任务，因为目前这方面的研究还很不理想。我们需要理顺国内学界关于综合国力和文化力的理论体系。因此，本书无意将量化考核中国和其他大国的综合国力或文化力作为主要任务，更无意于统计或计算某方面的数据，而是将构建考察综合国力的新的理论框架作为主要任务。当然，本书也涉及应用性理论，甚至也建立了某种综合国力与文化力的量化、测评公式。但那些都不是本书最重要的任务或最大的成就。如果说本书尚有些新意或理论贡献，那还体现在基础理论的研究方面。本书首先对基础理论涉及的问题和前人的成果进行了全面系统的考察和整合，提出了自己的主张，然后在此基础上构建了关于综合国力与文化力量化测评的分析框架与公式。

本书的基本结构和主要内容如下：

第一章（即本章）是本书的导论，是对本书的一个基本而全面的介绍。这里主要介绍本书涉及的问题（命题）和学科，分析国内外学术界在相关领域的研究现状、取得的成就和存在的不足或问题，指出中西学界在基本概念、理论体系和研究方法上存在的差异以及由此带来的问题，阐述了本书的理论价值和现实意义。本书的主要观点和自己的研究方法、理论体系和新的理论突破也在本章做了大致的交代，特别是基本概念及其相互之间的关系（如“综合国力”与“文化力”和“文化软实力”之间，“文化力”与“文化软实力”之间等）。另外，本书的基本结构和大致内容也按照章节的顺序做了介绍。

第二章至第四章主要考察综合国力和文化力概念（也包括文化软实力概念）的起源与相关理论产生的背景及过程，分析中西相关理论体系的差异（包括基本概念的内涵的差异）及其产生的原因，探讨这些因素对中国综合国力与文化力理论从体系的构建到研究方法的形成所产生的影响，指出中国综合国力与文化力研究存在的一些问题。本章的主要目的在于说明综合国力与文化力理论（也包括新近产生的“文化软实力”理论）很大程度上来源于西方的“权力”或“国力”理论，但又因其较为彻底的“中国化”而成了典型的中国人自己的理论。也就是说，中国的综合国力与文化力理论从概念到理论体系已经脱离了西方的“权力”（包括“国力”）理论体系。

第五章至第六章首先介绍中国综合国力理论发展的过程、主要流派和基本主张，其次介绍西方“软实力”（“软权力”）理论与中国文化力理论的基本内容及相互关系。综合国力与文化力的研究在中国学界虽然有较多的参与者，也取得了相当大的成绩，但基础理论研究仍然薄弱，而且在基本问题上大多是互相重复，甚至有互相抄袭的现象；而在研究方法上也存在着不少的问题。另外，西方的“软实力”（“软权力”）概念与中国的文化力概念虽然有着密切的联系，但在内涵与理论体系上是有着极大的不同的。也有一些中国学者明确主张“软实力”（中文的概念）不同于文化力。目前，在综合国力、文化力、软实力等概念及其理论方面，存在着一定的认识误区和方法论缺陷。这些问题阻碍了综合国力与文化力理论的发展与突破。

第七章至第八章主要讨论综合国力与文化力理论之间的关系及其与马克思主义理论的关系。本章主张，文化力是综合国力的重要组成部分和决定性因素，发展综合国力的关键在于文化建设和培育文化力或文化软实力。在此基础上，本书提出了发展中国综合国力和提升文化力或文化软实力的一些构想。关于综合国力和文化力理论（包括文化软实力理论）与马克思主义理论的关系，本书主张从三个方面来认识：其一，作为党的执政理论和执政理念的综合国力与文化力理论（包括文化软实力理论）本身就是发展中的马克思主义理论的一部分；其二，综合国力与文化力理论（包括文化软实力理论）主要是在马克思主义经典理论的基础之上形成与发展的，而不是建立在西方权力与软权力（软实力）理论的基础之上的；其三，发展中的综合国力与文化力理论（包括文化软实力理论）对马克思主义理论无论从总体上（整个理论体系），还是在某些重要方面（如生产力理论），都形成了重大突破。这一理论体系从某种程度上将马克思主义理论提升到了一个新的高度。

总之，本书主要以基础理论研究为主，兼顾应用性理论及其实践价值的探讨。本书要探讨或解决的问题主要有：第一，综合国力与文化力基本概念（包括文化软实力概念）的起源及理论体系的形成过程；第二，综合国力与文化力概念和理论（包括文化软实力概念和理论）与西方相关概念和理论的联系与差异；第三，综合国力与文化力（包括文化软实力）研究存在的问题和方法缺陷；第四，国力量化、测评理论及其应用；第五，如何实现理论体系和研究方法的突破；第六，如何完成综合国力、文化力、文化生产力和文化软实力理论的整合；第七，综合国力与文化力理论（包括文化软实力理论）对马克思主义理论的丰富和发展；第八，综合国力与文化力理论（包括文化软实力理论）对科学社会主义实践和中国的和平发展、融入世界的现实的指导意义。

本书不仅仅从学术史的角度完成了对综合国力、文化力、“软权力”（“软实力”）、“文化生产力”和“文化软实力”等概念和理论的系统考察、对中西理论体系进行了比较并借此发现了在相关问题上学界存在的一些问题，而且建立了自己的分析框架和理论模式。更重要的是，本书自觉地以马克思主义理论为主要的研究方法，并以将综合国力和文化力理论（包括文化软实力理论）与马克思主义经典理论进行有机整合为主要任务。本书认为，作为党的执政理论和执政理念的综合国力与文化力理论（包括文化软实力理论）与马克思主义经典理论是一致的，而且丰富和发展了马克思主义唯物论、历史唯物主义和科学社会主义，尤其是对传统的生产力理论形成了突破。关于这方面的论证，应该是前人从来没有涉足的；本书在这方面所做的工作应该是比较系统而深入的。总之，本书或许会对国内综合国力、文化力、文化软实力研究和马克思主义基本理论的突破起到一定的推动作用。相信本书提出的一些观点和整体的理论框架会在学界引起一定的反响。

# 第二章

# 综合国力：概念考辨与理论溯源

本章主要围绕着中文“综合国力”概念产生、发展、演变的过程展开讨论，搞清楚它在中文语境和中国学界“话语”（discourse）中的含义，弄清它的出处。在这一追根溯源的过程中，我们不仅要考察综合国力概念在西方“话语”中的阐释和英文表达的最初含义与基本含义，还要考察它是怎么变成一个中文概念的；同时我们还要指出中西方学界在这一概念表达和内涵方面的差异以及由此引起的中西相关理论体系的差异。最后，我们还要比较中英（中西）概念的差异和中西学界在这两个概念界定方面的分歧所在。

本章和第三章的考察只限于基本概念本身的演变、发展及其基本内涵的中西比较，关于它们在中西学术界中的复杂界定和相关的理论体系的探讨和比较，将是后面几章的内容。这里只准备从概念形成的角度给出一个大致的线索和轮廓，而不涉及更具体、更深层的内容。由于综合国力和文化力概念在中国形成、发展及其成为学术热点的过程并不是完全一体的或同时进行的，下面从学术史的角度对这两个概念的梳理或考察将分开进行，只有在个别情况下才同时讨论。

## 一　中文综合国力概念与国外相关概念在表达上的差异

中国综合国力研究的先行者或开创者（以黄硕风为代表）将“国力”或综合国力的理论源头归为西方国际关系（国际政治）理论（学科），综合国力概念的中心词的英文对应应该是“power”或

“national power”。如此看来，无论是基本概念和理论体系就是一种直接的学术输入或学术借鉴，国际“接轨”或联系应该是紧密而清晰的。然而，实际情况并没有那么简单明了。目前中国流行的综合国力或“国力”概念实际上已经与西方的“权力”（power）[①] 概念大不相同，而整个“综合国力”的理论体系与西方围绕着“power”建立起来的国际政治学（或国际关系学）的相关理论体系更是渐行渐远，几乎成了互不相干的东西。对此，中国学术界相关的研究者真不知道应该自豪还是应该惭愧。照搬西方学术理论“挟洋自重”，或一味盲从，都是令人不齿的行为，因为学术贵在创新和富有个性。如果学术借鉴本身意味着道听途说、一知半解、不求甚解，或一味曲解之后的机械模仿加上自己的想当然，情况当然只会更糟。发展学术或学术突破的前提是在消化别人和前人的学术成果的基础上，在与国际学术界（当然也包括国内学术界）对话的前提下，提出自己的新见或创见。对于学术界的专业人士来说，对前人与国内外同行研究成果的无知或忽视是一种不可理解、不可接受、不可原谅的缺乏专业素养和职业道德的表现。这只能证明研究者理论积累的不足和业内学术规范的缺乏。即便说中国学术界关于综合国力的概念和理论比原来西方学术界关于“权力”（power）的理论已经先进百倍，十全十美，我们的研究者也不能省略或忽视二者之间的学术联系，更不能在日常研究中完全斩断与国际学术界相关理论的日常互动。总之，无论是自觉的漠视或排斥，还是被动的忽视或无知，都是缺乏学术精神和学术常识的表现，是不能被纵容或提倡的。

正如本书《导论》所指出的，国际学术界并无明确的“综合国力”的提法和概念，“综合国力”是中国学者，如黄硕风等，从西

---

① “power”这里先统一翻译为“权力”，或主要翻译为“权力”，而非“实力”。其原因及两种翻译的差异后面会有系统的讨论。这里需要强调的是，西方政治学和国际关系理论中围绕着“power”建立起来的理论就是关于“权力”的理论，而基本不是关于“实力”的理论。将“power”基本统一翻译为“权力”首先是为了避免因一词翻译为两个概念（词汇）而引起逻辑的混乱和基本理论体系的混乱，其次也是为了突出西方相关理论的基本特征和核心概念。

方国际关系理论体系中的“权力”（power）概念借鉴、发展而来的。中共中央党校国际战略研究所的门洪华教授也曾经明确指出：“综合国力是中国特有的一个概念。”[①] 然而，这样说并不意味着综合国力概念和相关理论就是中国学者独立创造或发明的，而是说中国的“综合国力”概念并无准确的外文对应。实际上，目前中文“综合国力”对应的英文单词并非英语中固有的；它的英文“权威”译法——“Comprehensive National Power”竟是中国人自己的硬译，有点洋泾浜英语（Chinglish）的味道。这一硬译已经被英语世界所接受，但仅仅用来专指中国人所说的“综合国力”，而不是一个国际学术界普遍流行或使用的概念。因此，从这个意义上来说，“综合国力”无论是中文还是其英文对应都是中国人发明并“输出”的，尽管中文“综合国力”概念及其英文翻译并没有被国外学界所接受，也没有真正进入人家的学术体系。然而，事情的另一面是，中国的综合国力概念和理论又的确是从西方学术界借鉴、移植过来的。中国学者所做的只是在概念的译介或表达方面有所改动或“创新”，因此与西方学界的概念表达（这里专指英文）出现了内涵的差异，没法形成准确的对应关系。这当然可以理解为创新和改进。不过，通过系统考察西方关于这一问题的学术发展史和中国学界的相关引介与发展过程之后，我们就会发现，这一新概念的命名既有创新，又有误解。我们不能说误解的成分大于创新，但至少有误解。因此，我们可以认为这是误读和创新的结合，是一种理论的变异。当然，这种变异总的说来并没有产生不良的学术影响，而是相反。然而，对这一变异的过程我们还是有必要了解清楚的。

关于综合国力概念的历史起源的考察及中西表达方式或内涵差异的比较研究，其重要性和必要性可以从以下几个方面来理解：

（1）该领域的学术发展需要我们解决或澄清学术史上留下的关于“综合国力”的任何疑惑和因失误（误解）留下的问题。

（2）国际学术交流的需要要求我们关心并把握国外相关的概念和理论体系，而不是自我封闭、自说自话、自以为是。

---

① 门洪华：《构建中国大战略的框架》，北京大学出版社2005年版，第66页。

（3）为维护中国学术的严谨性，我们也需要追根溯源、正本清源，而不是坚持和维护某种自以为是的误解和因此造成的学术传播和国际交流的脱节。

（4）理论的新发展要求我们消除基本概念表达的误差和理顺它们之间的逻辑关系，清除因概念不清和逻辑混乱造成的影响理论突破的障碍。

（5）最重要的是，只有坚持以上的做法我们才能发现并保持中国综合国力概念和理论体系本身已经具有的优点，发挥其具有的优势，并完善这一概念和相关理论体系。

在中国学术界，真正关心综合国力概念和理论的起源及其与国外学界的关系的人并不多，大约只有该研究领域的个别先行者简单地交代过这个问题；后来的研究者基本上忽视了这个问题，偶尔的提及也往往含糊其辞，缺乏深入。从以往的不太清晰的交代中，我们大致可以了解到，中国“综合国力”的概念和理论是有其国外“前身”的。因此，从积极的一面看，中国的（中文的）综合国力概念的提出本身，是在对西方学术概念“权力”（power）扬弃的基础之上建立的，是一个非常好的、极有创意且具有中国特色的概念。在中国，它能够被学术界和社会各方面广泛接受并成为理论热点就是明证。我们应该充分肯定这一概念的理论价值和现实意义。而且，从某种程度上来说，对于中国人，使用这一概念比使用“权力”（power）概念要好一些，或者说方便得多（至少是好理解一些）。“权力”一词在中国或中文世界里是容易引起误解的；中国人对它的内涵的理解与西方人有着一定的差异。英文的“national power”或“state power”无论翻译为“国力”或“国家实力”，都比翻译为“国家权力”更容易为国人接受或理解。因而，“综合国力”概念从某种程度上似乎称得上是将西方学术概念“中国化”的成功案例。

然而，在中国学术界，对“综合国力”概念的创立、界定或理解本身首先存在着对国际学术界的相关成果借鉴不够甚至有对相关理论误读或误解的现象，以至于“综合国力”理论体系最后完全成了脱离国际学术界相关理论而发展的属于中国人自己的独立的理论体系。如果这是一种学术的自觉——在深刻了解并消化了西方学术界最前沿的相关学术成果的基础上的自动扬弃或抛弃，我们理应为此而感到自豪。如果情况相反——在对西方相关理论一鳞半爪的了解的基础上，甚至只是对源自于西方学术界的核心概念以道听途说的方式进行简单的"借鉴"，然后完全抛开国际学术界相关的研究成果和学术对话的背景，进行自以为是或想当然的加工、杜撰，且自我标榜为"创新"和"中国化"，那么这种"创新"和"中国化"的意义必然不大，甚至有害无益。因为这种行为违反了学术研究和学术发展的起码原则和基本规律，是应该受到谴责或批评的。综合国力概念的引入及相关理论体系的发展或多或少地存在着这种值得担忧的情况。这导致了综合国力理论体系发展基础的某种脆弱性和先天不足。

## 二 中文综合国力概念形成的过程

首先让我们看看"综合国力"概念是如何形成的，它与国际学术界（主要是西方学术界）的关系究竟如何，以及由此引发的问题是什么；然后再让我们针对这种现状，探讨寻求解决这些问题的途径或可能性。当然，本书这样做的目的仍在于维护综合国力概念的理论价值、现实意义（其适用性）以及这一理论的未来发展，而不在于否定这一概念和相关理论的价值。这一概念和理论的严谨性、完善程度及国际传播应该是中国学者普遍关注的；而事实上，我们还远远没有做到这些。

纵观综合国力概念在中国学术界发展演变的历史，我们可以认为，中国人民解放军军事科学院战略研究部研究员黄硕风可能是中国学术界提出或建立综合国力概念的第一人。他自述在20世纪80年代初就"致力于综合国力研究"。[①] 他首次使用"综合国力"一词或这一概念是在1985年中国科学院举办的"美苏争霸战略问题"

① 黄硕风：《综合国力论》，中国社会科学出版社1992年版，"前言"。

学术研讨会上提交的《美苏综合国力对比展望》一文中。[①] 在1987年之后，他才系统提出自己的观点，发表了《漫谈综合国力》[②]、《未来综合国力对比预测》[③] 和《综合国力论》[④] 等一系列论文。他的学术成果曾在政界、军界、社会科学研究领域和科学界引起较大反响，曾得到一些军政领导、科学家和知名学者的赞赏和支持。前国防大学校长张震、著名科学家钱学森、前中国科协主席朱光亚等同志都曾对他的研究工作给予了一定的肯定和支持。这些对他的研究提供了极大的帮助。他本人因“综合国力研究”而声名鹊起，他的研究成果也因此产生了较大的社会和学术影响。事实上，通过这些领导和知名学者的推介，他的观点在某种程度上对决策层和整个理论界（不仅仅是学界）都产生了直接的影响。后来，邓小平在不同场合的讲话中多次明确提倡重视和发展综合国力；党中央和中央政府在许多重要文件和决议中开始频繁使用该词，使之成为中国社会主义建设和国家发展战略的一个重要指导思想，进而使发展综合国力成为一项新时期中国改革开放和全面发展的基本国策并形成了一整套内容丰富的理论体系。“综合国力”概念和理论成为新时期社会主义建设和国家发展的重要指导思想，成为新时期党和国家的执政理念和理论，不能不说与黄硕风首倡综合国力概念及其学术贡献有一定的关系。当然，邓小平提倡发展中国的综合国力也具有首创性，与学术界黄硕风等的学术研究是互动或相互影响的关系。随后，中国科学院、中国社会科学院、中国现代国际关系研究所、中央党校、军事科学院和国防大学，以及很多大学与科研机构都成立了课题组，专门从事这方面（即综合国力问题）的研究。

黄硕风曾明确表示：“综合国力”概念是他于1984年首次提出（首创）的，1985年首次在其学术成果中公布了相关思想，后来又发表了一系列的相关成果，对社会和学术界产生了广泛的影响，并使他首创的“综合国力”概念和相关理论成为一个学术热点和决策

① 黄硕风：《综合国力论》，中国社会科学出版社1992年版，第379页。

② 参见黄硕风《漫谈综合国力》，《世界知识》1987年第24期。

③ 黄硕风：《未来综合国力对比预测》，《日本问题》1988年第5期。

④ 黄硕风：《综合国力论》，《百科知识》1989年第6期。

层关注的一个问题或理论热点。[1] 关于他的“综合国力”概念和相关理论的学术贡献和学术影响，他曾经自我评价如下：

> 随着国际战略研究的不断深入，国内学者也从不同的角度对综合国力进行探索研究，报刊、新闻广播等还陆续发表过有关综合国力的文章。党和国家领导同志讲话中正式使用了“综合国力”这一名词。国内出现了一股研究综合国力的热潮，国际上也相继引用了综合国力这一概念。[2]

如果对中国学术界或中文“综合国力”概念形成的过程及相关理论发展的过程有着较为系统的考察或较为全面的了解，我们不难发现黄硕风以上的结论或自我评价并无太多的夸大。尽管他好像有意给人以他就是综合国力概念全球范围的第一创立者（世界“第一人”）的印象，而且在上面的自评中颠倒了他的综合国力概念和理论与国外的相关概念和理论的关系，但他的确在国内这一领域起到了开拓者和奠基者的作用，其理论贡献至今仍无人超过。他对该问题思考的广度与深度，对学术前沿和国外相关理论的了解与把握是大多数浅尝辄止的涉猎者或人云亦云的跟风者很难比拟的。国内很多学者对综合国力问题的研究几乎都是在他的研究成果的基础上展开的。而且，他们的研究成果无论从系统性和学术深度来说都没法与他相比。事实上，不少同类研究成果的理论性或学术性都不算太强，在理论体系、主要内容和研究方法上缺乏大的贡献，鲜有突破。有些研究基本上不涉及或干脆避开了基础理论的研究，而专门致力于应用研究。实际上，综合国力问题的研究在中国学术界最薄弱的恰恰是基础理论的研究，其中就包括对基本概念的分析、考察、界定。有些基础理论的研究其实只是对黄硕风等人的研究成果的低水平的重复；还有一些研究几乎是建立在对基本概念望文（中文）生义的基础上的。

① 黄硕风：《综合国力论》，中国社会科学出版社1992年版，第95页。

② 同上。

我们不得不承认，在国内学界很难发现有别的学者在综合国力研究方面能与黄硕风相提并论。甚至，国际社会（包括外国学术界）对他提出的综合国力概念也不得不给予一定的关注或重视（对此下面将会谈到）。无论从哪个方面来说，他都无负于“中国综合国力研究的第一人”的称号。在这一部分我们不得不以介绍他的理论贡献为主。甚至，在本书的其他地方，在谈到中国综合国力理论的主要代表和代表性观点时，我们仍不得不将目光主要集中在他身上。关于他与国际学术界或相关理论的互动是我们考察综合国力概念发展、演变的一个独特而重要的视角。

## 三　综合国力概念与理论的西方学术源头

黄硕风虽然堪称中国学术界“综合国力”研究第一人，尽管他也强调综合国力概念不仅在中国学术界是他首创的，而且在国际学术界也算得上是他第一个提出的，但他并没有否认西方学术界的相关理论对他的启发和影响，而是明确承认综合国力理论的西方学术源头和综合国力概念与西方“权力”（power）概念的直接联系。

黄硕风曾明确指出综合国力概念出自西方学术界的“权力”（power）概念，指的就是“国家权力”（national power）。[①] 他在回顾“综合国力”研究发展的历史时，也是从“权力”（power）概念开始的。他所介绍的该领域的学术开拓者、奠基者和理论大家也全是现代西方学术界的人物，如美国的汉斯·摩根索（Hans J. Morgenthau）、法国的雷蒙·阿隆（Raymond Aron）、德国的威廉·福克斯（Wilhelm Fucks）、美国的雷·克莱因（Ray S. Cline）和约瑟夫·奈（Joseph S. Nye, Jr.）等。[②] 如此，就说明他的“综合国力说”是沿着国外这一学术思路和传统发展过来的，背后有着广阔的相关学术背景或理论土壤。因此，他的关于综合国力的理论成就是

---

① 黄硕风：《综合国力论》，中国社会科学出版社 1992 年版。

② 同上。

对西方学术成果的继承和发扬。一方面，他对此前的相关成果有着较为系统、深入的了解和理解；另一方面，他在自己的研究成果中也较为清楚地交代了他的基本概念和理论体系形成或建立的过程（包括受西方学者影响的过程）。但国内不少研究综合国力问题的学者并不太重视相关理论的学术发展史，对前人理论和概念的考证也尽可能省略，因而罕有关于自己如何继承前人成果的过程的交代。如此，对前人成果的消化、继承与发扬光大就成了问题。也就是说，很多中国学者关于综合国力问题的研究压根儿不提或不知道这一概念和理论的历史渊源，几乎不搞学术发展线索的梳理，对综合国力的定义和研究有不少想当然的随意发挥，使之不仅成了与国际学术界相关概念和理论毫不相干的东西，甚至与在该领域堪称中国学派奠基人和开拓者的黄硕风等人的理论体系也格格不入了。这不能不让人大跌眼镜，深以为憾。这种理论传承的断裂或学术线索的脱节导致了一些学者的相关研究出现自说自话、自以为是甚至低水平重复的情况。

总之，与黄硕风等人相比，一些国内从事综合国力研究的学者似乎忘掉了综合国力理论的起源，或者说不太关心这一概念与西方学界有什么关系。他们的起点就是黄硕风等人的研究成果，好像这一问题的相关理论和概念完全就是中国人自己的原创一样。在邓小平多次发表有关综合国力问题的讲话之后，尤其是在党和国家将提高或发展综合国力定为国家发展战略的基本指导思想或一项基本国策之后，中国学术界掀起了综合国力研究的热潮。综合国力概念不仅成为学术界的理论热点，在整个社会也成了时髦概念。然而，有的所谓研究甚至只满足于对党和国家领导人相关讲话的图解、诠释和再发挥，基本上是从这些讲话出发，或以这些讲话为基本文本和理论的来源。现在，从事相关研究的相当一部分人甚至不知道中文“综合国力”的英文对应是什么，更不用提对这一概念和相关理论的西方学术渊源的了解了。

不过，实事求是地说，黄硕风本人在对“综合国力”的概念命名和理论表达的过程中，学术的规范性也并非十全十美、无懈可击。他的考证及所下的定义和结论也颇多疏漏，在学术严谨性方面也并不是滴水不漏，甚至存在着对西方相关概念和理论有所误读或误解的现象。细究起来，他对综合国力概念的“发明”或“首创”的过程存在着不少的问题。总的说来，这一过程缺乏系统、可靠和严谨的学术论证。这就给他的“发明权”和“首创性”涂上了一层可疑的色彩。这也是他一边强调自己是综合国力概念和理论的首个“发明人”和“开创者”，但一边又不得不承认乃至强调“综合国力”无论从概念还是从理论体系上都来自国外学术界的原因。

事实上，综合国力概念的发明权是否能归黄硕风，的确是值得怀疑的。他本人对自己综合国力概念及相关理论所拥有的原创性和首创性，以及对自己的理论与西方学术界相关理论的关系的评价也多少有些自相矛盾。一方面，他强调自己对综合国力概念的首创性和原创性，以及独立的发明权，也强调自己对相关的整个理论体系拥有独立的原创性；但另一方面，他又不得不承认这一概念属于对西方“权力”（power）概念的译介和扬弃，声明他的“综合国力”的理论体系也是对西方原有的“综合国力”（虽然并无准确的对应术语）或“国力”（national power）理论的继承和发展。还有，一方面他说“综合国力”的概念和理论都是他创立或开创的，即自他始；但另一方面，又说“综合国力”研究的历史在西方已经有一个多世纪了，曾有好多不同国家的学者介入，他们也奉献了很多成熟的相关成果。[①] 他甚至还认为有“古代国力学”，并大谈“古代综合国力学派的萌芽”。[②]

黄硕风强调他的“综合国力”研究从基本概念到理论体系与西方学术的相关概念和理论关系密不可分大约是为了强调其学术研究的规范性、权威性和“正统性”，即绝非异想天开或灵机一动的想当然，而是在系统地考察了学术史并继承了国外前人和同辈的研究成果的基础上进行的，是艰辛的学术努力和卓越的学术能力的体现，同时也是合乎学术规范的。然而，他又将西方学术的概念和总体成就贬低到一个不值得重视的程度，以突出自己在学术发展史上

① 黄硕风：《综合国力论》，中国社会科学出版社 1992 年版，第 3 页。

② 同上书，第 4—10 页。

完成超越的幅度和飞跃的高度，进而将自己的概念和理论体系与西方学术界的概念和理论体系划清界限。这当然不符合客观事实。不过，我们这里暂且顺着黄硕风的思路走，详细了解一下他的思路。西方学者关于“国力”或“综合国力”的研究成果及水平，我们将在后面讨论，这里暂且不谈。

那么，黄硕风是怎样表达或论证西方“国力”或“综合国力”研究存在的问题以及他对西方相关的概念和理论体系的“超越”和“扬弃”的过程的呢？

## 四　怎样理解中国“综合国力”概念和理论体系与西方相关概念和理论体系的不同

黄硕风认为，西方只有关于“国力”（并非“综合国力”）的研究，而西方学者的“国力”概念只是对“国家权力的引入”，即对“权力”概念的引申而形成的所谓“‘国家权力’（national power）概念，简称‘国力’”。[①] 关于西方“国力”的定义及其出处，他说“国家权力”（national power）这一概念“或称为‘国家力量’，‘国家实力’，简称‘国力’”，“这些术语均译自英文词 national power”。[②] 对于这一概念，他认为，“不仅现实主义者使用，其他学派的政客、学者也常常使用，只不过对这一概念的目的、意义、估价和分析方式有所不同罢了”[③]，因而，“尽管西方学者对国力这一概念的说法纷纭，各持己见”[④]，但进入 20 世纪 70 年代以后，当代国力学研究进入了一个崭新的时期。它由单项对比研究转向了综合对比研究，而且，国力理论研究由定性分析开始转向定量分析，以马列主义为指导的综合国力研究论应运而生。这一重大的变化，标志着国力学研究领域的一次历史性的飞跃。[⑤]

① 黄硕风：《综合国力论》，中国社会科学出版社 1992 年版，第 43 页。
② 同上书，第 45—46 页。
③ 同上书，第 43 页。
④ 同上书，第 45—46 页。
⑤ 同上书，第 21 页。

实际上，黄硕风在他的专著中提到综合国力研究的历史时，有时明确表示已经有一个多世纪，有时也承认外国人对“国力”用综合的眼光看待或将其看作一个综合体已经有了相当长的学术历程。甚至，他在专著中的研究思路表明，近代西方学术界对国力的研究一开始就是一种“综合”的眼光和方法，他的研究只是这一思路或方法的继承。[①] 他在其专著中很难将国外所谓的“国力”与他所说的“综合国力”在定义和学术研究活动上完全区分开来或明确地区分开来。因而，他所说的西方“国力学”的体系与他本人的综合国力理论也难有明显的界限。如此，就形成了他在坚持自己对“综合国力”这一概念的发明权及自己为“国力综合研究”或“综合国力研究”的第一人（第一开创者）的同时，又不得不承认这一概念出自西方学界，而且相关研究早已在西方开展的矛盾局面。

关于综合国力研究或“国力学”的历史，他曾经有过如下总结：

> 国力学是一门历史悠久的学科。随着国家的出现，在各种国力思想的基础上，形成了不同的国力学主张。早期的国力学可以追溯到2000多年前，也包括古代综合国力学的萌芽。
>
> ……但作为国力学的系统研究，则是到了19世纪末，西方学者开始重视起来。经过100多年的发展，到了当代，综合国力理论才成为许多国家首脑和学者专家十分重视研究的重要课题之一。[②]

然而，他还曾经有过如下论断：

> 从国力学的各学派中比较，以马克思列宁主义为指导研究的综合国力学，能较为全面地反映一个国家的实际力量及其在国际社会中的地位和影响力。综合国力的强弱，既标志一个国

① 黄硕风：《综合国力论》，中国社会科学出版社1992年版，第1—53页。

② 同上书，第3页。

家安全程度的大小，也代表一个国家经济、科技和军事实力的发展水平。美、苏、西欧、日本等都陆续把争夺综合国力的优势当作国家战略的重要目标。世界上越来越多的国家重视综合国力理论的研究和应用。①

虽然黄硕风在关于综合国力概念和理论的发明权问题上的解说有时自相矛盾，就他的首创权与前人成果之间的关系有表达不清的时候，但他坚持他自己的基本概念的表达和基本的理论体系与西方相关理论的确有了很大的不同或者说实质的不同。他强调，其中最大的不同就在于：西方学界的概念，无论是“权力”（power）还是“国力”（national power），都没有“综合”之意或“综合”的限定，因此，“综合国力”这个概念（词汇）及相关理论的创建者就非他莫属了。照此逻辑，他不仅是中国研究综合国力的第一人，而且似乎也算得上世界上研究综合国力的第一人。他认为，他的综合国力理论不仅仅是在“国力”概念前加一个“综合”的前缀那么简单，而是意味着一种方法、体系和概念本身的革命或彻底创新。他曾明确表示，西方学术界的“国力”学说“其含义的实质都是指一国通过‘强权政治’对另一国所施加的强制力或影响力，即以军事实力为中心的强权政治国力论”。② 就西方学界的“国力”概念与“权力”概念的关系，他指出：“关于国际关系理论中的‘权力’概念，是从早期资产阶级政治学中拿过来的。他们认为，所谓权力，就是代表人与人之间的统治与被统治的关系。于是，摩根索把权力定义为‘人对他人的意志与行为的控制’；推广到国际关系上去就是国力。”③ 他明确地将他自己的理论体系及基本概念同西方学术界的理论体系划清界限，区别开来。他说：

必须强调指出，与西方学者的强权政治国力观不同，我们是以马列主义、毛泽东思想为指导，以定性与定量分析相结合

① 黄硕风：《综合国力论》，中国社会科学出版社 1992 年版，第 93 页。
② 同上书，第 45—46 页。
③ 同上书，第 17—18 页。

> 的方法研究综合国力。……而综合国力正是反映一个主权国家生存与发展所拥有的全部实力（物质力和精神力）及其在国际社会中的地位和作用。它比较客观地、如实地反映出一个主权国家的实际综合实力水平。①

当然，他能否真的将他的理论和概念与西方学术界的贡献或理论体系划清界限、区分开来还是个问题。事实上，他的理论体系的独特性和独立性并没有他描述的那样大，而且他的理论体系本身也是存在不少问题的，比如：在概念和体系的中西转换方面缺乏逻辑的过渡和较为充分的论证，显得较为突兀、生硬，给人以对西方相关概念和理论生吞活剥、断章取义的感觉。也就是说，虽然他的综合国力概念与西方学术界的权力（power）概念有着实质性的区别，与所谓的“国力”（national power）也有着很大的区别，但这还不足以说明他就是国际学术界“综合国力”概念和理论的发明者或开创者。他留给我们的疑问是：西方学界究竟有无“综合国力”概念和理论？如果说有，是在他之前还是在他之后出现的？与他本人的综合国力概念和理论又有何区别？对此，他没有明确的回答。总之，他对自己的创新和对别人的批判或否定都论证不足，或者说提供的论据不足。对此，后面还会有专门的讨论，这里暂不深入。

实际上，所谓“综合国力”研究第一人的身份问题或曰“发明权”的归属问题，在黄硕风的自述里多少有点玩弄概念的成分，像是文字游戏。由于“综合国力”这一概念与西方学界“国力”（national power）的表达相比多了一个“综合”前缀或限定词，因而，在黄硕风看来，是他在中外学术界第一个提出了“综合国力”的概念而非他人。他的“第一”或“首创”就在于在“国力”前加了“综合”的限定词并使用“综合”的方法或眼光研究、观察国力。他的意思是说，此前西方的相关研究基本上是对“权力”或“国力”的研究，而非对“综合国力”的研究，也没有“综合国力”的说法或概念，因此他是综合国力概念和理论的创立者。然而，即

① 黄硕风：《综合国力论》，中国社会科学出版社1992年版，第46页。

便我们不了解综合国力研究的学术史，仅凭借阅读黄硕风自己的专著，也很难认为综合国力概念的发明权和理论的创立者就是黄硕风本人。

应当承认，“综合国力”这个概念或词汇，在西方学术界的确没有准确的相关对应词汇。即便说有，也与中国人的英文译文（comprehensive national power）不同。实际上，西方学术界、政界和媒体不怎么讨论或使用类似于中文的“综合国力”这类概念，几个可以翻译为中文“综合国力”概念的词汇都不怎么受青睐，更没有一个一枝独秀并成为学术术语以取代固有的核心概念——“权力”（power）或“国家权力”（national power）。甚至，西方人在讨论中国的“综合国力”时，完全是对“中国用法”或“中国表达”的转借。① 这也就意味着，西方学术术语中，没有能够准确对应黄硕风提倡或“发明”的综合国力概念或词汇。因此，黄硕风将综合国力概念的发明权揽在怀中也不能完全说是一种错误。不过，如果说黄硕风是世界综合国力研究的第一人和整个国际学术界综合国力理论的创立者则太过了；说他是“综合国力”概念的创立者也不能成立。其实，在“国力”一词前面加一所谓“综合”的前缀本身的学术创造性（独创性）并不大，价值也有限。从他的整个理论体系上来看，他的理论中大部分仍是重复别人（国外学者）的东西，而“创新”部分却疑窦重重，让人难以肯定。他的“综合国力”概念的“发明”或“创造”有偶然性，甚至只是一个文字上的障眼法，是文字的游戏。可以说，仅凭在中文词汇上做文章——在中文“国力”一词前加中文“综合”的前缀，尚不足以颠覆国际学术界业已存在的相关理论体系，他的中文概念也很难在国际学术界流行；甚至引起国际学人的注意并将其翻译成恰当的外文都相当困难。

中国综合国力理论与西方相关理论体系的最大区别在于中国的综合国力理论是“实力说”，而西方的相关理论是“权力说”。甚至可以说，中国综合国力理论的基本概念就是“实力”——一个国家的综合实力，而西方的“国力”指的是“国家权力”（national

① 对此下面会有专门的解释和介绍。

power）——这在前面已经提到。也就是说，中国的综合国力讲的是“实力”，而非“权力”说；而西方的相关理论一直就是“权力”说，而非“实力”说。或者说，“权力说”与“实力说”的差别对中国人（在中文里）是个问题，但在英语里不是个问题，因为这一差异在英文里体现不出来。从字面上看，“权力”与“实力”在中文里是不能混同的，也几乎没有什么必然的联系；而英文的“power”作为学术概念主要当“权力”讲。因此，中西学界关于“国力”理论分道扬镳也就在情理之中了。可以说，中西方关于“综合国力”的理论从基本概念（核心概念）到理论体系，是有着很大的不同的。

开始，基本概念的不同是由于翻译造成的，但现在，中国学术界已经不管综合国力概念是否与西方的“权力”（power）概念和理论的原意相吻合，而是立足于将“power”解释为“实力”而非“权力”。这就是一种创造，但也是误读的关键所在。黄硕风说：“在当代和未来的国际事务中，综合国力是反映一个国家在国际社会中自由行动和影响国际事务的综合能力，也标志着一个国家的安全与发展程度。”① 他还指出：“综合国力基本内涵主要反映出一个主权国家所拥有的实力，它是一种实在的力量。它是综合国力理论中的‘基本原则’——‘实力原则’。离开了这个原则，综合国力将是一座空中楼阁。实力是可以度量和测算的。同时，实力也并非一成不变的。”②

可以看出，黄硕风一会儿将“综合国力”视为权力，视为一种能力的表现，一会儿又将其视为“实力”，将其等同于现存的物质因素、物质力量。这种思路是摩根索、克莱因和约瑟夫·奈等早就明确反对的。尽管黄硕风在其著作中提到了上述几个人，而且将他们视为自己理论的先驱，实际上，他对这几个人理论的解读都有一定的误解。被黄硕风奉为西方“国力论”先驱的摩根索所谈的国力就是“权力”。他明确地将他所说的“权力”定位为“政治权力”

① 黄硕风：《综合国力论》，中国社会科学出版社 1992 年版，“前言”。

② 同上书，第 95 页。

(political power)。[①] 对于西方学者来说，政治学和国际政治学中所说的权力就是政治权力，而不是所谓的“实力”。西方国际关系学关于“权力”或“国力”理论的基本逻辑或概念之间的递进关系是：“资源”(resources) 或“力量源”(“sources of power”——权力源) 产生各种“力量”(strength、capacity 或 might)；然后由此产生“能力”(ability 或 capability)；再由“能力”产生各种“影响力”(influence)、“威慑力”(threat)、“强制力”(coercion)；最后出现了一个“权力”(power) 结果来决定某个国家在国际社会的地位，同时借此保障国家安全和利益。这几个概念之间的逻辑关系是要分辨清楚的，否则会造成使用和理解混乱。西方国际关系学“权力”理论中基本概念的层次性是分明的，但到了我们的一些学者那里被压缩或误解为一个东西，理论体系与方法也完全脱节。

关于西方学者对于权力的定义和相关的理论体系，我们后面会有讨论，这里暂不展开。这里我们要说的是，由于中国学者将西方国力理论中的核心概念“power”主要翻译并理解为“实力”，结果就成了与西方学术界几乎完全不同的概念。因此，我们所讲的“实力”、“国力”和“综合国力”成了一种强调客观存在的所谓物质性的力量，最后直接等同于物质存在本身，如财富、物质、军队、人力等；这与“权力”的内涵不同。西方的“权力”概念和理论不一定比我们的“实力说”高明，但远比我们理解的“实力”或“国力”概念复杂得多，简单地将其翻译或定义为“实力”、“力量”或“国力”是不够的，是一种不太准确的理论引进或嫁接。当然，我们也没有必要墨守成规并坚持西方的理论观点。不过，无论是引介还是批判，学术的合理性和规范性原则还是应该遵守或坚持的。事实上，在引介和翻译西方国力概念和理论的过程中，学术的规范性、合理性和严谨性可能是个问题。

总之，坚持我们的“实力说”也需要我们搞清楚国外“权力说”的基本内容，而不是将其简单化或加以曲解。

---

① Hans J. Morgenthau (revised. by Kenneth W. Thompson), *Politics among States*, McGraw-Hill, Inc., 1985, p. 31.

## 五 汉字"综合国力"的组合可能最早出现在日语中

概念使用的混乱和中外学术交流的欠缺容易让人忽视某些学术理论和学术词汇的外文源头或外国出处。仅从逻辑和字面上看，黄硕风是否为综合国力概念的发明者的确是富有争议的。实际上，关于能否将黄硕风定位综合国力一词的发明者或世界第一人的确有更多、更具体、更直接的证据让我们提出怀疑。

据黄硕风自己已发表的研究成果显示，他的综合国力理论曾参考了日本国际问题研究所和日本企划厅综合计划局的两部专著。这两部都是专门研究"综合国力"的专著，出版的时间分别是1982年和1987年，而且书名里直接使用了"综合国力"这四个汉字（日语原文中的汉字组合只与中文的"综合国力"四字差一字或半字）。[①] 他还在自己的专著中直接引用了日本企划厅综合计划局的专著《日本的综合国力》的大段内容，[②] 以作为对综合国力研究历史的介绍。这说明：第一，至少早在1982年日本学术界就已经明确提出了"综合国力"的概念，而且已经明确使用与中文"综合国力"四字几乎一字不差（或许只差半字）的汉字表达；[③] 第二，黄硕风的"综合国力"概念可能是对日本人这一概念的直接借用，根本不是对英文相关概念的创造性翻译或创造性的再表达。得出这一结论的理由很简单：日语的"综合国力"概念是汉字（総合国力），它的构词、语义与汉语几乎相同，其中文的转借方式十分简单，几乎不用翻译，或者说不是翻译。这不同于汉语"综合国力"概念与英文"power"或"comprehensive national power"的关系。可以认为日语的"総合国力"与中文的"综合国力"是一个词，或者

---

① 参见黄硕风《综合国力论》的参考书目，中国社会科学出版社1992年版，第377页。

② 黄硕风：《综合国力论》，中国社会科学出版社1992年版，第45页。

③ "综合国力"在日语中的汉字表达或组合（实为日文原文）是"総合国力"。参见黄硕风《综合国力论》所附参考文献，中国社会科学出版社1992年版，第377页。

说是相同的汉字组合。这一转借连翻译都省去了。后面我们将要谈到的“文化力”概念的译介过程也与此完全一样。

中文“综合国力”的概念或组合如果说是受英语相关概念的启发而形成的是可以成立的，但如果说与日语相关概念也构成这种启发关系就不能成立了。中文“综合国力”一词可能直接来源于日语。不过，中国学界只是从日语中或日本学界借到了一种概念的表达形式，从概念的内涵和理论本身方面则受其影响很小。毕竟，日本整体的学术水平有限，相关成果并不丰富。况且，日本的综合国力的概念和理论也是受西方相关理论影响而产生的。事实上，现在研究综合国力的中国学者很少谈及日本学界的影响。

可能黄硕风对综合国力概念的创立或发明在他见到相关的日文材料之前。如此，我们就不能说他故意隐瞒这一情况以博得综合国力概念发明者的身份。然而，无论如何，即便说他从来没有看到相关的日文材料和日语的综合国力概念，而是独立地创造出了这个概念，在汉字世界里，这一发明者也不应该是他。因为日语中的综合国力的汉字表达早已存在了，他如何算得上是第一人？因而，无论在中国学术界，还是在国际学术界，无论是在中文世界，还是在外语世界里，综合国力的命名权或发明权都不能属于黄硕风。

黄硕风其实对综合国力概念和理论产生的过程及国外学术的影响曾经有过相当明确的交代。他也曾表示，“综合国力”概念是日本人最早提出的。在其《综合国力论》一书中，他也认为在1987年由日本经济企划厅的日本综合研究所发表的调查报告《日本的综合国力》“是在国外第一次见到‘综合国力’”，而国外“以前均用‘国家权力’或‘国力’一词”。① 实际上，他对他的综合国力说或中文的综合国力概念与国际学术界的“综合国力”概念（只有日语和日本学界有此概念）、国家权力或“国力”（national power）概念之间的关系是清楚的。他也坦率地承认了自己对日本人的“综合国力”概念的借鉴，同时也再次指明他的综合国力概念源头就是西方学界的国家权力说。但是，不知何故，他最终又强调是自己发明了

① 黄硕风：《综合国力论》，中国社会科学出版社1992年版，第31页。

"综合国力"一词，而且表明自己的综合国力理论与西方的"国力论"——关于国家权力的理论体系不是一回事。

仅仅一个核心概念的考辨就可以让我们发现很多问题，理论探源工作难道是毫无学术价值的小题大做吗？然而，问题并非仅限于此，关于综合国力的理论体系还有更多的误会和有悖学术严谨的行为。这些将会在后面的章节里陆续得到讨论和考察。本章目标主要集中在概念表达的"正名"方面。

实际上，综合国力概念在逻辑上是有毛病的，其从国际学界借鉴到中国学界的过程更是缺乏足够的严谨性。西方学界讨论国力时也讲所谓"综合"的问题，但主要是说思路和方法的综合，而不是国力作为客观存在或研究对象本身的所谓"综合"。这种观念是符合逻辑的。国力作为一种客观存在本身何来综合？综合只能是逻辑手段，是研究者的眼光和方法。中国学者将研究者的综合手段（逻辑手段或研究方法）强加给客观对象本身，将其看作研究对象本身的属性，是不合适的。无论是按照马克思主义理论的观点，还是依照形式逻辑的标准，综合只是一种简单的逻辑手段或认识方式，是属于认识论和逻辑学的范畴，具有典型的主观性，不能等同于客观存在或客观规律本身。关于"综合"的问题，我们后面将有系统的论述。这里暂且打住。这里要说的是，如果说综合国力概念符合中国人的表达习惯，可以作为一种有创意的中国特色的理论为我们所接受，那么它仍需接受更加严谨的学术规范，乃至受到苛刻的学术标准的挑剔、批判。只有这样，它才能日趋完善，更具学术价值，产生更多的现实意义。

无论如何，综合国力概念和理论的原创来自西方学术界（主要体现在英文著作里），因而，概念和理论体系的溯源只能从英文的基本概念和文献入手。不过，这里我们要强调的是，对于黄硕风来说，无论他认为自己关于综合国力的研究是对西方相关理论的继承和发扬，还是认为基本上属于自己的独创，总之都标志着相关领域或相关理论的国内最先进的研究水平。

# 第三章

# 中西“国力学”基本概念的差异与变异：“权力”还是“实力”

中国综合国力理论与西方相关理论的最大差异并不是概念表达的差异，而是基本概念内涵的差异。这种差异导致了理论体系的差异，最后中西方关于“国力”研究的理论几乎成了完全不同的东西。西方所说的国力，其核心是“权力”或权力概念；而中国人所说的“国力”是“实力”，不是“权力”。中国学界对于“综合国力”或“国力”的定义是从中国固有的语义出发，而不是从这一理论的西方起源出发。这一部分不仅要讨论面对关于西方“国力”或“权力”理论时中国学者在选择对应中文词汇（翻译）时的踌躇、思考和加工，而且还要讨论将其转化为中国化的概念时的贡献和创造，以及对原词汇的背离（背叛）；最后，还要讨论中西语言中那些基本概念（词汇）的差异对中西相关理论体系（“权力”理论体系与中国“综合国力”理论体系）的差异产生的影响。

## 一　因翻译而导致的基本概念与理论体系的变异

从前面的概念溯源及中英文概念的比较来看，中文的“国力”与“综合国力”概念都源自英文的“power”概念，差别只是前面多一两个限定词而已。“power”这里相当于中文的所谓“力”、“力量”或“实力”，它应该是“综合国力”或“国力”概念中的中心词或该词组的核心概念的来源或“原身”。中文的“国力”或“综合国力”的英文翻译（中国人自己的翻译）或“英文还原”也只是在“power”前面加上一两个英文前缀——“national”或“comprehensive national”而已。然而，中西学界之间这些基本概念的相互流通或中英文互换实际上是相当困难的。也就是说，“综合国力”等概念的中英文兑换、互换或互译并不那么简单。这是因为，中国学者在引入西方所谓“国力”理论时，对该理论体系中的核心概念“power”有着一定的误读和曲解。这导致中国“综合国力”概念和理论与西方学术界关于“国力”的核心概念“power”在含义上及围绕着它形成的理论体系方面出现了较大的差异。

事实上，西方学界从来没有过类似于我们所说的“国力”——“国家实力”的理论，而只有关于“权力”（power）或“国家权力”（national power）的理论。也就是说，黄硕风等将“power”和“national power”解释或翻译为“实力”和“国力”（国家实力）是不准确的。目前，中国的综合国力理论和概念已经从西方的“权力”概念（power）及“国家权力”（national power）概念发展成了一个几乎全新的概念及理论体系。中国学者将西方政治学的“权力”（“国家权力”）理论改造为“实力”（“国家实力”）理论是一种发展，但也是对西方国力理论的一种曲解。西方关于“权力”的理论是非常庞大、复杂而源远流长的，所谓的“国力”理论只是其中的一部分；而我们研究“国力”或“综合国力”理论的一些学者在借鉴国外“国力”理论时也没有到位，更不用说对整体的“权力”理论的认识了。这种情况限制了中国“综合国力”或“国力”理论的发展。事实上，目前中国学术界关于“综合国力”的理论研究已经陷入一定程度的停滞，研究者关注的重点只集中在所谓“国力”测评体系、测评公式或方程式的建立及对它们的应用上，而无人关注基本理论的梳理和发展。

尽管看起来“综合国力”概念的英文对应或起源是非常明确的，但因翻译和理解引发的问题造成中西关于“国力”的基本概念和理论分裂、脱节。前面我们说过，中文的“权力”与“实力”应该是两个不同的概念，而且从中文的构词特点和词源的角度讲，二者之间没有什么关系。而一旦了解到这两个词汇在国际关系理论（尤其是所谓“国力”理论）中都源于西方语言，而且竟是一个单词的不同翻译，那么，关于中西相关理论体系的分野也就不难分辨了。

由于“power”一词是中文“国力”和“综合国力”概念的原始出处（当然也是英文词组“national power”和“comprehensive power”的核心词汇），中西学术界关于“国力”和“综合国力”的理论的原始出发点都是它，所以这一部分的考察首先从它的原初含义谈起，然后再探讨它被译介到中文世界后围绕着它形成国力或综合国力概念时产生的变异，进而在此基础上讨论中西国力和综合国力理论体系因最基本概念的差异而产生的差异。

英文“power”一词含义多重，兼有中文“权力”和“实力”之意是毫无疑问的，但在政治学、社会学和国际政治的领域，前者之意更多。事实上，在很多种情况下，作为学术概念的“power”的确指的是“权力”，而并非中文的“实力”。或者说，它大多数情况下指的就是“权力”，包括国家关系中某些国家展示或拥有的权力。不过，对于“power”一词，尤其是约瑟夫·奈的“软权力”（soft power）概念流行过相当长一段时间之后，中国新闻界（媒体）和学术界逐渐统一了对它的译法，那就是“实力”。现在“实力”和“软实力”成了更为流行的概念（译法）。这实际上不仅仅是一个翻译问题，也反映了中国人的“国力观”和在对“国力”、“综合国力”、“权力”和“实力”等概念的理解方面与西方学者的差异。最后，这也体现了中英文对应的核心概念本身内涵的差异。这种差异是翻译产生的，但却源于政治文化和基本学术理论体系的差别。

在政治学、国际关系学、社会学和历史学等学科的英文读物里面，“power”一词作为核心的学术词汇常常被独立地（单独地）使用，并在很多情况下相当于中国人所说的“国力”或“综合国力”的东西。这就使中文（中国人）的“综合国力”或“国力”概念或观念在英语里无用武之地，或使其“综合”之类的前缀有蛇足之嫌。反过来，在很多情况下，虽然英文的“power”相当于“国力”或“综合国力”，但独此一词，也让中文读者或译者很难据此将其理解或翻译为中文的“国力”或“综合国力”。事实上，在国际政治学和历史学领域，大多数情况下，中文的译者都将“power”翻译为“实力”或“力量”，甚至将它翻译为“强权”或“权势”。当然，在某种特定情况下，它也被翻译为“权力”。于是就出现了一词"两翻"、"三翻"或"多翻"的局面。也就是说,英文的一个词(一个概念)到了中文世界,变成了两个、三个或多个词(概念)。甚至,同一篇文章或同一部著作中出现的"power"一词在翻译成中文时就可能变成好几个不同的中文表达。

在特定的语境中,"power"一词在英文著作中含义固定,但被翻译为中文之后,可能会一身二用或多用,一会儿当"权力"讲,一会儿又成了"实力",有时又变成了"力量"。如果这是口语中偶尔出现的情况或新闻报道类的翻译,倒没什么大问题。但在学术研究或理论翻译中,就会产生较为严重的后果。应该说,一词两翻或多翻(一词两解或多解)、含义不定是理论研究和学术翻译的大忌。这样会造成某种理论体系根基不稳、逻辑混乱的局面。因为你的基本概念是什么,其内涵和外延又是什么,是没法让人准确把握的。英文"power"的含义当然是复杂的,可以理解或翻译为中文的"权力"、"实力"或"力量"之类,但它在某一特定的英文学术读物中作为一个核心概念可能没有"分身"或"分裂",其含义在某种程度上也是固定的;而中文的"权力"和"实力"(包括"力量")一方面的确是不同的两个词,而且在学术上也没有什么关系。确切说来,中文的"权力"和"实力"是不能互换的,在构词上也没有"血缘关系"。

很多情况下,将英文的"power"翻译为"实力"或"力量"并无问题,有时甚至更贴切;但作为一个理论体系的核心词汇,我们对它的翻译不能不固定。更为关键也最为关键的是,英文的"权力"(power)有"实力"的含义,但中文的"实力"却绝无"权力"之意。在中文中,权力与实力几乎是完全不搭界的两个概念。英文"power"被翻译为"实力"或"力量"之后,往往与原意有了很大的差异,与原来的理论体系也变得格格不入了。

## 二 "权力"与"实力":哪个更符合"power"的英文原意?

这里之所以讨论英语单词"power"的内涵并提出"实力"说

与“权力”说哪个对英文“power”更忠实，不是说从原创的角度来看中国学界的“实力”说不能成立，而是首先从翻译（译介）国外学术词汇和理论的角度来讨论（商榷）这一问题的。这主要是从介绍或阐释国外国力理论时应该怎样翻译核心概念“power”的问题。或许，用“实力说”或以“实力”描述中国学者已经定型的综合国力理论无可厚非，但是，如果以此介绍或描述（通过中文词汇或翻译）西方的所谓“国力”理论是否合适呢？如果从中西学术对话、交流甚至接轨的角度来看，这一问题存在的现实性就更明显了。如果因翻译问题造成中西相关的理论体系由分道扬镳到互相绝缘（它们本该属于同一个理论体系），中西学者因此互相对对方的基本概念和整体言说不知所云，那不能不说是一个遗憾。因而，我们不得不承认，的确存在一个到底哪个翻译更合适的问题。

那么，中国学者为什么不将“power”翻译为“权力”而单取“实力”而译之呢？是因为它本身包含的“实力”因素强于“权力”因素吗？也就是说，英文的“power”真的主要当“实力”讲而很少当“权力”讲吗？如果真是这样，当然应该将其翻译为“实力”而非“权力”。如果不是这样，甚至是恰恰相反，那么，这种译法就值得商榷了。

关于英文里“power”作为一个学术词汇其详细而精确的内涵究竟是什么，它在各学科的重要性如何，围绕着它，相当于中国人所说的“国力”或综合国力的理论体系究竟是怎样建立或形成的等问题，将是后面几章要讨论的内容。这里首先简单地讨论一下它的内涵和定义，看看它作为一学术词汇的学科归属及它被用来描述“国力”时其恰当的中文翻译究竟应该是什么。

全球非常著名的《牛津高级学习者词典》对“power”的定义或解释很多，大体分为几类：（1）当控制（control）讲；（2）当能力（ability）讲；（3）当权威或权利讲（authority 或 rights）讲；（4）当国家（country）解；（5）可理解为影响（influence）或“影响力”；（6）相当于能量（energy）；（7）等同于电（electricity）；（8）数学术语，当“乘方”、“立方”等讲；（9）一种放大镜的功能，当“放大”讲。[①] 作为一个学术用语，这个英语单词的前六种解释都有广泛的体现和使用，但有时它在一个语境下可能都会含义多重。然而，它几乎与中文的“实力”无关（只有前面第二种和第六种解释中50%左右的情况下可以理解为中文的“实力”），因此它的基本含义或最普通、最常见的用法也很难理解为中文的“实力”，而当作中文的“权”或“权力”讲还是比较恰当的（前面的解释中第一种、第三种和第二种情况的50%左右的情况都可理解为汉语的“权力”）。总之，英文单词“power”与中文的“实力”是有很大差别的。

《牛津哲学词典》将“权力”（power）的定义分为两类：“形而上”的和社会的。关于前者，其解释是：“一种带来一个效果或产生某种改变的能量或能力。”[②] 这种范畴里，“power”显然不能翻译为中文的“权力”，其英文本意也的确很难体现“权力”的含义。比如该注释所举的例子：水有溶解盐的“power”——能力，而非权力。该注释还指出，对于“权力”的解释一直是充满争议的。对于“社会的权力（power）”，该词典的定义是：“某个个人或机构的权力指的是无论通过权利还是通过控制或影响获得某种东西的能力。”我们不难发现，西方关于“国力”的定义或理解尽管侧重于后者，但也兼有前者的含义。也就是说，它既是形而上的，也是社会的。非常有趣的是，中国的综合国力概念也是如此。

《牛津政治学精确词典》对权力的定义没有《牛津哲学词典》那么复杂，但却长得多。该定义说权力是“使人（或物）做他们（它们）不会有其他选择的事情的能力”[③]。说白了，这里的“power”指的就是“权力”。可以看出，从社会和政治的角度来看，“power”完全相当于中文的“权力”。

---

① Sally Wehmeier (ed.), *Oxford Advanced Learner's Dictionary*, Oxford: Oxford University Press, 2000.

② Simon Blackburn (ed.), *The Oxford Dictionary of Philosophy*, Oxford: Oxford University, 2005.

③ Iain Mclean and Alistair McMillan (eds.), *The Oxford Concise Dictionary of Politics*, Oxford: Oxford University, 2003, p. 431.

通过比较研究，我们不得不承认，“power”作为一个学术概念，其本意最接近中文的“权力”，但中国人却最倾向于将其翻译为“实力”。于是，“实力说”取代了“权力说”，“实力”成了较为流行或标准的译法，而不是“权力”。大多数中国人对“国力”和“综合国力”概念的理解是完全从汉语的概念来理解，概念的界定和理论体系的构建也是建立在这一语境之上的。总之，国内关于“国力”的基本概念无疑已经与西方有了不同，“力量”或“实力”被看作一种存在和实体。不过，需要注意的是，这种强调“实力”的做法或将“power”翻译为“权力”的译法与马克思主义辩证唯物主义和历史唯物主义的基本理论也是较为吻合的或一致的。

事实上，中国学者大都避免将“power”翻译为“权力”，除非它明确地与中文的“权力”——尤指行政权力——对应。“权力”对于中国人来说，似乎是政权和掌握政权者的附属物，与其他事物毫无关系。比如，美国“国家篮球联盟”（NBA）及相关的媒体、网站经常会根据成绩和表现给球员和球队排名，姚明或火箭队的排名就在里面。这一排名的英文表达是“NBA Power Rankings”，或“power rankings”。非常有趣的是，这一排名榜常常被翻译为“实力榜”，偶尔也有翻译为“权力榜”的。①这种所谓“实力榜”中的排名，在NBA的官方网站上几乎每天都在更新。②其他主要体育类的网站上也是如此，如ESPN③。其实，这类所谓的“power”翻译为“权力”也是可以的。如果单讲“实力”，那么在某个固定的时间段内某个球员或球队应该是基本不变的，不应该随着每天的战绩而变化。中国人习惯于说“‘实力’摆在那儿”，有什么好说的？发挥不好或成绩不好，但实力仍在嘛！如果是这样，那么排名榜的秩序就不用按照战绩来排定了。可见中国人在体育竞技方面所理解的“实力”与“NBA Power Rankings”中的“power”不是一回事。

中国人还习惯于说“有实力，不一定出成绩”。这种说法与美

---

① 小柯：《球员榜：姚明伤愈后首度登上榜单　麦蒂仍列第五位》，2007年4月4日（http://sports.sina.com.cn）。

② http://www.nbcsports.com/nba_powrankings/index.html.

③ http://sports.espn.go.com/nba/powerranking.

国人的“权力榜”不是一个概念或理念。在NBA中，球队或球员每天都在变化的“power”排名肯定不是我们所讲的“实力”排位。实际上，NBA球队与球员在联盟中的所谓“power”指的就是地位和影响力，跟国家在国际社会中的拥有的“power”是一样的，因而都相当于中国人的“权力”概念。但在很多种情况下，将“power”翻译为“实力”，可能还会被认为是“妙译”呢。不过，在日常用语中，或就NBA的事情，我们对媒体报道没有必要较真儿，“实力”也好，“权力”也罢，随它去算了。然而，在国际关系学或国际政治学理论中，关于所谓的“国力”问题，我们却不能马虎，不能“权力”与“实力”不分，也不能将“实力”误为“权力”，或将“权力”误为“实力”。

除了上述“实力”的“妙译”之外，对于“power”的翻译还有很多别的灵活处理或随意处理。比如，在美国前外交官傅立民（Chas. W. Freeman, Jr.）的《论实力》（*Arts of Power: Statecraft and Diplomacy*）一书的中文译本中，有许多对英文单词“power”的翻译就是如此，以至于作者原本所使用的基本概念是什么从译著中已经无从发现或无从判断了。也就是说，翻译的高度的“灵活性”和“创造性”使得原作的理论体系已经面目全非，以至于大多数带有“力”字的汉语词汇原初的英文表达或英文概念到底是什么都让人无法猜测了。

周国平在20世纪80年代曾致力于尼采（Friedrich Wilhelm Nietzsche）思想的译介和研究工作。他对尼采“权力意志”（Will to Power）的翻译就颇伤脑筋、煞费苦心，最后舍传统的译法“权力意志”而不用，创造性地将其翻译为（改为）“强力意志”。不知他这一译法是不是受了“强权”译法的影响。但是，坦白地讲，尼采的“power”（德文为Macht）恐怕并不是什么“强力”，“强力”的译法很是勉强。但是，正如周国平所指出的，他这样做是为了避免中国人套用自己的“权力”观念去误解尼采，也是一种迫不得已的译法。[①] 然而，这样又造成了新的误解，并使得尼采的理论在中

① 周国平：《尼采：在世纪的转折点上》，上海人民出版社1986年版，第71页。

文的语境中脱离了西方固有的“权力”理论或“权力”哲学。

任何一个事物都可能是一个矛盾的统一体或矛盾的现象。将“power”翻译为实力，一方面也基本忠实于原文，同时也有创新或创造；但另一方面，它的中文翻译也并非准确地对应，总体来看略微失真，多少有些背叛。当然，更为严重的是，因为英文“power”一词必须分身为二，一会儿当“权力”，一会儿当“实力”。这就导致了英语里面统一的理论体系在中文里面也分裂为二的局面。中国人在讨论“国力”或“实力”问题时，往往因此不明白它们应该跟“权力”概念和“权力”理论有什么关系。当然，对这一词汇不翻译而直接借用是不行的，也是行不通的；音译也不是一个好的选择，毕竟中文里面有它对应的词汇。这一概念的流行必须通过它的“中国化”过程来实现。恰当、准确的中文翻译是这一概念“中国化”的第一步，也是最重要的一步。如今，这一概念或观念的中文对应或固定的中文翻译已使人忘掉了它的英文出处或英文原文就说明它的“中国化”的彻底程度。但是，“中国化”最好不要牺牲起码的学术规范和严谨性。

关于“综合国力”或“国力”问题基本概念的翻译和使用，本书的认识是：将英文“power”一词翻译或理解为“权力”更合适，而在某种情况下则可以翻译为“实力”，但要注明英文原文。也就是说，大多数情况下，我们应该将“power”翻译为“权力”，只有个别情况下才翻译为“实力”。在本书里，“power”基本上被翻译为“权力”，有时甚至直接使用英文原文；只有对固定的翻译或提法，或在引用某些学者固定、现成的表达时，作者才使用“实力”、“力量”等概念。大多数情况下，这样做只是为了转述。也就是说，本书一般都用“权力”一词，而不用“实力”（引用别人的用法或某种观点时除外）。

这里坚持在大多数情况下将“power”翻译为“权力”，而不是灵活处理、见机行事或干脆以“实力”的通用译法为主，是因为流行于国际学术界的“power”概念和关于“power”的理论与中国学术界的“实力”概念及相关理论实际上已经相去甚远。我们所讨论的“实力”、“国力”与西方学术界所说的“power”和“national power”常常是两回事。因此，在讨论西方学术界关于“power”及其理论体系的时候，我们坚持以“权力”译之，以示与国内流行的“实力”、“国力”概念及其理论体系的区别。实际上，正如前面所说的，很多情况下，当“power”被翻译为“实力”的时候，意思已经走样了，最后几乎完全成了另外一个概念了。由于本书论述的主线就是沿着中西方学术界关于“国力”或“综合国力”等基本概念的发展、互动及差异的形成进行的，所以关于这一概念的翻译及其造成的问题不能不提及，不同中译之间及其与英文原文之间所表现出的优劣、差异等问题不能不比较。相信通读本书之后，读者对此会有更强烈的感受和认同。

## 三 “实力”概念仍缺乏严格界定

值得注意的是，综合国力理论在中国出现以前，中文的“权力”是一个典型的学术术语，而所谓“实力”则几乎不是。也就是说，在中文里面，“权力”首先是一个学术概念，然后是一个日常词汇；而“实力”是一个日常生活的语词，然后才可能被勉强地赋予学术含义或添加点学术味道。作为学术词汇的中文的“实力”，从其学术内涵来看，实际上应该是一个外来词，但在实际运用中却绝对不是。中国人完全从它作为一个日常用语所固有的本意出发，对它进行界定和理解，很少考虑它的国外理论背景，更不会想到“权力”。

实际上，中文的“实力”本身在我们的综合国力理论中也是一个没有被严格界定的词汇，并非一个不言自明、没有争议的概念。在我们用它描述综合国力的时候，它本身的内涵仍然没有超过一般日常用语的范围。而“实力”概念的缺乏严格界定和学术界说，导致了综合国力概念内涵和本质的一些不确定性，也对其理论体系的特征增添了一些模糊性或疑问。按照我们综合国力理论中基本概念的逻辑关系，“实力”实际上是比“综合国力”更本质、更基本、更关键的一个概念，但其学术界定或论证却被忽视了。如此，综合国力概念就不可能得到真正完整而准确的阐释。

不难发现，中文“实力”的中心词是“力”，即“力量”；我们说“实力”的时候，实际上是在说某种“实际存在的力量”。当然，中文的“力量”也不等于中文的“权力”。它们之间的距离与“权力”和“实力”一样大。也就是说，无论是中文的“实力”还是“力量”，都没有将英文“power”原有的“权力”的含义体现出来。我们不能认为用了“实力”来描述综合国力就使问题简单化了，或是更为准确了。

汉语或中文的“力”与“力量”两个词汇并无明显区别，“实力”或“国力”等概念都是在这一基础之上建立或形成的，或者说是从“力”或“力量”等词汇派生或延伸（衍生）出来的。因此，中国人对“国力”或“实力”的理解往往首先从中文的原初含义出发，而很难从英文的“national power”出发，更很少从英文的“power”一词出发。

中文中的“力”或“力量”是非常普通的大众词汇，任何人都不难理解它们的含义，而中文（汉语）的构词法又诱使人们在解读或理解“国力”概念的含义时自然地首先从中文的“力”这一大众词汇出发，而忽略掉“国力”一词的英文出处和其国际学术背景。如此，“国力”或“综合国力”的概念首先被国人当作纯粹的中国日常用语或普通概念对待了，而不会把它们当作外来词或中西合璧的复合词汇（术语）。非常遗憾的是，大部分从事综合国力或“国力”问题研究的中国学者也有此习惯。

中文“力”或“力量”的英文对应是非常复杂的，或者说将这两个中文词汇与英文词汇互相对译的时候，并没有明确的对应。而且，中文的“力”的使用是非常灵活的，也是非常复杂的，因而堪称是最难掌握、最难翻译、最不具确定性的中文词汇之一。英文中很多词汇都可翻译为中文的“力”，或是在中译的词尾加上一个“力”字，实际上英文原文本身并无明确的“力”的意思。这种所谓的“力”并不一定指“力量”。实际上，很多时候它差不多是可有可无的，没有实际的意思或意义。

英文中明确地、可以一一对应地翻译为中文的“力”、“力量”、

“能力”和“实力”的词汇本身就不少，如“capability”、“ability”、“capacity”、“strength”、“force”、“power”、“energy”、“might”、“authority”、“supremacy”等。有的英文单词还略有中文的“力量”、“实力”或“力”的意思，翻译时在这类词汇的名词形式的后面加上“力”的后缀似乎也是顺理成章的，比如“influence”可以翻译为“影响力”，“control”则可翻译为“控制力”等。这样你也不能说不准确或不规范。还有些词，如“fascination”、“persuasion”、“integration”等大量的词汇都可在翻译成中文时加上“力”的后缀，而分别翻译为“魅力”（或“吸引力”）、“说服力”和“凝聚力”之类。像“fascination”这类的词汇有时翻译成中文离开“力”的后缀还不能成立。其他的可以翻译为中文“力量”或加上“力”的后缀的英语词汇还有很多，如“violence”（暴力）、“rule”（统治力）、“threat”（威胁或威力）、“sanction”（强制力）、“coercion”（压服力）、“drive”（驱动力）、“impact”（冲击力）、“dominance”（统治力）、“deterrence”（威慑力）、“competence”（竞争力）和“military force”（武力或军力）。这类词汇或这类译法可以说不胜枚举，难以计数。

“力”在中文里有时候真是无处不在，几乎成了一个万能、万用的词汇了。而对英文“power”、“capacity”、“strength”、“force”、“might”之类词汇的翻译如果淹没在这种随意而无所不在的中文的“力”的汪洋大海中，不特别标明原文的话，任何人都难以识别其原意。谁还会在阅读中文读物时考虑这些词汇的外文原文及“国力”、“实力”、“综合国力”之类概念的本来含义。一种从中文里面甚至从中文的日常用语中追根溯源或界定这些学术词汇内涵的趋势是普遍存在的。一般读者和很多学者可能不会注意一些词汇后面的“力”的后缀是次要的，属于画蛇添足，反而可能将它看作某些学术词汇的中心词或关键词，认为原作者就是在讨论什么“力”或“力量”了。这种误会在阅读中文翻译的国外学术著作时会常常发生。

与其他很多发达成熟的语言一样，中文的表达和中文构词法也有很多优势和灵活性，但有时候一些独特而灵活的表达在翻译外语著作时可能会造成一定的模糊或不准确。实际上，很多外语的学术词汇是很难翻译的，或者说是很难在翻译成中文时做到准确对应、准确表达的。所以，中文的“力”、“力量”或“实力”究竟应该准确对应哪个或哪些英文单词，实际上是说不准的，很多人也是不予考虑的；而又有哪些英语单词应该翻译为中文的“力”、“力量”和“实力”，究竟怎样具体、准确地一一对应，也是非常难以确定的。有的中文翻译常常故意模糊处理，或者尽可能用最简单的中文词汇来表达——就用“力”一个字！比如，傅立民的专著《论实力》的中文译本中的一些概念就存在这些情况。从该译著书名的中英文对应中不难发现，该译著中“实力”一词的英文对应就是“power”（权力），但你又很难确定，因为该书中与中文的“力”有关的几个最重要的基本概念的中文翻译显得有些混乱，似乎缺乏统一、固定的表达，而且没有注明那些翻译为中文术语的英文原文是什么。该译著中频频出现的“权力”、“实力”、“国力”、“国家的实力”、“国家实力”、“国家的力量”、“军事实力”、“武力”、“经济力量”、“文化力量”、“军事能力”、“能力”等概念。这些概念无疑是该著中最基本、最重要的一些概念，它们对理解该专著的基本思想和理论体系、理论源头至关重要，但译者不仅不提供它们的英文原文，而且在翻译时过于随意而非如原作者傅立民所称赞的那样“巧妙灵活”,① 以至于这一译著几乎彻底失去了学术参考的价值（只对普通读者略有价值）。通过阅读该书，你不知道原作者到底使用的是哪些基本概念（英文概念），这些概念之间的逻辑关系怎样。因此你无法把握整部书的理论框架和理论体系，更无法在撰写学术论文时对其观点或某个概念予以引用或借鉴。这是因为，一不留神，你可能引用了一个错误的概念（中文翻译的）并给出了错误的解释。

总之，引用这类译著是非常冒险的，也是需要勇气的。比如，

① ［美］傅立民：《论实力》（*Arts of Power: Statecraft and Diplomacy*），刘小红译，清华大学出版社 2004 年版，“中文版序”。

傅立民《论实力》一书的中文译本中有一句话：“实力源于力量和意志。”[①] 这句话中的“实力”和“力量”在一些中文译著中，甚至就在傅立民这部书的中文译本的其他段落或章节，常常互相代换，指同一个英文单词，但在上面引用的这句话中，它们的英文对应应该是两个完全不同的单词。我们能忽略它们的差异而不关注它们的英文原文吗？不难发现，对于那些专门从事这一领域基本理论研究的学者来说，不给出它们的英文原文会对参考者带来多大的不便！这无形中降低了该译著的学术参考价值，甚至会造成以讹传讹的严重后果——翻译的错讹造成引用和理解的错误。

应该说，现代汉语中很多基本的学术词汇都源自外语或西方学术界，而非源自中文经典或生活用语，因而基本上属于外来词。但中文的意译或创造性的翻译习惯使它们的外文词源或翻译的出处大都被忽视了。包括学术界在内，在中国普遍存在这一问题。很多学人都习惯于从中文里寻找它们的词源，比如对“民主”、“人权”、“民权”、“权利”、“民族”、“人文”或“人本”、“国力”或“权力”等概念的考辨。这不能不说是一种南辕北辙的做法，会使问题变得更加扑朔迷离，更加复杂、混乱。中文的“国力”或“综合国力”概念目前就因此陷入了一片泥沼，或者说笼罩了一层迷雾，以至于人们不再关注它们的来龙去脉与基本内涵的界定了，因此就造成了道听途说、人云亦云、指鹿为马的局面，相关理论也因此变得似是而非、充满疑问了。

在不同的语言之间，有一些词汇有时的确是难以准确翻译或相互代换的。在学术概念之间这种现象非常普遍。在很多语言里面，对外语学术词汇的引入往往是直接地转借——原封不动地借用，无须翻译（或许仅是音译）。比如，在欧洲语言或大部分表音文字之间，大多数学术概念都是通用的，几乎不存在翻译问题。即便这些词汇不具有拉丁文或古希腊文的词源或词根，而是当代新创的概念，在不同的欧洲语言之间往往也是直接相互借用。但中文作为一

---

① ［美］傅立民：《论实力》（*Arts of Power: Statecraft and Diplomacy*），刘小红译，清华大学出版社2004年版，“引言”。

种象形文字与西文表音文字之间的巨大差异，加之中文构词的独特性、灵活性和巨大的容量，采取直接转借或音译比较麻烦，于是，大量的意译就成了翻译的理想选择，直译似乎成了偷懒或缺乏功力的体现了。中文强大的消化能力也往往将一些直译或音译转化为意译，从而将其舶来品的特征完全消除。但中文对外来学术词汇的意译有时会产生误解或错误，会以中文词汇中汉字固有的含义吞噬外来语的本来含义。这说明中文本身的生命力太强大了，语言的积淀太深厚了；它毕竟有着最富历史继承性和历史传统的书面语体系。这也是中国传统文化的强大的表现。

其他语言对于外来的学术词汇实行意译是较少的，比如法语、德语、英语、日语，甚至印地语之类。我们知道，日语中有些外来语的意译几乎全部是用中文（汉字）表达的，因此也几乎等于中文的意译。这种日语汉字对西方词汇的意译也几乎完全被中国人转借，进入中文系统，比如远的关于“民族”的翻译和近的关于“综合国力”与“文化力”的翻译。这种从日文到中文的转借是非常方便的，但有时也有负面作用，产生误解和误用。前面提到过的“民族”和“文化力”概念就是如此。实际上，有时候对于一些学术词汇的意译我们是应该谨慎的。

我们知道，几乎每个汉字都有其固有的含义，都可以作为词根使用以构成新的词汇。古代汉语字与词统一的现象很普遍。也就是说，在古代汉语中，大多数情况下一个汉字就是一个词汇。但现代汉语却恰恰相反，一个汉字就是一个词汇的情况较少，大多数情况下一个词汇由两个以上的汉字构成。现代汉语词汇量的扩大就是这种汉字的不断的重新组合而形成的。中文（汉语）翻译外国的学术著作，在概念、术语方面如果采用音译，当然很难造成因中文中汉字的固有含义而引起误解的情况，因为音译的中文组合毫无关联，不会让人望文生义，比如“德谟克利希”（democracy，现在一般意译为“民主”）。不过，这种翻译不仅读之拗口，难以识别，而且难以记忆和书写。在中国这个曾经识字率极低的国度里，这类翻译一般被认为难以掌握，因而遭到拒斥。对这类词汇进行意译似乎成了“信、达、雅”的典范之作。然而，一旦将“democracy”翻译为“民主”，将“nation”翻译成“民族”，必然导致从这些词汇中那些人们熟悉的汉字中推测其含义。这必然造成一定程度的误读或畸解。这不仅发生在一般民众之间，甚至连许多学者也会犯这类错误。如今，这类低级错误在学界难道是少有发生的吗？一些熟悉中国古典文献的专家竟然像煞有介事地对许多外来词汇进行“中文路径”的训诂、考据，似乎这些词汇本身或其含义是古汉语中和中国古代固有的似的。是什么迷住了他们的双眼、混淆了他们的判断？这些专家的国学功底固然深厚，也堪称有学问，但他们忽略了一个事实：这类词汇是意译的外来词汇。如此，他们应该对它们的外文原文进行考辨。要说训诂、考据，大约需要用古希腊文、古罗马文之类来进行，而不是古汉语。用古汉语考辨外来词汇的本来含义是不可原谅的常识性错误。

正因为担心中文的这种意译会引起误解，也为了扩大中文词汇量，更为了推广新观念、学习西方，鲁迅提倡“硬译”或“直译”，而不太赞成意译。然而，在将学文化简化为提高识字率、将识字的功能降低为一般的阅读能力的背景下，这种不利于提高识字率的“硬译”、“直译”以及由此带来的中文词汇量的直接扩大不被提倡也就不足为奇了。其实，对一些基本概念的“直译”或“硬译”是有必要的。而对学术概念的意译则不但会造成误解，也不利于真正扩大中文的词汇量和中国人的学术视野，更不利于中国人观念的更新和思想的革命。中国人在用译者的“意译”和读者的“意会”改造了外文原文之后，那些外文原文所包含的观念和学术价值可能也被其对应的汉字所固有的含义改造了。中国人兜来兜去，无论从语言上还是观念上，都难以突破原来老套套。这里，我们不能不说翻译的方法应该负一定的责任。当然，这种责任当然不能让汉语或中文来承担，而是应该由使用汉语的人来承担。汉语是一种高级而成熟的语言，表达能力是足够强的。汉语绝不该因为它表达的灵活或善于吸纳外来词汇而失其伟大。善于灵活使用中文并将其用于“意译”似乎也不能收到责怪。如果要说承担责任，中国学术应该承受更多的批评。中国学术界缺乏严格的规范是造成这一现象的罪魁祸首。

怎样消除这种因翻译造成的学术概念的混乱，有一个方法虽然不是最好，但也简便可行。那就是，在这些翻译的中文词汇后面附上对应的英文或其他外文原文以备对照，否则任何学术著作的翻译可能都会显得价值不大，甚至毫无价值。那些翻译混乱或不太严谨的译著甚至只会有害而不会有用。在任何译著中，在翻译的术语、人名和地名后面附上外文原文（或专门在后面提供一个中外文的对照表）本来是一种常识或必需，但不知为何，出版社和译者都刻意忽视这点。难道仅仅是出于偷懒或图省事？这种做法大大阻碍了中国学术的发展及与国际学术界的交流，也限制了国外学术思想与观念在中国的传播和影响。这种翻译方式（取消重要术语及人名、地名中外文对照或对照表的做法）是一种不负责任的翻译和出版方式。但这种偷懒的做法的确是缺乏学术精神、违反职业道德的表现，应该受到指责和制止。这种模糊的翻译和刻意的忽略造成了中外学术联系的短路、术语体系的混乱和词源的断根，以至于一些基本词汇的原初出处和本来含义都模糊不清了。这样就会使学术的交流变得随意而缺乏规范。

学术史的常识告诉我们，中文中许多基本的现代学术词汇（其根源大都在西方）是直接从日语中借用的（日文汉字的直接转借，如同综合国力概念的转借）。但耐人寻味的是，日本学术界并没有因这种意译而产生如同中国学界所存在的大的学术混乱。日本学界与国际学术界的交流互动是非常频繁且正常的，这点值得我们学习。语言的困扰和概念表达的混乱说到底是文献掌握不够或对国际学术界相关成果缺乏了解所致，而非其他原因。对学术史和前沿成果了解不够必然导致自以为是、歪曲误解和自说自话。

英文“power”概念的中文翻译比其他容易产生误读或误解的西方外来学术词汇更难翻译，也更容易产生误解和歧义，因为它的译文可能会使它本来的含义失去很多，或成为一个完全不相干的词汇。前面我们说过，英文的“power”在国力问题上翻译成“权力”可能更贴切，但翻译成“实力”也并非不能成立。但问题是，如果我们在中文的“话语”体系里以“实力”解读“综合国力”，也得说清楚什么是“实力”，而不能使之成为一个空洞而变化无常的概念。

“实力”概念无论用来说明“综合国力”的本质，还是与文化结合（形成“文化力”或“文化软实力”概念），都在中国学界带来一个非常重要的问题，那就是：“实力”说引入了敏感的“物质”与“精神”关系的唯物主义与唯心主义定性的问题，而且使这一问题无法回避。“实力”是物质的还是精神的？是不是一种所谓“实存”？能不能用“精神实力”、“精神力量”来描述某种重要的甚至是决定性的力量（包括综合国力的核心）？如果可能，会不会造成与马克思主义基本原理的冲突，因而颠覆了物质决定意识的基本原理、进而推翻了物质生产力乃历史发展的物质动力说？

实际上，“精神力量”早已不是一个陌生的概念，而文化力量（文化力）更是曾被提到了相当的高度，包括“文化生产力”和“精神生产力”的提法也已经非常流行。然而，曾几何时，“精神力量”之类的提法还被当作“唯意志论”呢？“文革”中批“唯生产力论”，反对“抓生产”和发展经济高举的就是这面大旗。“文革”后，“唯意志论”又成了被批判的重点对象。“实力说”本身按说是要强调“综合国力”与“文化力”理论的唯物论色彩。然而，“精神力量”、“精神实力”和“文化实力”（文化力）该怎么定性？这需要系统的论证。仅仅赋予这些概念“实力”的色彩，或给它们披上“实力”的外衣是远远不够的。也就是说，一个词（实际上是一个词的翻译）或一个词的使用并不能解决一切问题。“实力”一词需要严格界定；它和其他概念的关系，以及在马克思主义基本原理中的位置也需要系统的论证。否则，以它为核心来构建综合国力理论和文化力理论（也包括文化软实力理论）将会造成一定的概念和体系的混乱。

“实力”概念本来是用来突出或强调某种力量所具有的唯物论的色彩或物质本质的，但在某种所谓的精神力量或“精神、文化实力”的表达面前也的确碰到了难题。这的确是一个麻烦。该怎么解决这个问题？我们需要在这个问题上给予定性，然后用马克思主义的基本原理予以消化、吸纳。学界目前就这个问题还没有进行较为系统的探讨并解决这一问题。这里我们主要讨论中文“综合国力”

概念与英文“power”一词的关系及“权力”概念与“实力”概念的差别。下面让我们还是回到这个话题上来。

## 四 英文“综合国力”概念是中国学者的翻译

中国学术界关于“国力”或“综合国力”的研究缺乏国际交流或很少与国际学术界进行学术互动的很大一部分原因就是基本概念的表达无法统一或无法沟通。对于双方的言说，无论中国学界还是国际学术界，很多时候都有互相不知所云的感觉。中国学术界在基本概念的使用方面因此更加缺乏规范、不讲统一，或各自为政、随心所欲，因此变得更具自说自话的特征。[①]

关于基本概念的使用和译介存在的某种程度的混乱不仅体现在引入（从外文到中文、从外国到中国）方面，而且也体现在输出方面（从中文到外文，从中国到外国）。比如，在1999年出版的由宇剑等人所著的《国力论》一书中，作者将“综合国力”一词翻译为英文的“the whole state capacity”；在该书提供的英文目录和英文摘要中，“国力”也同样被翻译为“state capacity”[②]。而前面我们说过，黄硕风所说的“国力”或“综合国力”来自英文的“power”，而不是“capacity”；“综合国力”他也另有译文，是“comprehensive national power”，而不是宇剑等人的“the whole state capacity”。宇剑等将“综合国力”翻译为“the whole state capacity”也并非一厢情愿地想当然或乱来，因为这一说法也是可以成立的。这里要说的是，尽管宇剑等人的英文翻译单独就这一词组而言，并没有什么错误，但是，如果将它看作中国的“综合国力”概念的标准翻译，则还是值得商榷的。

通读宇剑等人的《国力论》就会发现，无论是该著中中文的

① 不仅指相对于国际学术界存在的自说自话状况，而且指在中国学术界内部相互之间的自说自话状态。也就是说，很多时候，一些国内学者不仅不关心国际学术界在这个问题上说过什么，正在说什么，而且也不关心中国学界的同行们在干什么、说什么。

② 宇剑、杜蒲、胡样：《国力论》，山东人民出版社1999年版。

“综合国力”概念还是对这一概念的英文翻译都是脱离国外学术界早已流行的相关的英文学术概念和理论体系形成的，因为该著从来没有涉及或提到相关的国外理论和英文的相关概念；书中也没有涉及黄硕风的“综合国力”概念和理论，甚至黄硕风的名字压根儿就没有被提及。因此，该著中关于汉语“综合国力”概念的英文翻译本身能有什么价值或意义呢？甚至可以大胆地断言，他们的这一概念的英文翻译本身是与自己的著作内容完全脱节的，可能仅仅是出于编辑的需要或编辑的要求而搞的即兴翻译或随意翻译。从这个意义上来说，宇剑等人并没有获得对“综合国力”概念英文翻译的命名权。相反，正是黄硕风的翻译才获得了这一资格并使这一英译获得了一定程度的国际流通。黄硕风的《国家盛衰论》一书的内容简介和目录的英文翻译就是将“综合国力”翻译为“comprehensive national power”的，“综合战略”也翻译为“comprehensive national strategy”。[①] 当然，黄硕风“comprehensive national power”的翻译也是存在问题的，其流通并非因为其学术严谨的优势或更符合英语表达习惯。对此下面将会讨论，这里暂不多讲。

在最初需要向国外表达或介绍中国的“综合国力”概念时，由于这一概念及相关理论与西方原初的对应物存在着不小的差异，很多中国学者、中国的英语专家、媒体及国外学者也不知如何定位“综合国力”概念的英文对应，最后只好另起炉灶，重新“硬译”。也就是说，英文的“综合国力”概念需要重新造词！

实际上，很多了解国外相关术语体系的学者及权威媒体对目前已经约定俗成的“综合国力”的英语固定译法——“comprehensive national power”是不买账、不认可的。新华社高级记者、国际问题资深专家李长久于 1999 年 6 月 30 日曾在中国最权威的报纸之一《人民日报》发表题为《增强综合国力　保卫世界和平》的评论，他所使用的“综合国力”概念在《人民日报》的英文版中就被翻译为“Comprehensive National Strength”；而且他文中在谈到美国综合国力的“硬权力”时其英文翻译为“the hard power of the comprehen-

① 黄硕风：《国家盛衰论》，湖南人民出版社 1996 年版。

sive national strength”。[1] 这种“power”与“strength”的概念组合实际上是非常专业的，也是准确恰当的。这或许是因为当时“comprehensive national power”的译法还没有开始流行。甚至当时就连黄硕风也存在着不知如何选择综合国力概念的英文对应或如何重新将这一概念翻译为英文的问题。

虽然黄硕风承认他的综合国力概念源自英文“power”（权力）一词，明确表示中文的“国力”就是英文“national power”，但他曾经一度将中文的“综合国力”概念翻译为英文的“Comprehensive National Strength”，[2] 并曾于1990年携带着一篇有如此翻译的英文论文参加了一个国际学术会议。[3] 正如前面所说的，这一翻译和最后被确定下来也是被英语世界最终接受下来的固定译法——“Comprehensive National power”不一定是黄硕风的创造，说不定是某个或某些英语专家的手笔。作者和翻译可能都不关心这一基本概念的准确的英文的翻译，正像不关心该术语有无英文原文一样。这种从中文翻译成英文的学术概念的逆向输入证明了这一学术词汇当初输入（从国外到中国）的不规范，造成了它走向世界时不知道应该使用哪个英文单词的尴尬局面。因而，我们可以大胆推测，无论是黄硕风还是宇剑等人对“综合国力”概念的英译可能都是别人代笔，而非本人操刀。他们可能根本不知道这一翻译过程的复杂性和艰巨性，而记在他们名下的那种英语翻译也属于“洋泾浜”式的“硬译”，不仅学术上不规范，可能从语言学和逻辑的角度也有问题。从他们的著作引用文献的方式和参考书目的罗列可以看出，他们对外文资料的阅读和直接引用都是非常有限的，因而不太可能对国外学术界相关理论体系有系统的把握，对相关基本概念的复杂性也没有直接的认识。这种讹误或错误不仅造成他们对综合国力概念和理

---

① Li Changjiu, “Augmenting, Safeguarding World Peace”, *People's Daily* Online, 30/06/1999.

② 这个词组可能是英语世界原创的相当于中文的“综合国力”的表达，与《人民日报》英文版对李长久的翻译一致。

③ 参见黄硕风《综合国力论》后所附参考文献目录，中国社会科学出版社1992年版，第376页。

论的误解和误传，而且也说明他们的理论从形成到走向世界都缺乏真正的国际化的学术交流和学术互动。于是就出现了“综合国力”这个本来出自国外的英语学术概念竟无法完成从中文到英文的还原局面！它的英文对应还得重新造词，而且还得是“中国造”！

门洪华认为：“关于国家实力评估的几个基本概念是：实力（power）、国家实力（national power）、综合国力（overall national strength or comprehensive national capacity）、国际竞争力（international competitiveness）。”① 他所说的是指国际学术界对这几个概念的表达，本身就是首先从英语表达的角度出发的。这种归纳是比较系统的，基本上也是准确的。反观现在流行的出自中国学者的综合国力概念的英文翻译“comprehensive national power”，则不是太恰当，不符合国际学术界所理解和表达的“综合国力”。然而，既然现在以“comprehensive national power”表达“综合国力”的用法已经被广泛接受，那么黄硕风综合国力概念全球第一“创立者”的身份就应该因此没有争议了。他的英文“综合国力”的概念的创立者的身份可能会比中文”综合国力”概念的创立者身份还要少些争议。然而，遗憾的是，这种发明或创立几乎是一种阴差阳错。

实际上，用英文“overall national strength”或“the whole state capacity”的词组表达中国的“综合国力”概念可能比较符合或接近英语表达习惯。甚至，这些英文表达与中国的综合国力理论体系也更契合，反倒是“comprehensive national power”与以黄硕风为代表的学者们创立的综合国力理论体系有所枘凿。其中最关键的是“comprehensive national power”中“power”一词在黄硕风的综合国力概念中的含义与英文的“power”根本不同，与关于“power”的国内外理论也无法相容，倒是“strength”和“capacity”与中文“综合国力”中的“力”比较一致或比较接近。因为中国综合国力概念一词根本没有“权力”之意，指的是“实力”或“力量”。如此，干吗要还原为英文的“power”，而不用相当于或具有中文的“力”或“力量”之意的“strength”和“capacity”？

① 门洪华：《构建中国大战略的框架》，北京大学出版社2005年版，第63页。

其实，无论是将“comprehensive”与“power”还是“strength”及“capacity”直接联系起来（作为形容词直接修饰这三个名词）似乎都不一定符合逻辑。也就是说“comprehensive national power”的说法首先从逻辑上可能是讲不通的。“comprehensive”主要指的是理解的综合方法或思维的方式，而不能说某个东西本身是综合的。所以，“comprehensive understanding”（综合的理解）是英语中一种惯用表达，这一短语是成立的；而综合的存在或综合的研究对象的说法是有问题的。如果说西方学界有学者，如阿西利·泰利斯（Ashley J. Tellis）等，将综合（comprehensive）与“国力”联系起来的做法，但其表达却是“comprehensive understanding of national power”①，或“comprehensive view of power”②，而不太可能是“comprehensive national power”。对此，我们后面在系统介绍西方“国力”与“国力”测评理论时会详细讨论，这里暂不多说。

英文和西方学术界可能没有明确的“综合国力”的概念或表达，如果说有可能只会是“overall national strength”之类。堪称西方国力论先驱的阿尔弗雷德·马汉（Alfred Thayer Mahan）以其“海权”（sea power）论扬名于世，无论在军界、政界，还是在历史学、外交学、国际关系学等研究领域，都产生了重大的影响。有趣的是，对于马汉的“海权”概念，中国学术界，主要是历史学界、军事战略学和国际关系学界，并没有将这一概念理解或翻译为“海力”之类怪异的中文。幸亏如此！马汉倒是在他的那本名著《海权对历史的影响》一书中一开始就提到了一个类似于我们中国学界“国力”的概念，其英文表达是“strength of countries”③，但他的专著的核心概念是权力（power）而不是力量（strength）；他的“国家权力”（以海权为代表）概念与“国家的力量”是两回事。他还提

① Ashley J. Tellis, Janice Bially, Christopher Layne, and Melissa McPherson, *Measuring National Power in the Postindustrial Age*, Santa Monica: RAND Corporation, 2000, p. 8.

② Ibid., p. iv.

③ Alfred Thayer, Mahan, *The Influence of Sea Power upon History* 1660 - 1783, New York: Dover Publsications, 1987, p. 1.

到了“海军力量”（naval strength）[①]，但它与“国家的力量”（national strength）一样，是为“国家的权力”（national power）和“海权”（sea power）服务的。对于马汉来说，权力是力量的一个目标、目的或结果，它们是不能等同或混同的。直至今日，这也是西方学界的普遍观念。西方的所谓“国力论”就是建立在这一基础之上的。

实际上，英语中的“strength of countries”或“national strength”之类与我们中国人所说的“国力”从语言表达的角度是较为对应或契合的，但在理论上并非如此。英文的“strength”只是一个普通的词汇，不是重要的学术概念，更没有形成相关的理论体系；与中文“综合国力”概念和理论体系对应的只有西方关于“权力”（power）的概念和理论体系。因此，从这个角度来说，黄硕风关于他的综合国力概念的起源的解释是准确的；他的综合国力概念的英文翻译尽管是中式英文，但在不准确的同时又是恰当的，因而被英语世界所接受。从某种程度上来说，在研究综合国力问题时，如果对概念和理论体系进行溯源及中西比较，我们也不得不从权力（power）概念出发。

在西方学界，在权力概念的基础之上形成的“国家权力”（national power）只可能有总体、全部、集合之类修饰和限定，而不是综合（comprehensive）。所以，摩根索使用“一个国家的全部权力”（a nation's overall power）[②]，而当代学者泰利斯等使用“集合国力”（aggregate power of state）[③]的概念来表达一个国家的全部国力。这些大约是与中国的综合国力概念的英文翻译——“comprehensive national power”最为接近的英文表达了。然而，他们都缺乏所谓“综合”的意识或观念。但是，如果我们因此武断地将他们的做法贬为观念落后、方法原始或缺乏洞察力，恐怕就闹笑话了。概念使用混乱并缺乏严谨的考辨和论证，是我们这边的通病，而不是人家那边。

① Alfred Thayer, Mahan, *The Influence of Sea Power upon History* 1660 - 1783, New York: Dover Publsications, 1987, p. 14.

② Hans J. Morgenthau, *Politics Among States*, 1987, p. 97.

③ Ashley J. Tellis, Janice Bially, Christopher Layne, and Melissa McPherson, *Measuring National Power in the Postindustrial Age*, Santa Monica: RAND Corporation, 2000, pp. 30-31.

## 五 西方将“综合国力”视为中国独创的意识形态概念

前面我们说过，虽然黄硕风承认他的综合国力理论和概念与西方的“强权政治”（power politics）[①] 的理论及“权力”（power）概念有关，但他的“综合国力”是完全不同于西方“强权政治”或“权力政治”（power politics）的概念和理论体系。目前中国学术界及社会上流行的“综合国力”概念和理论已经与国际学术界关于“权力”（power）的理论有了很大的不同，甚至成了完全不同的两种理论体系。实际上，西方人对中国“综合国力”概念和理论的理解也是不得要领的。至少，在他们眼中，这是一个由中国人创立的属于中国人的新的理论或概念。

美国人在一些重要文件，比如美国国防部每年出炉的《中国军力年度报告》中，往往借用中国人自己的英语表达将“综合国力”直译为“comprehensive national power”，如 2000 年度的报告，[②] 完全是一种概念输入的姿态，根本没有概念回归的感觉或意识。美国国防部 2006 年度的《中国军力年度报告》也是如此。[③] 总之，“综合国力”的中文概念和英文翻译都是中国人自己的创造，美国人只是照抄不误而已。可以说，中国人的“综合国力”概念，无论是中文还是英文翻译，都是中国人的发明和创造，是属于黄硕风的（尽管其英文翻译可能出自捉刀人之手），已经成了与国际学术界无关的东西。就连最初向中国学界输出这一理论的英语世界，在转用中国学界的这一创造性的概念时，也无法在自己的术语库和理论体系中找到恰当的对应，而是照搬中国人的用法。当然，这并不是说“综合国力”的英文翻译及其输出会在国际学术界产生多大的影响。

① 关于强权政治的英语概念及汉语翻译，后面我们会有讨论，这里暂不展开。

② US Defense Ministry, *Annual Report on the Military Power of the People's Republic of China* (http://www.defenselink.mil/news/Jun2000/china06222000.htm).

③ US Defense Ministry, *Annual Report on the Military Power of the People's Republic of China* (http://www.defenselink.mil/pubs/pdfs/China%20Report%202006.pdf).

我们前面已经说过，这一概念及其理论并没有被国际学术界所接纳。而且，这一概念的英文译法及其输出的过程倒更加佐证了中国人所讲的“国力”或“综合国力”的国际术语（英文）对应和原始出处就是“power”无疑。这已是毋庸置疑的定论了。

网上最大的开放式免费英语学术百科全书“维基百科”（Wikipedia, the free encyclopedia——亦可译为“维基百科词典”）和所谓“答案网”（http://www.answers.com）对“综合国力”的定义是一致的，最系统、权威地代表了西方学界和语言体系中对中文“综合国力”概念的理解或解读。该定义如下：

> 综合国力（Comprehensive National Power —CNP）是中华人民共和国当前政治思想中一个非常重要的概念，指的是一个民族国家的总的权力（general power）。这一概念的突出特点在于它与大多数西方对于政治权力（political power）概念的定义不同。中国的政治思想家（political thinker）认为综合国力可以用数字估量，其方式是将各种统计的指标相加，得到一批指数，然后再合成为一个数据，用它来估算一个民族国家的权力（power）。这些指数包括军事部分（被看作硬权力）和经济、文化部分（被看作软权力）。值得注意的是，综合国力概念是一个中国人原创的政治概念，即非来自于当代西方政治理论和马克思列宁主义，亦非出自20世纪以前的中国古典思想。①

黄硕风的“综合国力”概念在西方学术界并没有被借用，其理论也没有产生反响，只是在诸如美国《中国军力年度报告》中，提到中国人自己的战略或国策与表达中国人的提法或观念时，才使用这一概念。实际上，美国人只是转述中国人自己的表达。因此，黄硕风的概念和理论仍然停留在中国学术的圈子里。这一概念首先是在从事战略学研究的群体中流行开来，引起重视。国际关系学领域

① http://www.answers.com/topic/comprehensive-national-power; http://en.wikipedia.org/wiki/Comprehensive_national_power.

的学者后来才逐渐加入了对这一问题的研究，但并没有成为研究队伍的主力；倒是经济学、管理学和马克思主义理论等研究领域的专家在这一研究领域显现出较大的热情和影响力，但他们基本上都关注对于综合国力的测评（评估）或量化问题或现实应用问题，对于基本概念的演变和国力内涵的考证不太关注。对他们的理论贡献，我们会另有专著介绍，这里暂不展开。

## 六 西方“国力”概念的本质是政治权力

我们不得不注意到，在国际关系理论中和“国力”问题上，英文“power”一词转化为中文的“实力”而没能体现出原文中“权力”的含义（或“权力”的本质）实际上是中西相关理论体系分裂的关键，也是中西学术在相关领域的交流产生障碍的主要原因之一。

黄硕风认为，汉斯·摩根索对西方“国力论”具有重大的理论贡献，是个不能忽视的人物。[①] 可见摩根索对他的影响。但正是摩根索曾明确地将他所说的“权力”（也是政治学和国际政治理论中的“权力”）定位为“政治权力”（Political Power）。[②] 这是西方学术界的一个固定而明确的思路或思维定式，也是西方政治学和国际关系理论体系的基础，当然也是西方学者的共识。也就是说，对于西方学者来说，政治学和国际政治学中所说的权力就是政治权力，而不是其他权力，其他的权力只能是政治权力的表现或组成部分。对此，我们前面已经讨论过，也曾经提及过摩根索的观点。黄硕风本人也曾指出摩根索的所谓“国力”就是“权力”，但他并没有指出它与“政治权力”概念的关系，更未指出它在西方“权力”理论中的位置（地位）。

近现代西方“权力”理论相当发达，有许多大家都有影响很大

① 黄硕风：《综合国力论》，中国社会科学出版社 1992 年版，第 18 页。

② Hans J. Morgenthau, *Politics among States*, 1987, p. 31.

的理论贡献，如较早的弗兰西斯·培根（Francis Bacon）、尼可罗·马基雅弗利（Niccolo Machiavelli）、托马斯·霍布斯（Thomas Hobbes）、大卫·休谟（David Hume）等，后来的尼采（Friedrich Wilhelm Nietzsche）、马克斯·韦伯（Max Webber）、罗素（Bertrand Russell）、爱德华·卡尔（E. H. Carr）、罗伯特·达尔（Robert Dahl）、汉斯·摩根索（Hans Morgenthau）和后现代大师福柯（Michael Foucault）、塞缪尔·亨廷顿（Samuel Huntington）等，以及当代仍然活跃在学术舞台上的保罗·肯尼迪（Paul Kennedy）与约瑟夫·奈（Joseph Nye Jr.）等。这一线索基本上可以反映出西方学术界关于“权力”研究和定义的发展史。这也基本上是本书研究、考察中国学术界关于“实力”、“国力”和“综合国力”等概念的西方学术参照系和理论来源。

摩根索的“权力”理论或“国力”说在学术史上固然影响很大，但从他的学术地位及对“权力”理论的贡献的角度而言，与上面罗列的一些思想巨匠相比也未必特别突出。我们研究或了解西方的“权力”说或“国力”说，不能只集中在摩根索一人身上，更不能仅仅以他的理论为出发点。

总之，从培根、马基雅弗利、霍布斯到马克斯·韦伯，从爱德华·卡尔、汉斯·摩根索再到目前的约瑟夫·奈，他们所讲的“power”指的就相当于中文的“权力”，或者说绝大多数情况下首先意味着“权力”而不是所谓“实力”。20 世纪 90 年代以来在国际学术界声名鹊起的约瑟夫·奈的“软权力”说或总体的关于“权力”的理论在思路与上述西方关于“权力”概念的思路是一脉相传的。约瑟夫·奈的“软权力”概念实际上指的只能是“权力”而不是“实力”。中国人后来将“power”翻译并理解为“实力”，结果就成了与西方学术界几乎完全不同的概念。“实力”概念在中文的语境和中国学术的背景中的意思是一种“实存”，是一种客观存在，因而与西方学术界的“power”是不一样的，将西方学界的“power”翻译为“实力”有不太合适的地方。

既然说西方的权力概念主要指的是政治权力，那么，“政治权力”应该怎样定义呢？对于“政治权力”概念，西方学界的最一般性的定义是：

> 政治权力（political power——拉丁文为 imperium）是一种为社会中一个人或一群人掌握的权力。掌握这种权力的方式有多种。从法定的角度来讲，政治权力掌握在一个国家的政治领袖手中，如总统、总理或君主这些代表主权或掌握主权的人。政治权力并不是掌控在国家首脑手中的现成的东西，实际上，一个人或一群人掌握这一权力的大小与他们能够通过正式或非正式的途径发挥的社会影响力（influence）大小有关。很多种情况下，这一影响力（influence）并不局限在一个国家之内，因而它成了国际权力（international power）。
>
> 政治学家常常将权力定义为在抵抗和没有抵抗的情况下"影响别人的能力（ability）"。政治权力从根本上来说来自于支撑起法律制度和征税制度的军事控制。[①]

当然，西方的"权力"和"国力"理论也不一定发达或完善，而且，也不一定适合中国的实际需要和学术需要。他们的"国力"概念和表达也非常混乱，也不统一。比如，他们也有用"state power"来表示"国力"的，[②] 而不用"national power"。他们关于"政治权力"及权力的进一步界定（包括内涵和内部主要因素的组成等）也是五花八门的，概念的界定和使用也是颇有争议的。对此，我们将在下一章详细讨论。我们这里只是指出中国人所说的"实力"成了与西方的"权力"完全不同的概念的事实。或许，这两个概念及其各自形成的理论体系各有所长，也各有所短，可能是难分高下的。对此，我们后面还会讨论到，这里暂不进行比较。

关于基本概念的演变和相关的学术发展过程，我们暂时就回顾到这里。这里的主要目的在于点明中国的"国力"和"综合国力"理论与西方的"权力"和"国力"理论产生分歧的主要根源，关于

① http://www.answers.com/topic/political-power.

② Gregory Treverton and Seth G. Jones, "Measuring Power: How to Predict Future Balances", *Defining Power*, Vol. 27, No. 2, Summer 2005.

基本概念和理论体系的历史演变轨迹的进一步的系统探讨，关于西方学界的“权力”、“国力”概念和系统的理论体系，关于中文“实力”、“国力”及“综合国力”的复杂内涵及相关理论体系，将在后面的章节进行。在后面的这些讨论中，关于“power”的内涵及翻译问题，我们还会继续涉及。相信随着对这一问题的进一步探讨，我们对“权力”和“实力”的内涵和用法会有更深刻的认识。

# 第四章

## 从文化力到文化软实力：概念的起源与演变

与前面已经考证、辨析过的"综合国力"概念相比，"文化力"和"文化软实力"更是"中国造"或中国特色的概念，国外（尤其是西方）学界则几乎没有相应的概念和理论对应。不过，我们不能说它们作为概念的产生和演变没有受过国际学术界学术成果或西方学术成果的影响。应该说，它们也是对国外的一些学术概念"中国化"改造的结果；它们也都有国外学术或国外概念的"前身"或"原形"。本章的任务就是在探讨中文"文化力"和"文化软实力"概念产生、发展、演变的过程中，受到哪些国外概念的影响，找到它们的"前身"和"原形"，然后搞清楚"文化力"和"文化软实力"在中文语境和中国学界"话语"（discourse）中的含义，并将它们与其国外"前身"和"原形"的含义进行比较，看看它们在西方或国际"话语"体系中的阐释和英文表达的最初含义与基本含义是什么，在进行"中国化"或"转变"成中文的同时有了哪些变化，找出中英（中西）概念的根本差异和中西学界在这两个概念界定方面的分歧所在。如同第二章在考察"综合国力"概念的起源时的做法一样，本章的考察只限于基本概念本身的演变发展及其基本内涵的中西比较，关于它们在中西学术界中的复杂界定和相关的理论体系的探讨和比较，将是后面第九章的内容。这里只准备从概念形成的角度给出一个大致的线索和轮廓，而不涉及更具体、更深层的内容。

我们这里首先考察"文化力"概念产生的过程及其他与西方学术概念和理论的关系，然后再探讨"文化软实力"概念。这是因为：第一，"文化力"概念诞生在先，流行较久；第二，"文化软实力”基本上是一个在“文化力”概念的基础上产生的概念（再加上“软实力”或“软权力”概念），二者有前后继承关系。要了解“文化软实力”概念，必须以“文化力”概念为基础，不能绕开。所以这里首先将它们看作互为关联的概念放在一起考察，不能放弃或撇开任何一个，但二者之间在学术史上的先后顺序是不应该颠倒的。不能因为新近“文化软实力”的说法更为流行就轻视“文化力”概念，甚至对它置之不理。这样做是不符合学术的原则和标准的。

## 一　“文化力”概念的提出

“文化力”概念开始很大程度上是作为综合国力概念的附属概念提出来的。也就是说，它是学术界在研究综合国力理论的过程中为说明综合国力概念而提出来的，因而不是一个与“综合国力”并列或同等的概念。它出现的原因在于说明“综合国力”有文化因素，或者说它是“综合国力”的一部分。这是二者之间的逻辑关系和理论渊源的基本情况。不过，“文化力”也往往被研究者看作独立的概念或独立的现象，它与“综合国力”的关系往往被忽略了。“文化力”概念的原初出处也被中国学界该理论的开创者们指认为出自国际学术界，只是对它的学科归属及英文对应存在一定的争议，结论仍然模糊；或者说对此缺乏一个明确的说法。

“文化力”概念是怎么提出来的呢？为什么说它与综合国力概念关系密切，或者说它曾经是甚至现在仍是综合国力概念的从属概念呢？还是让我们首先从中国学术界较早从事文化力问题研究的学者的论述里寻找答案吧。如果我们能够找到这一基本概念的起源，并将它演变、发展的线索理清楚，那么，答案就会一目了然，关于它的内涵及理论体系的基本特征和主要问题就会变得易于了解和把握了。

正如我们在本书的《导论》（第一章）里提到过的，中国学术界较早从事“文化力”研究也是较早使用“文化力”概念（当然是中文）的学者是原复旦大学政治学系教授王沪宁和中共中央宣传部理论局的局级研究员贾春峰。另外，被认为是中国“综合国力”研究第一人的黄硕风研究员也是较早从事这一问题或相关理论研究的主要学者之一。从某种程度上来说，在“文化力”问题上，这几个人对学术界、媒体、政界乃至整个知识界和全社会的影响都是很大的。正是他们对“文化力”概念的诠释和宣传决定了学术界、知识界、媒体、政界和整个社会对这一概念的理解和接受。那么，他们对“文化力”概念的解释相同吗？差别有哪些？谁的贡献或影响更大些？

这里让我们先从贾春峰研究员的研究成果及相关学术活动谈起。这倒不是因为他的学术影响力及学术贡献最大，而是因为他被一些媒体或媒体人士树为（或宣传为）“文化力研究第一人”。因此，很多人都自觉地将“文化力”概念和相关的学术研究与他联系在一起，一些学术论文和媒体的报道也将他视为创立“文化力”概念和开展相关研究活动的第一人。当然也有很多人回避这一问题，或者不认为他是所谓“第一人”，但这些人的确没有提到或推荐出另外的一个“第一人”人选。

这一事实——一批人倾向于认可贾春峰研究员为“文化力研究第一人”的现状，是我们不得不了解或面对的。至于他的学术活动与学术发现或学术成果是否与“文化力研究第一人”的称号相符，他是否真的为“文化力研究第一人”的事实，那就是另外一个问题了，或者说是另外一个事实了。当然，对于这一问题或事实，本书也不会含糊其辞或予以回避。对“文化力”概念的考辨也容不得我们对这一问题不予理睬。在研究“文化力”问题时如果回避或忽略贾春峰本人及其理论贡献，都是对学术严肃性、规范性的不尊重和对贾春峰本人的不尊重。

贾春峰“文化力研究第一人”的头衔开头是一些媒体和非学术性的杂志奉送的，并非一种来自学术界的认可或一致态度。这大约也与他的自我宣传有关。后来有更多的人，包括媒体人和学者，接受了这一说法。不过，一些媒体或杂志有关他是“文化力研究第一人”的宣传、报道也是在最近几年（大约始于 2004 年）才开始出现的，以前并没有这一提法，尽管他开始研究“文化力”问题或开始谈论“文化力”概念在2004年之前已经有了10余年的历史。这大抵与中共中央和中央政府开始重视“文化力”问题并在舆论宣传、学术领域提倡加大研究力度有关。这使得“文化力研究第一人”的头衔显得弥足珍贵、日渐重要且显赫，引起了一些人的争抢。这不仅意味着学术史上一个重要概念的发明权问题，还有更多的历史地位和社会价值在里面，难免有人争此头衔以自重。在荣誉与利益面前很多人都不能免俗，殊为“文化力”研究过程中一件可叹的事情。

关于贾春峰的中国“文化力研究第一人”的头衔及其学术活动和基本主张，很多媒体、杂志的报道大同小异，属于不断地重复（复制），比如2004年发表在两份非学术杂志上的相关报道就是如此。这两篇文章中一篇是由李文启、王玉才、吴绍斌三人采写的题为《文化力研究第一人——访著名学者贾春峰》，[①] 另一篇名为《贾春峰：“文化力”研究第一人》，作者为沈健、吴绍斌。[②] 我们不难发现，在同一年发表的这两篇文章不但名字差不多，内容差不多，而且作者也有重叠。

事实上，贾春峰自己署名为第一作者或独立作者的关于“文化力”的文章从内容上来说也是一些不断地自我重复，他要表达的“文化力”的观点差不多通过一篇文章就能囊括净尽。从他发表的文章或访谈的内容来看，他的研究成果的内容和逻辑相对比较简单，缺乏较为系统的学术概念的考辨、分析，大体上只是简单的单方面论断的集合。当然，“文化力研究第一人”的头衔并不能因为他的观点学术性不强或学术味不够就不能得到承认，问题的关键是这一概念的发明权及研究活动的“开创者”的身份是否真的属于他。尽管这不是一个重要的学术问题，但是，它又的确关乎“文化力”概念的内涵界定和后来理论发展方向的问题，所以我们也不

① 李文启、王玉才、吴绍斌：《文化力研究第一人——访著名学者贾春峰》，《商业文化》2004年第3期。

② 沈健、吴绍斌：《贾春峰：“文化力”研究第一人》，《文化交流》2004年第5期。

能对它视而不见。也就是说，它还算个问题，我们得给出自己的答案。

下面让我们继续前面的讨论。

贾春峰在接受采访时，就采访者关于“文化力概念的发明权”是否属于他的问题，曾经明确表示“不是”，而将这个词的来源归于国外的学术著作。他说：“国外的经济文化著作中用过这个词，但没有展开讲。在中国，1992 年以前的文字材料中没有见过‘文化力’这个词，可能是我第一个用了这个概念。”[①]可见，他没有过分贪功地将“文化力”概念的发明权据为己有，但又心有不甘地宣称“在中国”他是第一个“使用者”。这意味着汉字（中文）的“文化力”概念的发明权或“命名权”归他。但是，有两个情况我们需要注意：其一，在那次访谈中，虽然他说“文化力”概念出自国外的学术著作，但什么学术著作、外语对应的词汇是什么，是何种外语或国外著作，整体的研究现状怎样，他一概没说；其二，关于他对中文“文化力”概念的发明权（命名权）的拥有或所谓“使用权”“第一人”的身份，他并不能真正确定，因而他使用了“或许”的限定，而且使用了“用了”这个字眼，而不是“创立”、“创建”之类的词汇。事实上，对于他能否称得上“文化力研究第一人”，他自己是含糊其辞的，既不敢确定，又不愿否认。他说：“有些观念我讲得比较早。是不是‘第一’不必认真，关键是经得起历史的检验才行。”[②] 在前后很多次接受采访时，他并没有纠正别人奉送的所谓“文化力研究第一人”的提法。这就等于他并不拒绝“文化力研究第一人”的头衔。

## 二　汉字“文化力”概念最早可能出自日文

那么，贾春峰研究员是从什么时候开始“使用”“文化力”概

① 李文启、王玉才、吴绍斌：《文化力研究第一人——访著名学者贾春峰》，《商业文化》2004 年第 3 期。

② 同上。

念的呢？又是怎样“使用”的呢？

近年来，贾春峰在接受别人的采访和宣传时，很多场合并没有说清楚他怎样从外文中或外国著作中引进“文化力”这个概念的，不知是一时疏忽还是有意如此。有时，他提到了所谓“国外经济文化著作”对他“使用”这个概念的决定性影响，但究竟是哪一部或哪些“国外经济文化著作”，是直接从外文原著“接受影响”，还是从中文译本“直接借鉴”，他都没有说。这不但给他的这一“借鉴”、“引进”行为的学术性和可信度打上了一个大问号，也让他的所谓“文化力研究第一人”的称号变得让人怀疑。

1994 年 2 月，他在发表于《人民日报》的一篇文章中曾经说过：“‘文化力’的概念，就是日本在变成经济大国的这个 20 年内提出来的。”[①] 这不等于说“文化力”概念是日本人发明的了吗？但在那篇文章中他并没有说明日本人是怎么“提出来”“文化力”概念的，他又是通过什么途径了解到这一概念然后予以借鉴的。当然，他更没有说明这个日本人的“文化力”概念又是怎样转化为他自己的概念并让他凭此成为“文化力研究第一人”的。后来，他虽然也曾交代过他从日本人那里接受“文化力”概念的过程，但也较为含糊，大多数情况下更是模糊处理，或予以回避，压根儿不提。事实上，我们有充分的证据证明，在他染指“文化力”问题或开始“使用”“文化力”概念时，中国已经有人多次使用这一概念并开始研究这一问题了。至少，在“文化力”这个中文词汇进入他的意识并成为他的一个关注对象时，这一概念实际上已经频频出现在中文读物和学术刊物里面了。下面就让我们从时间顺序上看看“使用”“文化力”概念的第一人究竟是不是贾春峰，他的“使用”的学术价值和学术影响究竟有多大。

贾春峰说过：“加强市场经济中的‘文化力’研究的观点是我在 1992 年冬和 1993 年提出的。”[②] 实际上，贾春峰首次向公众和学界谈到“文化力”概念是在 1993 年 10 月。他当时发表了一篇《加

① 贾春峰：《市场经济与文化发展散论》，《人民日报》1994 年 2 月 9 日。

② 李文启、王玉才、吴绍斌：《文化力研究第一人——访著名学者贾春峰》，《商业文化》2004 年第 3 期。

强市场经济中“文化力”的研究》的文章，首次阐述了自己关于“文化力”在综合国力竞争中的地位与作用的理解。[①] 不过，关于他何时开始关注“文化力”问题并开始研究它，他在不同的场合或不同的时间却有不同的说法。有时他说是 1992 年，有时说是 1993 年，有时甚至说是 1994 年。[②] 但他所提供的最早的时间也不早于 1992 年。沈健、吴绍斌发表的《贾春峰：“文化力”研究第一人》的宣传性报道中，就贾春峰对“文化力”概念的“发明权”、“使用、研究者第一人”的身份及相关学术成就曾经作过这样的评价：“‘文化力’这个名词近年来出现在理论学术界，这是和贾春峰的研究分不开的。据报道，他在 1992 年提出了这个研究课题，十几年来已先后出版了《文化力》、《文化力观》、《企业力》、《文化力启动经济力》及《‘文化力’制胜——21 世纪企业全球化战略》等论著。”[③] 这是贾春峰通过媒体确认的时间，或者说是他比较乐意接受的时间。报道中提到过的贾春峰的那些基本论著在学术期刊网和较大的图书馆大都能够查到。

媒体对贾春峰身份的介绍一般是“中共中央宣传部高级研究员，中国市场经济研究会副会长”，另外他还是“中国企业文化研究会副理事长”。[④] 那些对他报道、采访较多的媒体都是一些商业性或经济类的杂志或报纸，很多与他所从事的“企业文化”研究或“市场经济”研究的业务或学术范围有关，有些杂志或媒体甚至与他存在着一种业务上的被领导或被指导的关系。而且，这些报道、宣传存在着不断重复或复制的现象。这些行为或多或少有炒作的成分。

在 20 世纪 90 年代中期，贾春峰曾在比较正规的学术刊物，如广州的《现代哲学》，发表过一篇文章谈论“文化力”问题。他在

① 贾春峰：《加强市场经济中“文化力”的研究》，《经济日报》1993 年 10 月 26 日。

② 贾春峰：《文化力：我的学术研究的新起点》，《人民论坛》1997 年 12 月号。

③ 沈健、吴绍斌：《贾春峰：“文化力”研究第一人》，《文化交流》2004 年第 5 期。

④ 参见《中外企业文化杂志》2000 年第 5 期。

《现代哲学》发表的文章是一篇对谈，虽然算不上什么规范的学术论文，但对于“文化力”概念的来源、内涵和应用，交代得还是比较清楚的。这差不多应该是他在报纸、杂志（包括学术期刊）上发表过的最为完整、规范、系统的讨论“文化力”的文章了。他的关于“文化力”的专著，如《文化力》[①] 和《贾春峰说文化力》[②] 等，实际上并没有多少新内容，仍属于自我重复，有很多离题的内容和其他泡沫，让人感觉它们实在算不上是讨论“文化力”的专著。其内容谈不上什么学术性和思想性。因此，我们只需了解他发表在《现代哲学》上的那篇文章即可掌握他关于“文化力”主要的观点和相关问题的基本思路。

贾春峰发表于《现代哲学》上的文章是一篇与他的同事黄文良的对谈，题目就叫《关于“文化力”的对话》。在这篇“对话”中，贾春峰提到了一个叫名和太郎的日本人及其著作《经济与文化》，指出他本人的“文化力”概念就出自名和太郎的那部著作。不过，他对启发过他的名和太郎及其专著《经济与文化》还不以为然，颇为挑剔，似乎想说明哪本书并不怎么样，除了“文化力”概念外也并不能怎么启发他。他说：“在国际范围内，首先使用‘文化力’概念的是日本人的《经济与文化》一书，那本书是在分析‘文化市场机制’等问题时使用这个词的，但并没有就‘文化力’问题作出理论上的分析和论证。”[③] 他们的这篇对谈形式的文章还在《中外企业文化》1995 年 8 月号和 1996 年 1 月号分两次刊载。

事实上，单从名和太郎的著作《经济与文化》的书名来看，我们就可以判断出贾春峰的“文化力”概念的定义和思路基本上就是对名和太郎著作中基本观点的沿袭。该书的内容更加印证了这一点。因而名和太郎及其著作《经济与文化》对他的影响绝不像他轻描淡写的那样小。不过，贾春峰强调他的研究除了“文化力”概念的确立受到名和太郎的启发之外，其他的研究都是独立的，完全是创新，与名和太郎或其他任何人都无关系。关于他自己开始研究文

① 贾春峰：《文化力》，人民出版社 1995 年版。

② 贾春峰：《贾春峰说文化力》，广西师范大学出版社 2007 年版。

③ 贾春峰、黄文良：《关于“文化力”的对话》，《现代哲学》1995 年第 4 期。

化力的原因或“动因”，他宣称“主要是从现代市场经济的发展趋势、从企业发展的需要而得到启示的”，甚至还夸张地说“这是一个‘无声的命令’”。[①] 关于他自己研究的立场或出发点，以及他对于“文化力”的基本主张，他还说过：

> 当时是从综合国力竞争、现代市场经济发展的趋势、国际范围内集中市场经济模式的比较、社会主义市场经济新体制的建立、市场经济运作急需倡导良好的经营境界、21世纪的发展前景这6个方面来论述这个问题。我认为，综合国力当然以经济和科技实力为基础，包括军事实力，但不能仅仅就是这些，它还包括精神文明，包括“文化力”。[②]

可以看出，通过以上的表述，贾春峰试图在关于“文化力”概念的形成和研究思路方面与日本人名和太郎拉开一定的距离，并且表面上也达到了一定的效果（其实不然，后面我们会谈到）。他想说的是：他的“文化力”概念出自综合国力概念或问题。也就是说，他的“文化力”概念及其研究实际上是从属于综合国力概念或问题的，是其派生物，与它有着必然的学术关系或学术渊源。然而，需要注意的是，他并没有对这种学术的联系或整个学术背景进行系统的交代，也没有谈到中国学术界关于综合国力问题研究的现状和基本主张，更没有点到其他任何学者在综合国力研究方面对他的影响。最重要的是，他没有提及他的“文化力”概念与综合国力到底是什么样的关系以及为什么会有这种关系。如果说他在关于如何借鉴日本人的“文化力”概念时含糊其辞、模糊处理、交代不明的做法尚可给予一定的理解或原谅，那么，在他提到他的“文化力”概念的创造与发现是根植于中国“综合国力”理论或问题的学术土壤或问题背景之上时，我们就无法对他就二者之间联系的轻描淡写、模糊处理予以谅解了。

---

① 李文启、王玉才、吴绍斌：《文化力研究第一人——访著名学者贾春峰》，《商业文化》2004年第3期。

② 同上。

更何况，一方面他说他的“文化力”观念来自日本人名和太郎及其著作《经济与文化》，另一方面又说与综合国力问题有一定的关系。那么，它的理论源头和概念“前身”到底是哪个？到底是什么？

贾春峰几乎没有关注综合国力问题研究的现状，也没有把综合国力问题当作一个有着广博的理论背景的学术问题，因而也就没有自觉地将他自己的“文化力”概念与综合国力研究从学术上恰当地联系起来。如此，他的“文化力”研究的学术性就大打折扣了。当然，他模糊处理他的“文化力”与“综合国力”或综合国力理论的学术关系，从某种程度上也模糊或掩盖了他的“文化力”概念的另一学术起源（源自综合国力概念及黄硕风等中国学界的一些理论开拓者）。这是至关重要的。

实际上，中国的“文化力”概念基本上是综合国力概念派生出来的（但这两个概念之间的这种必然联系不是由贾春峰建立或确定的）；谈“文化力”概念而不谈或谈不清综合国力概念的发展与学术影响，要么是压根儿不了解二者之间的天然关系和必然联系，要么是故意忽略。而这两者都是非学术的表现。

贾春峰实际上对这一问题的忽略或模糊处理是一以贯之、持之以恒的。在他较早发表的关于“文化力”概念或问题的文章中，他也是一方面承认他的“文化力”与综合国力的这种逻辑关系或学术渊源，但另一方面并没有提及此前任何人对他在这个问题上的影响或对综合国力与“文化力”方面的学术贡献，似乎他真的是名副其实的第一人；不仅日本人名和太郎对他来说没什么影响，黄硕风等人更是仿佛都不存在似的——一切都是他的独立创造或独立发现。他在 1994 年 2 月发表于《人民日报》上的文章与前面我们大段引用的内容差不多，但我决定不嫌重复地抄录于此，以证明我们前面对他的批评是对的。他在《人民日报》发表的文章中说过：

> “文化力”，包括科技和教育在内，作为经济和社会发展中的治理因素，在经济发展和现代化进程中的地位和作用日趋增强，从而引起人们的高度重视。当前国际竞争的实质是综合国

> 力的较量。综合国力以经济和科技实力为基础，也包括精神文明，包括“文化力”在内。精神文明、“文化力”在综合国力中具有巨大的凝聚力量、动员力量、鼓舞力量和推动力量。因此，增强综合国力，不仅要大力发展经济和科技实力，也必须发挥精神文明这个优势，发展“文化力”。①

当然，在以上两段较长的引文中，贾春峰的论点暴露的问题还有其他，比如关于“文化力”内涵的界定是否合适，这一概念与流行的综合国力概念的关系是否恰当，他解释的关于“文化力”的表现或“文化力”各要素之间有没有逻辑矛盾等。这些是后面要讨论的问题，这里暂且不论。这里主要想解决一个问题：从贾春峰前面的自我陈述、相关引用和其他的尚未提及或引用的材料来看，他能否称得上是“文化力研究第一人”。正如前面所言，这一问题实际上是关乎“文化力”概念的学术起源或概念来源的大事，我们不能不有一个比较清楚的结论或认识。

为什么说贾春峰就日本人名和太郎在“文化力”概念的问题上如何影响自己解释得过于模糊或含糊其辞，以至于说缺乏学术性呢？原因很简单，贾春峰压根儿没有提及名和太郎这本书版本的任何情况，也很少涉及有关内容，更没有提到这一概念在日本是如何形成的、其研究现状如何？如此，这一概念的国际学术背景或国际性的学术起源又有什么意义或价值呢？而且，他约略提及名和太郎及其观点之后又简单地将名和太郎的学术影响全盘否定了。这样，这个概念本身对他的影响说得积极一点是提供了一个简单的刺激，仅仅起到了提供灵感的作用；说得消极一点，是在他完全不顾国际学术界（包括日本学术界）相关的学术、文化背景的情况下，对“文化力”概念进行了望文生义的随意解释。这到底是误读还是创造，真的是说不清楚了。

还需要特别注意的是：贾春峰读到的名和太郎的著作《经济与文化》是日文原版还是中文译本呢？如果是中文译本，那么，他对

① 贾春峰：《市场经济与文化发展散论》，《人民日报》1994年2月9日。

“文化力”概念的接受就又隔了一层，而对这一概念的发明权、命名权和中国第一“使用者”身份就变得更加难以确定了。事实上，名和太郎的著作《经济与文化》的中文译者应该是比贾春峰更有资格的“文化力”概念的输入者或引介者，甚至也是这一概念更早的“使用者”。

## 三　谁是日文汉字“文化力”一词的输入者？

实际上，正如前面在我们谈到“综合国力”概念的时候所提到的，中国人从日本学术界引进所谓西方的或国际的学术概念非常简单，有其特殊性方式。因为日本人许多学术概念的表达是纯粹的汉字，其含义可能与中文的含义相近或完全一样。而中国人在借鉴这些概念时非常方便，不必懂日文，不必了解日本在该问题方面的学术现状。实际上，中国有许多现代的学术概念（尤其是那些本来出自西方的学术概念）借自日本，或者说是对日文中汉字的照搬或照抄。这根本不是对日文的翻译。由于日文书面语与中文的特殊关系，中国人借用日文中的学术概念有此方便之处。“综合国力”概念如此，“文化力”概念也是如此。因此，很多中国人在从日文中转借学术概念时绝对不能以中文命名者第一人自居。这一转借甚至连翻译第一人都算不上。像梁启超这样的大家尚且不敢因从日文里面借用了好多现代西方学术概念而要求获得对这些概念及相关理论的发明权或命名权，或号称某方面研究的“第一人”，当代中国人就更不该因对某些概念的转借或较早“使用”而大言不惭地以某概念的“创立者”或某方面研究“第一人”自居。这种争功、争名现象不利于学术的健康发展。

从这个意义上来说，黄硕风不能算整个国际学术界“综合国力”研究的第一人，也不是中文“综合国力”概念的发明者或命名者。同样的道理，贾春峰也算不上中国或中文“文化力”概念的发明者或“第一使用者”。甚至，很多较早提及日本人的“文化力”概念的中国学者可能连名和太郎的原著都不一定见过或看到。判断这一点十分容易，很多从日本学术界或日文中转借概念的人并不一定和梁启超等人一样，能够阅读日文。如果是从别人的对名和太郎的译著中“借鉴”“文化力”等概念且自我命名为“使用的第一人”，或争抢其“命名权”，就太离谱了。如果不通日文，又没有见到原著，这个概念肯定只能借助于翻译（无论是笔译还是口译）才能了解到。哪怕是通过口译，这一“第一使用权”的身份便不能成立了。翻译的学术贡献，哪怕是无意的，也是决不能忽视的或否认的。从某种程度上来说，翻译者才是中文世界这一概念的“第一使用者”。

事实上，日本人名和太郎的《经济与文化》一书的中文译本早在 1987 年就已经由经济出版社出版了，译者是高增杰和郝玉珍，而不是贾春峰。[①] 贾春峰是通过阅读高增杰和郝玉珍翻译的中文版的《经济与文化》了解到名和太郎的“文化力”概念的。因此，贾春峰受日本（国外）学术界或文化界（知识界）影响而“创立”“文化力”概念是极其牵强的；即便是他所谓的对这一概念是他“开始使用”，也是非常间接的。他对“文化力”概念的关注实际上受国内学术界的影响更大。可以说，正是相关的综合国力理论的学术成果促成了他的“文化力”理论的形成。甚至，他的“文化力”理论基本上是对国内已有成果的转述或改编，创新的成分微乎其微。因此，他受国外或国际“影响”创立“文化力”概念是难以让人信服的；他的“文化力”理论（概念）国外来源说没有意义，等于没说。因为这种说法在学术上或学理上站不住脚，也没有太多的学术价值。总之，真正的学术借鉴或学术影响的过程不是他描述的那个样子。因此，中文的“文化力”概念和相关理论的真正创建者不应该是贾春峰。

事实上，如果说中国的“文化力”研究和中文的“文化力”概念的确源于日本人名和太郎及其著作《经济与文化》，那么，真正开始“使用”或引进“文化力”概念的也只能是《经济与文化》一书的译者高增杰和郝玉珍。实际上，他们二人研究文化、作为

① ［日］名和太郎：《经济与文化》，高增杰、郝玉珍译，经济出版社 1987 年版。

“文化力”研究的专家的资格和身份并不比贾春峰差。他们二人，尤其是高增杰，有着相当的知名度和学术成就。如果上网搜索，我们可以获得他们二人丰富的背景资料。

据中国社科院网站上的介绍和其他很多材料的介绍，我们可以对高增杰的学术身份有一个比较全面的了解：他生于1944年12月，1965年毕业于北京大学东方语言文学系日语专业；1981年完成北京大学研究生院日本语言文学学科硕士课程，获硕士学位；1992年毕业于日本国际基督教大学比较文化学科博士课程，获博士学位；曾任中国社科院日本研究所副所长；现任中国社会科学院日本研究所研究员，中国社会科学院研究生院教授，博士生导师，中日文化交流研究会副会长。可以看出，高增杰是一个名副其实的学者，而且有着丰富的国际学术交流背景和较多的学术身份和头衔。而且，他也曾担任相当于“局级”或“副局级”领导职务，各种身份都不低于贾春峰。

高增杰主要从事的研究领域包括东方文化、日本文化、比较文化研究等领域。他的著述甚丰，主要研究成果包括：《日本近代成功的启示——传统文化与西方文化》、《近代初期中日文化比较研究》、《日本封建社会末期儒学变异》、《日本学与日本文化》、《〈源氏物语〉与日本文化》、《福泽谕吉与严复》、《当代日本的大众文化》、《历史在沉思——日本文化发展的轨迹》、《日本企业文化的特征》、《日本企业文化论》、《当代日本社会思潮》、《文化与名牌》等。他的译著也相当多，涉及面也很广，其中就包括他与郝玉珍合译的名和太郎的《经济与文化》。

郝玉珍女士也是中国社科院的一位学者，主要从事日语教学和翻译工作。她翻译名和太郎的《经济与文化》期间，其正式身份是中国社科院研究生院的日语教授。她的译作也非常丰富，翻译过《利益集团》（独译）、《物流概论》和一些文学著作，在学术界和文学界也广有影响。

试问，这两个人对“文化力”概念的流行所起的作用难道低于那些借助于他们的翻译从事“文化力”研究的学者吗？如果申请中文“文化力”概念的发明权，难道他们会因学术身份不足而不够资格吗？实际上，在“文化力”研究领域，他们绝对不只是贾春峰连名字都不屑一提的“翻译”。

日语中的“文化力”概念与中文中“文化力”概念是否一样或含义相同是值得注意的。本人不谙日文，但知道日文中有“文化力”的汉字组合，而且非常流行。广东外语外贸大学日语系主任丁国旗教授认为日语中“文化力”一词的意思与其中文“文化力”一词是对应的关系（当然不用翻译了，意思也差不多）。[①] 不过，日语的“文化力”和日本学术界的“文化力”理论也不是原创的，也有国际学术影响的痕迹。而且，中国的“文化力”概念和理论来源还有更可信赖的渠道和更具学术性的构建，因此，我们将通过那个渠道来考察中国“文化力”概念和理论的起源，而不是通过考察日语原文和翻译过程以及日本学术界的成果来进行。况且，由于本人不懂日文，做这些工作是不可能的。不过，正如前面说过的理由，由于日文的“文化力”理论并非原创，而且理论性和学术价值也非常有限，我们绕过它而直趋原典和真正的原创反倒更好。实际上，名和太郎并非一个深刻的理论家，他的著作的学术性和理论价值相当有限。他的《经济与文化》一书基本上可以定位为通俗读物。

## 四　受“软权力”概念启发：谁是“文化力研究第一人”？

实际上，以上贾春峰观点的引文也说明了他的“文化力”概念或理论的真正的学术来源之一就是中国学术界的综合国力概念及相关理论。下面我们将对这一论断做进一步的论证。不过，在开始进一步系统论证上述结论之前，先让我们接着上面的讨论提出几个问题，然后在回答这几个问题的过程中，同时展开我们的论证。这几个问题是：在贾春峰开始着手研究“文化力”问题之前，“文化力”概念是否已经开始在中国学术界流行并有了相当系统的研究了呢？如果有，那么对“文化力”问题的研究比较有代表性的成果及

① 丁国旗教授的观点是通过笔者与他的多次面谈和电话咨询获得的。

人物是谁？如此，谁又算得上是中国“文化力”研究的“第一人”和这一理论的真正创建者呢？

既然贾春峰也承认他的“文化力”研究与“综合国力”问题密不可分，或者说他的“文化力”概念及相关理论是受“综合国力”问题的启发提出的，我们就不能不将“文化力”概念及相关理论与黄硕风联系起来，看看黄硕风在讨论“综合国力”问题时有没有提到“文化力”概念。无论从贾春峰的学术视角来看，还是从一般意义的学术方法来说，这里绕开黄硕风都是不可思议的事情。

实际上，在中国，真正称得上“文化力研究第一人”的恰恰还是黄硕风，一如他当之无愧的中国“综合国力研究第一人”的身份。当然，王沪宁同志也堪称中国“文化力研究第一人”，可与黄硕风并称为“文化力理论第一人”。对此，下文我们也会论及，这里暂且按下不表。不过，这里在接连宣布了两个“文化力研究第一人”之后，贾春峰的“文化力研究第一人”的身份自然也就不复存在了。至少，与贾春峰相比，这两个人都更符合“文化力研究第一人”的称号。至于他们两个谁是第一，问题则稍显复杂。不过，单就“文化力”概念和理论的创立，王沪宁的影响应该更大，因而也更符合“文化力理论创立者”的称号。我们后面会论及这个问题。好在他们并没有争抢或在乎这个“第一人”的名号或身份，我们或许可以淡化这一问题。

先让我们说说黄硕风在“文化力”概念和理论创建过程中的贡献和直接影响。

说黄硕风比贾春峰更符合“文化力研究第一人”的名号有两个原因：第一，他提出“文化”是“综合国力”的重要组成部分比贾春峰要早；第二，他的论证更系统，学术性更强，而贾春峰对“文化力”的论证或阐述迄今为止也谈不上有太多的理论深度或学术性。也就是说，贾春峰的“文化力”观点到现在还没有经过规范、严格的学术论证或处理。而且，我们可以大胆地判断，他的“文化力”概念的理论来源之一就是黄硕风的理论。至少，他关于“文化力”是“综合国力”的一部分和“从综合国力”的角度思考“文化力”的思路和方法是明显受到黄硕风直接或间接影响的。当然，在那个时候，关注“综合国力”问题和“文化力”问题的人也多了起来，一时，在学术界、政界、商界和媒体，讨论“综合国力”及将“文化”作为一种力量因素已经成为一种时尚；“文化”被看作一种力量或被当作“综合国力”的一个重要部分已经成为一种共识。

黄硕风在他的《综合国力论》中，将“综合国力”分解为七个方面，其中有“科技力”和“文教力”。[①] 该书于1992年出版，明显早于贾春峰的最早确认的“开始使用‘文化力’概念”的1994年。黄硕风在后来的著述中仍坚持“科技力”和“文教力”的思路或用法，没有与时俱进地将它们合并为“文化力”，或从“文教力”中将“文化”抽出来单独成“力”。实际上，黄硕风将“文化”看作“综合国力”的因素之一的观点形成的日期要比1992年早得多。至于黄硕风关于“文化”在“综合国力”中的地位、相关学术论证过程及其学术地位，我们在后面还会有更系统的介绍和讨论，这里暂时不谈。但无论如何，其论证的系统性、学术性要远远高于贾春峰的论证，内容也多于贾春峰的论述。

贾春峰所谈的“文化力”实际上与我们今天所谈的“文化力”并不是一回事，也很难算得上是“综合国力”中作为独立因素的“文化力”。长期以来，他主要研究、关注的是所谓企业文化，讲企业文化是如何变成“力”的。比如，他主张“文化力”是企业的“核心竞争力”之类。他说过：“‘文化力’是相对于经济力、政治力而言的。对于整个经济与社会的进步来说，对于地区经济与城市经济的发展来说，对于企业发展来说，‘文化力’都是一种强大的内在的驱动力。”[②] 他还说过：“企业文化是一种力量，就可称之为企业文化力。”[③] 说到“企业文化力”，他又突出企业家的人格魅力的重要性。他关于“文化力”的思维和定义，基本上没有突破名和太郎的解释框架（分析框架）或理论模式。如果说有“创新”的

---

① 黄硕风：《综合国力论》，中国社会科学出版社1992年版，第110页。

② 李文启、王玉才、吴绍斌：《文化力研究第一人——访著名学者贾春峰》，《商业文化》2004年第3期。

③ 同上。

话，那么也是将对“文化力”的内涵更加庸俗化，降低了它应有的理论地位和分量。

王沪宁也是较早谈论“文化力”概念和相关理论的学者。早在1993年，他还在复旦大学任教时，曾明确表示：“文化”是一种力量，是权力的一部分，也是“实力”或“国力”的一部分。当时，他是在回应约瑟夫·奈的刚刚炮制不久的“软权力”概念时下此论断的。他说：

> 把文化看作一种软权力，是当今国际政治中的崭新概念。人们已经把政治体系、民族士气、民族文化、经济体制、历史发展、科学技术、意识形态等因素看作是构成国家权力的属性，实际上这些因素的发散性力量正使软权力具有国际关系中的权力属性。总的软权力态势对谁有利，谁在国际社会中就占据有利地位；目前影响国际“软权力”势能的因素是工业主义、民主主义、民族主义。软权力的力量来自扩散性，只有当一种文化广泛传播时，软权力才会产生强大的力量。①

他还指出：

> 文化作为国家实力的观点早就被人们所注意。……但没有注意它们的发散性的力量，即作为国际关系中权力的属性。对软权力这一性质的认识，是今天的时局和条件演化的结果。……国际风云的变幻和国际力量对比的变化，使“软权力”成为一个国家对外交往的基本力量。硬权力基本上可以在一定的政治共同体内得到和扩展，而软权力更加依赖于国际间对一定文化价值的体认，依赖于一定的体制在国际上得到的支持，所以国家的软权力更加依赖国际文化的势能，即国际整个文化和价值的总趋向。②

① 王沪宁：《作为国家实力的文化：软权力》，《复旦学报》1993年第3期。

② 同上。

需要注意的是，较早关注“软权力”概念的王沪宁教授并没有将约瑟夫·奈的“软权力”（soft power）翻译为“软实力”，而是翻译为“软权力”。这应该是一种较为恰当或准确的译法，比“软实力”的译法要更忠实于原文。关于“软权力”与“软实力”的差异和优劣，我们后面再讨论，这里暂且不谈。不过，我们需要注意的是，通过王沪宁的论文我们可以发现，约瑟夫·奈的“soft power”最早是以“软权力”的中文表达引进中国的，而不是“软实力”。

黄硕风也曾在其著述中提到约瑟夫·奈的“软权力”概念，但他的翻译是“软实力”。实际上王沪宁在他的论文中也曾将“权力”和“实力”当作一回事，而且将其理论来源联系到西方国际政治理论的“power”概念上。他在提到约瑟夫·奈的“soft power”时，也将其理解为“软实力”，而不仅仅局限于“软权力”的译法或理解。

不难看出，真正对王沪宁的“文化力”理论产生影响的国外概念和理论是约瑟夫·奈的“软权力”概念及其理论，而不是名和太郎的著作的中文译本。也就是说，王沪宁的“文化力”概念和理论是受约瑟夫·奈的“软权力”概念的启发形成的，或者说就是对约瑟夫·奈的“软权力”概念和理论的引申与发挥。他的逻辑就是：文化=“软权力”=文化实力=文化国力=文化力。黄硕风也基本上是这一思路，只是他没有接受“软权力”或“软实力”为“文化力”的观点。

可以看出，在1993年的时候，无论是王沪宁还是黄硕风，他们都明确地将“文化”视为一种力量或“实力”，或者说他们将“文化”视为“综合国力”的一部分，但的确没有明确地使用“文化力”这个概念。实际上，他们的思路或观点已经明确说明“文化力”概念和理论在他们的著述中已经完全成型，或呼之欲出了。加上此前其他学者已有的一些著述、译著，如名和太郎的《经济与文化》之类的影响，人们自然地开始使用“文化力”概念。在这种背景下，正是在1993年的时候，正如胡平先生所指出的，“越来越多的人认为文化力是综合国力的一部分”[①]。这绝不是偶然的。而且，胡平的这种简明扼要的结论主要体现了王沪宁和黄硕风二人的理论，而不能说完全体现了贾春峰的学术创造。我们应该认识到，“文化力”真正成为一个学术概念，并围绕着它形成一种学术理论、学术体系，并进而形成一种相关的思潮，与黄硕风和王沪宁的学术贡献是分不开的。毫无疑问，他们二人在“文化力”研究方面的作用和历史地位是其他人无法替代的。

总之，我们将“文化力”概念的创造和发明归功于王沪宁和黄硕风的理由是他们二人一方面较早地提出了“文化”是“综合国力”的一部分，也是一种实力，另一方面是因为他们的论述比较系统、严谨，符合学术规范。反观贾春峰的论述，就过于简单，缺乏理论深度，甚至只是重复别人。他的观点基本上属于黄硕风、王沪宁的思路（观点）与日本人名和太郎的思路（观点）的相加。而名和太郎的观点本身就没有多少理论深度。即便这样，他的观点又被贾春峰进一步降格，变得更加简单。

日本人名和太郎的《经济与文化》介绍了经济与文化的关系、日本的文化时代、文化力和“文化立国论”等内容，阐述了文化在经济发展中的作用，对日本经营的特征、日本式经营对世界其他国家的影响也做了介绍。贾春峰几乎光强调经济与文化的关系（沿袭了名和太郎专著的主题和基本思路，但更狭隘），然后就基本上围绕着所谓的“经济文化”概念做文章，谈所谓的“经济文化力”。早在他发表于《现代哲学》上的与黄文良的“对谈”中，他表明“文化力”包括智力因素、精神力量、社会文化网络和传统文化力量。[②] 后来他多次发表的文章（包括访谈）中，大都是这些内容，没有新的变化或改进。

1998 年 3 月，贾春峰在一篇发表于《中国改革报》上的文章中说：“文化力的内涵，既包括科技、教育在内的智力因素，也包括理想、信念、道德、价值观在内的种种精神力量，还包括社会文化

① 胡平：《九十年代中国对外开放的十大趋势》，《党校论坛》1993 年第 12 期。

② 贾春峰、黄永良：《关于“文化力”的对话》，《现代哲学》1995 年第 4 期。

网络，以及作用于现实生活的传统文化力量。"① 他处处不忘记谈及文化与经济的关系，好像"文化力"只能为经济服务（经济的附庸）似的。他在2001年的一篇文章中，又老调重弹，给出了与上面我们引用的完全相同的关于"文化力"的定义，然后又说："对于整个经济发展与社会全面进步来说，对于区域经济发展来说，对于企业开拓市场来说，'文化力'是一种强大的内在驱动力。"②

他所讲的智力因素，包括教育和科技在内；第二个要素是精神力量，"包括理想、信念、道德、价值观、求实创新、奉献精神等等"；第三个要素是所谓"文化网络"，包含图书馆、博物馆、文化馆、电影厅、俱乐部、体育馆等文化、体育活动设施；第四个要素是他所说的"传统文化和传统美德"。③ 关于"精神力量"等"文化力"的作用，贾春峰等不由自主地将它们牵强地扯到经济方面去。他们说精神力量"是无形的，又是能动的，时时刻刻都在经济行为中发生影响和作用。对于企业来说，企业精神、企业价值观、企业理念一旦形成，就会向经济的一切领域渗透"④。这种"文化视野"或"文化力"观念真让人感到悲哀。

## 五 "文化力"和"文化软实力"理论为中国所独有

通过上面的讨论，我们可以发现，如果我们试图从国外的理论体系中寻找"文化力"理论的源头，那么，这一理论的国外源头不是那么的明显。或者说，中文的"文化力"概念和中国的"文化力"理论与国外的相关概念和理论的关系并不那么直接，从一开始依附性并不那么强，更不用提后来逐渐形成的完全脱离的独立状态

① 贾春峰：《文化力——21世纪经济角逐的主角》，《中国改革报》1998年3月5日。

② 贾春峰：《经济赛局中"文化力"的较量》，《北京财贸管理干部学院学报》2001年6月。

③ 贾春峰、黄文良：《关于"文化力"的对话》，《现代哲学》1995年第4期。

④ 同上。

了。尽管中文的“文化力”概念可能来自日文，但这并不意味着中国的“文化力”理论就来自日本学界。实际上，日文中有“文化力”的提法或概念，但并没有形成什么理论体系。英语中有相当于中文“文化力”概念的直接对应——“cultural power”，但它也不是一个学术词汇；围绕着它，西方也没有形成什么“文化力”理论。西方有“软权力”或“软实力”的理论，但没有“文化力”理论。而恰恰是英文的“软权力”（或“软实力”）概念启发了中国学者，从某种程度上来说算得上是中国“文化力”理论的“前身”或理论来源。如果说中国“文化力”理论有国外理论来源的话，那就是日文汉字“文化力”概念（名词）和西方关于“软权力”的理论的相加。目前，“文化软实力”概念的出现更加印证了“文化力”与“软权力”（软实力）的关系。不过，中国的“文化力”理论所受的国外理论影响比“综合国力”概念要小得多，而且与国外“软权力”（或“软实力”）理论也是不一样的，或者说是脱节的。从某种程度上来说，中国的“文化力”概念和理论比“综合国力”概念和理论更像是中国学者原创的。

或许可以认为英文里面是有“文化力”（cultural power）的说法的，因为，“cultural power”是英文中固有的说法，不是从中文里面转借的或是一种“中式英语”的输入。但它的确不同于中文的“文化力”概念，意思完全不同。而且，它谈不上是一个正儿八经的学术词汇，即便在学术著作中出现或使用也是作为一个非常普通的术语使用。比如，《远程控制：电视、观众和文化力》一书中所谈到的文化力就是如此。该书并非一部专著，而是一个论文集，里面所收录的文章谈论的是大众传媒对公众的影响问题，而不是讨论我们的所关注的“文化力”概念或问题。该论文集并没有以“文化力”为核心概念或核心问题大做文章，也没有任何作者专门讨论或界定这一概念。正如该书的前言中所说的，这部论文集的主题实际上是从政治经济的角度讨论传媒工具及其传播的文化的影响力和控制力，而这也是一种“权力”——传媒的“权力”，即所谓的“文化力”或“文化权力”（cultural power）[1]。这种“文化力”指的是“文化的权力”，与我们中国学术界现在所说的“文化力”还是有很大的不同的。因此，即便我们要从英文读物中寻找与中国“文化力”概念相似或相近的对应物，那么，也不是“cultural power”这一词组，而是约瑟夫·奈的“soft power”概念。

总之，西方学术界的确没有形成固定的“文化力”、“文化权力”和“文化实力”的学术概念和理论体系。如果说西方学术界有与我们的“文化力”理论相通或相似的东西，那只能是“软实力”或“软权力”理论，而不是其他。

正如前面我们说过的，虽然中文的“文化力”一词可能转借自日文，但我们没有必要从日文或日本学术界对“文化力”概念追根溯源。实际上，中国“文化力”理论的源头不是在日本。日本的人文、社会科学原创性的术语很少，原创性的理论几乎为零，古典的东西来自中国，现代的东西来自西方。中国“文化力”词汇基本上是一个中国人自创的概念，现在更是成了中国特色的概念，国际学术界完全找不到对应。当中国学界将这一概念发展到“文化生产力”和“文化软实力”之后，它的源头就更发生了转移。

实际上，中国从事“文化力”研究的学者们更倾向于从马克思主义经典著作里面寻找理论源头。从最近20余年一直流行的“综合国力”理论和马克思主义基本原理的生产力理论出发，解读“文化力”概念、构建“文化力”理论是中国学界的一般做法。最近，“文化软实力”的概念提出后，西方“软权力”（“软实力”）理论突然又受到了学界的重视。种种迹象表明，西方“软权力”（“软实力”）理论似乎又回归为这一理论体系主要理论来源之一的地位。

目前，“软权力”（“软实力”）概念在西方已经被广泛接受，成为一个重要的学术术语和大众词汇。这一概念随后流行全球，在中国和大多数国家很快也赢得了几乎与其在美国相等的重要地位和

---

① Ellen Saiter, Hans Borchers, Gabriele Kreutzner, and Eva - Maria Warth (ed.), *Remote Control: Television, Audiences, and Cultural Power*, London and New York: Routledge, 1989, "Preface".

影响力。在中国，“文化力”与“软实力”（软权力）两个概念几乎是同时流行的，或者说在相同的领域往往是联袂登场的。不过，不论中国学界所谓的“文化力”，还是国内外学者所谓的“软权力”（“软实力”），都指的是“国力”或“综合国力”的重要组成部分，对它们的研究都几乎属于同一个话题。前面说过，中国学界的“文化力”概念及其理论是受到约瑟夫·奈的“软权力”（“软实力”）概念①的影响或启发后创立的。开始，中国学者倾向于将“软权力”（“软实力”）解释为“文化力”，但也有学者似乎不主张二者混同，于是就出现了二者同时并用或同时并存的局面。但最终的结果是，这两个有着差异的概念被捏在了一起，成了一个兼容二者的第三个概念——“文化软实力”。可以说，“文化软实力”概念的发明或创造并没有经过深思熟虑的考辨和论证，也没有经过某个或某些大学者的大力推荐或倾情演绎。甚至，并没有哪个学者与这一概念的发明权或“第一使用者”明确地联系起来。如果说有，那也只能是大众。这个词的创造的确有浓郁的民间色彩，而非来自学界，因而在开始并没有太多的学究气或学术味，可能因此也显现出它的产生的过程也缺乏一定的匠心。不过最终学界还是接纳了它。更重要的是，它被写进了党的十七大报告，成了党和政府的重要的执政理念和执政理论的一部分。不过，有不少学者主张“文化软实力”是文化产生的“软实力”，属于所谓“软实力”的一部分。这种主张几乎成了学界的主流观点。但这种说法在逻辑上似乎讲不太通，在理论体系的构建上留下了不少的破绽，而且不是太符合党的十七大关于“文化软实力”内涵的阐述。这种对“文化软实力”的理解是最狭隘的，既小于原来的“文化力”的内涵，又小于“软实力”或“软权力”的内涵。本书不赞成这种关于“文化软实力”定义。对此，我们在第九章有专门而系统的阐述，这里暂不展开。

无疑，从内涵和本质上来说，“文化力”与“软权力”（“软实

① 关于西方“软权力”或“软实力”概念的产生及相关理论，后面我们有专章专门介绍。关于这一概念的译法争议或不同译法的出现，以及它与“文化力”和“文化软实力”理论的关系也会有更系统的介绍，这里暂不展开。

力”)概念既有着密切的联系和相似之处，又在内涵和用法上有一定的差异。有的学者只习惯使用“文化力”概念，不太了解“软权力”（“软实力”）概念；有的学者主要倾向于使用“软权力”（“软实力”）概念而少使用“文化力”一词。由于二者无法完全互相替代，二者同时并存和同时并用刚好可以形成互补。在实际运用中，将两个概念合并成一个新的词组的用法也随即出现，这就是“文化软实力”的概念。这种表达开始可能具有一定的随意性，但它的确又具有相当的创造性和学术合理性，就像从“文化力”衍生出来的“文化生产力”概念一样自然而富有创意。“文化软实力”概念的内涵和理论可以认为就是“文化力”与“软实力”的内涵与理论的有机结合。这种结合不仅将使中国“综合国力”的理论发展得更全面、完整，也会使“文化力”和“软实力”的理论本身得到更好的发展。不过，概念的合并从产生的过程来看似乎是简单的，但理论体系的合并和整合却不容易。实际上，将“文化力”和“软实力”（“软权力”）两个理论体系结合在一起的工作或许只能说是刚刚开始，有机整合还没有完成。甚至，关于“文化力”和“软实力”（“软权力”）之间的联系和区别在很大程度上并没有得到充分的探讨和认识，其逻辑关系尚未理顺，整合所需的理论框架也尚未搭建完毕。这无疑限制或制约了相关的应用性研究。

至于“文化软实力”的概念和理论是否能够完全涵盖“文化力”与“软实力”（软权力）两个概念的一切，是值得讨论的。这将在后面的章节讨论，这里暂时不再展开。但需要强调的是，这三个相互关联的概念中，“软实力”（软权力）有一定的中国色彩，“文化力”和“文化软实力”则几乎是单性的中国概念，国外没有这种提法，尤其是“文化软实力”。“文化软实力”是一个国外从来没有的概念和提法，类似的概念和提法也没有。

在本章，我们主要对“文化力”和“文化软实力”概念产生的过程及它们二者之间的相互关系以及它们与西方“软权力”或“软实力”概念的关系做一个大致的交代，围绕着这些概念形成的理论体系的基本内容我们将在后面继续讨论。

## 六　文化力概念会被文化软实力等概念取代吗？

“文化力”问题当然也可以作为独立的研究话题而存在。也就是说，如果在不深入涉及“综合国力”的情况下，仅以“文化力”为研究对象或研究的主题是可以的。然而，有的人不仅在其关于“文化力”的研究或言论中从来不提及它与“综合国力”概念之间曾经有过的理论联系或逻辑关系，甚至压根儿不知道这种关系的存在，这就不能不让人感到遗憾了。事实上，在学术界，“文化力”概念的发展及其相关理论有完全脱离“综合国力”研究及其理论体系的趋势。甚至可以说，二者之间的分庭抗礼已经是一种客观现实。这种趋势由于“文化力”概念朝着“文化生产力”、“文化软实力”等概念的转变或转化而更加明显。

与“文化力”和“综合国力”的关系同等重要，由“文化力”概念朝着“文化生产力”和“文化软实力”概念的转化是另一个值得提及的关于“文化力”研究的理论要点，尤其是在“文化力”基础之上形成的“文化软实力”概念。这也是“文化力”研究中出现的重要学术现象或研究的现状。而且，在新的概念，如“文化生产力”和“文化软实力”等概念提出之后，“文化力”的说法大有被取而代之之势。尤其是最近出现的“文化软实力”概念，对“文化力”概念和理论形成的冲击是相当大的。这是值得注意的新现象。

“文化生产力”概念可能会弱化或颠覆以往的关于文化力的理论及其与综合国力的关系，进而使之成为一个独立于“综合国力”的概念与理论体系。事实上，有些学者也正是这么做的。而“文化软实力”概念的出现所形成的理论冲击则更大。尤其是随着党的十七大报告中将“文化软实力”作为一个新的“提法”予以重视，发展“文化软实力”被提升到现阶段党和国家一个新的执政理念和新的施政和国家发展的重要指导思想。可以看到，在最近两年，“文化力”概念的使用频率在降低，而“文化软实力”概念新近产生并在理论界和各种媒体广泛使用，各种媒体和各级政府官员的讲话中基本上使用“文化软实力”而少用或几乎不用“文化力”一词了。学术界或理论界也遵从了这一习惯并将关注或研究的兴趣转向了“文化软实力”。这样，正式出现在党的十六大报告中“文化力”概念或提法在有些人眼中似乎显得有些“过时了”。

然而，“文化力”与“文化软实力”是两个不同的对象吗？随着“文化软实力”概念的出现，“文化力”概念就应该被淘汰吗？或者说，有了“文化软实力”概念，“文化力”概念就没有存在的价值了吗？

绝对不是。这样看是不妥当的。这是一种误解“文化软实力”与“文化力”关系的过于简单化的观点。

其实，如果因此认为“文化力概念”“过时”、“文化软实力”概念是用了取代“文化力”概念的，可能是一种误解。“文化力概念”与“文化软实力”概念是密切相关的。二者之间关系的实质是：前者是后者的基础和前提，后者是前者的补充和发展。我们现在研究的一项非常重要的任务就是消除这种误解和偏见。当然，“文化软实力”概念当下更受到党和政府决策部门、理论部门、宣传部门、各类媒体甚至研究部门的重视也是不争的事实。但绝不能据此否认“文化力”的价值和它与“文化软实力”概念的价值。“文化力”概念和理论不仅有其历史地位，目前仍具有强大的生命力和现实价值。它与“文化软实力”概念构不成非此即彼的替代与被替代的关系。

“文化力”和“文化软实力”，还有“软实力”，是差不多的概念，描述的几乎是完全相同的对象，因而其内涵也差不多。只是，它们的发明者不同，被接受程度和时间不同，作为一种提法受到的重视程度不同，得以流通开来的时间和程度也不同罢了。实际上，在“文化力”与“文化软实力”概念之间，还有一个过渡性的概念——“文化生产力”。这一概念在学术界或理论界一度也广泛使用，只是最终没能成为一种“提法”（执政理念）或正式的政治概念（或意识形态概念）因而没能进入大众视野，也没能广泛流通，更没有成为党的重要执政理念和执政理论的重要概念。因而它没能成为获得与“文化力”和“文化软实力”同等地位的概念。但是我们必须注意到，这也是一个与“文化力”和“文化软实力”有着密切关系和很大相似性的概念。而且，作为一个学术概念，它并没有消失，也不可能失去其存在的价值或意义。相反，从纯学术的角度来看，它的理论价值和带来的实践意义绝对不比“文化软实力”概念小。

“文化生产力”和“文化软实力”概念是在“文化力”概念基础之上发展起来的概念，或者说是“文化力”的衍生概念。具体而言，“文化软实力”是将“文化力”和“软实力”两个概念相加而产生的；“文化生产力”几乎是将“文化力”与“生产力”概念相加而产生的。这一过程并没有经过严格的学术论证和规范的学术界定，而是有很大的偶然性在里面。对此，本书后面会有更详细而严谨的考辨和论证，这里先不多说。这里想强调的是，将“文化软实力”和“文化生产力”两个概念看作是与“文化力”完全不同的概念是不妥的；因“文化软实力”的最近频繁使用和引起重视而认为“文化力”概念已经过时更是一种非学术的态度。我们能说，在“文化软实力”概念产生之后，“软实力”或“软权力”概念就“过时”或“落伍”了吗？

如果我们将“软实力”或“软权力”概念的境遇与“文化力”概念目前的待遇进行比较，或许会对这些基本概念的关系及其存在的现状有一个更为全面的认识。目前，人们对待“软实力”（软权力）概念的态度与对待“文化力”概念的态度有什么区别呢？要知道，“文化软实力”概念与二者有关，甚至可以认为就是二者的相加，而且“文化力”概念在新概念的字面排序中还在“软实力”概念之前。事实上，“软实力”或“软权力”概念仍在流行，在学术界仍大行其道，绝对没有给人以“落伍”、“落后”或“过时”的感觉。人们似乎并不觉得它的存在有什么不妥，也不怎么认为它的存在会对“文化软实力”概念形成怎样的挑战或构成怎样的威胁。那么，“文化力”概念怎么就会因此而“落伍”、“落后”或“过时”了呢？

实际上，如果中国人对“软权力”或“软实力”概念弃而不用，国外学者和国际社会仍照样使用。我们没法左右国际社会和国际学术界的概念表达和使用，没法影响国际社会和国际学术界对待这一概念的态度。而正因为这一概念在国际学术界和整个国际社会仍然没有过时或落伍，我们中国人或中国学者在讨论相关问题时，仍不得不使用这一概念。至少，你在转述或引用别人的观点时不得不使用吧。而“文化力”概念则不同，因为它是一个纯粹中国的学术或政治概念，国际学术界和国际社会不使用它，它的流行只能在国内。那么，在新的相近的提法出现之后，它的重要性受到较大的影响也就不足为奇了。但是，正如“软实力”概念或“软权力”概念没有过时或落伍一样，“文化力”概念也不见得比“文化软实力”概念差到哪儿去。

对比“软实力”或“软权力”概念与“文化力”概念在“文化软实力”概念产生之后所受到的不同待遇或不同的命运，我们不得不承认“文化力”概念的盛衰与媒体的宣传和行政的重视力度有很大关系。同理，“文化软实力”概念的流行也是一样。而国内学术界在这类问题上则或多或少有跟风及人云亦云等非理性或非学术的状况存在。

这里之所以花费了大量的篇幅讨论“文化力”与“文化软实力”概念的关系，主要原因有二：

（1）按照学术发展史上相关概念产生的顺序及它们逻辑关系的顺序看，“文化力”概念先于“文化软实力”概念，在各方面也显得更基本或更基础。无视“文化力”概念的存在及其他对“文化软实力”概念的产生及理论发展所产生的影响是忽视相关概念和理论体系发展的历史的无知行为。由此进行的“文化软实力”理论的研究也会是片面的，甚至是缺乏理论深度的。

（2）从内涵和内在逻辑的关系来看，“文化软实力”概念是从“文化力”概念发展而来的，不知道什么是“文化力”就不可能搞清楚什么是“文化软实力”；越过或绕过“文化力”概念去讨论“文化软实力”是不合适、不应该的，同时也是显得不够专业、不够学术的。

由于“文化力”、“软实力”（“软权力”）、“文化生产力”、“文化软实力”等概念之间有着密切的关联，讨论一个概念不可能避开其他概念，对它们需要一起讨论，而且需要按照这些概念产生和使用的顺序进行，绝不是因为哪个最近受到重视或更为流通就先讨论哪个。这不是一种可取的学术态度。当然，更合理的做法是将它们作为一个整体、一个体系一起讨论的，“文化软实力”概念绝对没有因此受到轻视或忽略。任何通读全文或正部书稿的人都会同意这一点。只有这样才能真正把握、了解“文化软实力”概念和理论。这是真正的重视和全面、完整的把握。难道由于新近“文化软实力”概念受到重视，同时也更加流行，本书就应该只讨论“文化软实力”概念而不能讨论“文化力”不成？

那些撇开“文化力”概念和理论去讨论“文化软实力”概念和理论的做法是不合适的。有人完全从“软实力”概念和理论出发，解释“文化软实力”，结果将文化和“文化软实力”限制在一个非常狭隘的范围之内。这是一种误解。讨论“文化力”概念和理论是讨论“文化软实力”概念和理论的基础，“文化力”理论仍适用于“文化软实力”理论。“文化力”理论相对已经成熟，绝对没有过时；相反，“文化软实力”概念和理论仍需要严格界定和不断完善。毕竟这是一个新的提法，其产生本身有一定的偶然性。对此，笔者发表的几篇文章已经详细地讨论过这个问题。本书后面也会有更加详细的论述。本书坚持认为，舍“文化力”而代之以“文化软实力”完全没有必要。难道我们能认为一切流传了一定时间的老的概念都是“过时的”、“淘汰的”、“落伍的”或“跟不上时代的”吗？总之，说“文化力”概念“过时”并指责研究它“跟不上时代”的说法是荒谬的。

更重要的是，无论“文化力”概念当前的影响力如何、“地位”如何，都不应该影响它作为一个研究对象的资格，也不应该影响学者研究它的权利。作为一个曾经流行一时、至今仍然为人所知并广泛使用的概念，我们为什么不能研究它呢？难道仅仅因为“文化软实力”概念的出现吗？“文化软实力”有人研究，“文化力”也该有人研究才对，而“文化软实力”与“文化力”一起研究则更好。如果将“文化软实力”、“文化力”、“软实力”、“软权力”、“文化生产力”这些概念和理论放在一起一并研究则更全面，更系统，本书就是这个思路，也是这么做的。我们这里秉着遵循学术规则和规律的原则，注重客观事实本身，真实、完整地反映这些概念在学术史（尽管这一历史很短）上的地位、影响和当前所具有的价值，没有采取排斥什么的偏见或偏执的立场。

关于这个问题的研究，我们的最简单的任务是什么？即便说“文化力”概念真的已经“过时了”、“落伍了”、“淘汰了”或“跟不上时代了”，难道我们就不能研究了，或者说它就不值得研究了吗？甚至根本就不值一提了吗？如果是这样的话，那就等于降低了学术的范围和学者的任务和使命。很多学者就会下岗，很多学科和专业都要消失，甚至所有的学科都该消失，学术本身都失去了其存在的价值了。只有文秘和宣传等专业，以及未来学、预测学才有存在的价值。而这些跟学术研究毫不搭界或联系甚少。尤其是未来学，更是被认为是伪科学、伪学术的东西。

还有一个非常直接的理由使我们这里不能舍弃“文化力”概念而以“文化软实力”而代之。那就是，本课题的立项题目是“文化力与综合国力系统研究”，如果将它改为“文化软实力与综合国力系统研究”是否合适呢？笔者是否有这个权利呢？“文化力”概念与“文化软实力”概念和理论有那么大的距离和差异吗？是否构成这种对立呢？完全没有。如果有人说有，这完全是误解，是无知的表现。

首先，本课题的题目是“文化力与综合国力比较研究”，研究者不可能也不应该对“文化力”概念弃而不用，不可能也没必要围绕着其他概念而做文章。其次，课题本身已经详细地论证了“文化力”与“文化软实力”之间的联系与这两个概念和理论体系发展的过程，从头至尾都详细地讨论这些概念的关系和相关理论体系的继承问题，前沿的概念和理论与基础的或以往的概念和理论都涉及了。难道这仅仅是在研究“文化力”吗？难道仅仅因为没有“抛弃”“文化力”概念或仍从“文化力”概念出发就会是“落后于时代”或“落伍”？如果这种全面的研究仍招来如此评价，那真是毫无公平可言了。到底是谁“落伍”，或谁“落后于时代”呢？

况且，正如前面所论证过的，就“文化力”概念与“文化软实力”概念二者的关系而言，绝对不存在前者落后于后者、前者“落后于时代”或是不合时宜的问题；或者说“文化软实力”概念就更先进。总之一句话，本书30多万字里面已经花费了太多的笔墨讨论它们之间的关系，任何读者认真、仔细阅读就会明白这一点。本课题实际上是将“文化力”概念和“软权力”（软实力）概念、“文化软权力”概念看作一个历史发展、后者继承前者的关系来研究的，绝不可能遗漏或忽略任何概念。从课题项目的题目上来说不该忽略“文化力”，从学术和理论新进展的角度不该忽略“文化软实力”，这是一个基本的学术常识，笔者认为都照顾到了。如果仍有针对概念使用方面的批评，那么笔者就真的不知所措了。

在本课题展开研究的过程中，由于“文化软实力”提法或说法的出现，或者说这一概念产生了，笔者主动、自觉地在研究中加入了“文化软实力”的内容，并将其融合到“综合国力”与“文化力”概念和理论中。这本来不需要任何提醒，任何规范的学术研究必然要求研究者这么做。当然也更无须因新提法的出现而更改题目。只要将“文化软实力”的问题交代清楚就足够了。笔者这么做了，在本书中完成了相当比例的关于“文化软实力”的内容，如果仍被个别读者视而不见并指责没有“涉及文化软实力”的内容并批评研究“跟不上时代”，那也是没有办法的事情。笔者会痛苦、委屈，但也只能徒唤奈何！

事实上，笔者一直在研究“文化软实力”并以“文化软实力”为题发表了三篇论文，参加过两次学术会议；相反，专门以“文化力”为题却一篇文章也没有发表过。当然，笔者在前几年讨论“综合国力”的问题时，曾经讨论过“文化力”问题并论述了它与“综合国力”的关系或者说在“综合国力”中的位置。这些论述的基本观点被党的十六大报告所采用。在笔者看来，“文化力”与“文化软实力”概念虽然提法或表达不同，但内含或实质并无太大的不同。对此，我们后面还会有更系统的论证。

# 第五章

# 中国综合国力的理论体系与方法

前面几章主要对综合国力和文化力的概念和理论产生的历史及其与西方权力和国力理论的关系进行了大致的回顾和描述（西方的权力和国力理论另有专著系统探讨），分析了中国综合国力和文化力理论与西方国力理论或权力理论在体系和基本特征上的异同。这些工作不仅是了解中国综合国力与文化力理论基本主张的必不可少的前期铺垫，而且也是对综合国力与文化力理论主要内容或重要问题的全面展开。通过前面的探讨，我们可以对综合国力和文化力涉及的问题及其研究的历史有一个初步的了解。这当然也包括对中国理论界关于综合国力与文化力问题研究的现状和理论特征的了解。实际上，前面那些内容也是中国综合国力与文化力理论不可分割的一部分。本章将集中探讨中国综合国力理论的代表人物、主要流派、基本主张和体系特征，基本不再涉及国外相关理论研究的历史、现状、基本主张和面临的问题，也不准备再进行中外理论的比较。可以认为，我们本章的内容主要介绍中国综合国力理论已经取得的学术成果，包括主要流派和主要观点。但这并不意味着本章所讨论的内容的理论价值或学术意义最大。实际上，中国学术界对于综合国力问题的研究是相当薄弱的，同时也是存在许多问题的，值得夸耀的学术成就并不是很多。本章首先对中国的综合国力理论的基本主张和理论框架、研究方法等做一个系统的介绍，然后在肯定一些理论贡献的基础上，分析这些主张和理论体系以及研究方法存在的不足，探讨将来理论突破的可能性。

## 一　中国综合国力理论体系的特点与研究方法存在的问题

前面已经说过，所谓综合国力是典型的中国特色的理论。这一部分我们要做的就是在对这一理论的基本主张进行客观介绍和分析的基础上，将其中国特色完整地展现出来；当然也会有一些评价，而对一些内容的系统批评或更进一步的评论将留待后面的章节。

我们在前面曾经交代过，中国的综合国力概念表达的基本上是一种实力，所谓实存的力量。它被认为是一种实实在在的力量，也就是说是一种物质力量或物质力量的表现。这符合或体现了马克思主义辩证唯物主义和历史唯物主义物质第一性的原则或标准，与传统的生产力概念和理论在理论上也是一致的。也就是说，综合国力或国力既然被认为是一种社会存在和决定（或体现）社会发展、历史进步的决定性力量，那么它就只能是一种物质性的力量，而不能是精神性的东西或所谓意识形态（意识形式）的东西。

直白地说，综合国力既然被视为一种“实力”或“力量”（或者说“力”），按照传统的逻辑，就不能被认为是一种看不见、摸不着的东西，也不被认为是源于某种精神性的东西。按照传统的对马克思主义辩证唯物主义与历史唯物主义的解释，精神性的东西不是存在，也不表现为一种物质性的力量。文化力概念的定义与用法，也是建立在这一基础之上的。否则就会与马克思主义的基本原理产生抵触。因此，从某种程度上来说，中国的综合国力理论与文化力理论的基础都是马克思主义的唯物论或历史唯物主义，都绕不开（也不能违反）物质第一性和精神第二性的原则，而不是反过来。不过，从综合国力研究的理论基础和基本方法的角度来看，有一些学者强调马克思主义唯物论和历史唯物主义的基本原则，而有些学者缺乏这方面的意识，对所谓“实力”的内涵缺乏明确的认识，在基本概念上和理论体系的运用上属于人云亦云、盲目跟风。实际上，即便是明确而自觉地将综合国力研究的理论基础与马克思主义基本原理联系在一起的学者，在实际运用中也不是太连贯、系统。总的说来，在综合国力与文化力研究中，对于基本概念和方法论的构建，马克思主义理论的基本特征并没有被突出出来。甚至就“实力”这个强调综合国力物质性、应该能够较好地体现马克思主义理论特色的基本概念都缺乏用马克思主义唯物论进行真正的界定，更不用说用马克思主义的基本原理进行系统论证了。

从某种程度上来说，中国学界的综合国力概念和理论是现当代西方权力（power）概念（主要是国际关系学的权力概念）与理论嫁接在马克思主义的理论（尤其是生产力理论）基础之上的产物。这种嫁接和改造不管是主动的，还是下意识的或无意识的，目前已经产生了这样一个现实或事实。所以，中国学者从受西方权力概念的影响到最终与这一概念和理论体系越来越远也是顺理成章的事情，因为西方的权力概念及理论体系毕竟与马克思主义辩证唯物主义和历史唯物主义的基本原理有着根本的对立，可谓圆凿方枘，难以契合。西方权力理论不是实力理论，也不涉及物质与精神定性的问题，更不涉及何者为第一性的问题。

还有，西方的权力概念及理论体系是对西方权力政治（强权政治——power politics）、大国政治（great power politics）和权力的平衡（balance of power）等历史现象与现实状况的反映，有明显的西方中心论和主张强权政治的倾向。更关键的是，西方国际关系学界的权力概念在西方学术界内部都没有一个统一的解释或界定，相关的理论体系也是非常庞杂、混乱的，甚至可以说是缺乏固定的理论内核的，因而其属性模糊不明，难以理解、把握和衡量。当然，这样说决不意味着西方的权力理论没什么可取之处或中国的综合国力理论就非常完善。实际上绝非如此。就学术的规范性、严谨性而言，西方的权力概念与理论比中国学界的综合国力概念与理论显得更成熟，理论体系的逻辑性和连贯性也更强。实际上，中国的综合国力理论体系仍然显得非常薄弱，仍处于发展的婴幼儿期。中国综合国力理论虽然在一定程度上坚持了马克思主义理论的基本原则，并以此为基本的研究方法，但并没有充分发挥或体现马克思主义基本原理的优势；而总体和具体的研究方法也还有待完善，整个理论体系也算不上是对西方理论的超越，其基本水准也很难说高于西方的相关理论。甚至，在综合国力问题的研究中，西方相关理论的影子无处不在，造成中国综合国力理论在概念界定、体系特征和方法论方面的分裂。也就是说，西方理论与中国特色以一种较为矛盾（对立或互相干扰）的方式同时在发挥作用。这很难说是一种积极的现象。

关于综合国力研究的学术史，有学者曾经做过如下总结：

> 由于所处的时代、国情和研究目的的不同，人们对综合国力的理解也不尽相同。西方学者常用国家权力、国家力量、能力、实力、潜力等近似的概念来表达国力。如美国学者汉斯·摩根索采用“权力”的概念，把权力定义为“人对他人的意志与行为的控制”。美国专家克莱因采用“实力”的概念，认为“国力，即国家的强制能力”。日本学者将国力划分为国际贡献能力、生存能力与强制能力三大要素。我们认为，综合国力是一国国力的综合反映，是一个国家在资源、经济、政治、军事、科学技术等方面所具有的全部实力。它是一个可以计量的复杂的大系统。①

如果将上面的总结与我们前三章的研究进行比较，就会发现，这种总结无疑是不全面的，有些地方是不正确的。将摩根索与克莱因的差异用“权力”说和“实力”说区分开来是想当然的，缺乏任何凭据。正如我们在前面所讨论过的，这种所谓“实力”与“权力”说的区别，主要是翻译不同造成的，而他们的英文原著所使用的是同一个词“power”（权力）。通过翻译，将“权力”改造为“实力”之后，我们的一些研究者就在中文“实力”概念的基础上望文生义了。至于上面引文中关于日本学者和他们自己的观点，也几乎全是黄硕风早就讨论过的，也没有从概念和体系中有新的发现；甚至反倒有进一步的误解或简单化。关于黄硕风的观点，我们下面将有详细的讨论。我们可借机将黄硕风的观点与上面所引的观

① 邵光田、刘珠、许昌东、刘勇：《综合国力测定方法研究》，《当代经济科学》1996年第3期。

点进行比较。

实际上，中国综合国力基础理论的研究是受到忽视的，就连对最能或最应该体现中国综合国力理论典型特点的理论要点——国力的物质属性或精神属性的基本定性问题也探讨不足。正如我们在前面所讨论的，既然将国力（包括文化力）定义为实力或力量，而不是权力，那么，它（它们）就涉及其本质为物质还是精神的定性问题，就牵涉到对所谓“实力”进行定性的问题。更何况，中国学界一些研究综合国力的开拓者们（如黄硕风）特别强调自己的理论是建立在马克思主义理论的基础之上，而有别于西方“强权政治”（权力）的理论体系，那么，这一问题就更应该有一个系统的交代。然而，事实却证明，学界对这一问题几乎完全忽略了。很多学者对这一问题的忽略绝不是因为他们自认为对这一问题没必要小题大做而故意回避，而是由于压根儿就没有意识到解决或探讨这一问题的必要性和重要价值，或者说没有认识到综合国力和文化力问题会涉及传统意义上的所谓的“哲学的基本问题”。传统的所谓“哲学的基本问题”的提法或许有些机械、过时。但是，如果这一问题作为一个理论点没有被淘汰，也没有为新的被广泛接受的理论所取代，那么这一问题在综合国力和文化力问题上就应该有所体现。或者说综合国力与文化力问题在哲学基本问题上的定性就不能回避或忽略。如果忽略，就是无知。如果回避，那么，关于综合国力和文化力问题的研究就必然脱离马克思主义的基本框架，而且会引起理论上的混乱。至少，理论深度就会大打折扣。如果自己的理论既不涉及马克思主义的“哲学基本问题”的定性问题，又与西方权力理论毫无关系，那么，这种理论属于何种理论就成了一个疑问。

总之，不管是否赞成传统意义上的马克思主义“哲学基本问题”的主要观点，研究者都应该在论述自己的综合国力和文化力理论时表明自己在这方面的态度，而不能采取回避的态度。无视这一问题的存在更是说明对两方面（马克思主义的基本原理和综合国力与文化力问题）都缺乏真正的了解，在理论上尚未入门。

实际上，即便认为原来那种将国力（包括文化力）和生产力界定为物质性的力量的做法过于机械、简单，那么，自己关于国力、文化力和生产力的较为复杂的理解也应该对原来的理论（传统理论）的不足进行分析、批评，以证明自己观点的高明、优越，进而推动传统理论的发展。如若不然，只能说明既不了解传统理论和国外相关理论，又无新的理论建树。事实上，在综合国力和文化力研究方面，有些学者压根儿就没有关心理论的来源、基础及研究方法的问题：即不了解西方权力和国力的理论和基本原则，对综合国力与马克思主义理论的一些基本问题构成了何种关系也不理解，只知道从日常语言或大众语汇的基础上对综合国力和文化力概念望文生义地想当然。这大大降低了该领域研究的理论深度。

从某种程度上来说，中国综合国力与文化力研究的展开有一些急功近利、盲目突击、人云亦云、道听途说的情况，学术的借鉴有缺乏学术性的现象；与国际学术对话不是太多，甚至有误会或误解。实际上，对于综合国力的基础理论，比如学科的特点、研究的方法、综合国力的内涵等基本问题，都探讨不够。很多人压根儿置这些问题于不顾，也不关心或关注国内外学术界已有的学术成果，想当然地自说自话。这种研究不仅缺乏学术价值，而且把问题搞乱了，使得相关研究无法进步。也就是说，由于这些问题的存在，综合国力理论研究陷入了停滞，缺乏理论的突破。

值得注意的是，虽然关于综合国力和文化力问题的基础理论研究远远不够，很多基本问题并没有澄清，但应用研究却一直颇为兴盛。事实上，理论界和整个社会更热衷于所谓应用研究，而对基础理论研究热情不高；有限的基础理论研究也多是重复前人或别人，创新较少。然而，由于基本理论的不足，这类应用研究出现偏差是不可避免的。如果对基本概念的内涵、本质和理论体系的特征在认识上存在着不足和较大的分歧，不仅会造成理论体系的混乱，对于应用研究和相关决策、政策的制定也必然造成较大的消极影响。比如，如果对综合国力和文化力的内涵理解或解释不对，或者说压根儿就没有认准什么是综合国力和文化力，那么谈综合国力和文化力发展战略可能就是一句空话，在此基础上制定的政策或方案可能不会解决根本问题。只有在搞清楚什么是综合国力和文化力及其资源，认清怎样建设、开发和发挥综合国力和文化力等问题，才能搞清楚我国综合国力和文化力的强弱（优势和劣势）以及我国综合国力与文化力发展的关键是什么，进而才能明白我们需要构建怎样的综合国力与文化力的发展模式。在此基础上，我们才能制定出一个理想而切实可行的综合国力与文化力发展战略。

前面我们做过介绍：中国从事综合国力理论研究的代表人物是黄硕风；无论是基础理论的研究还是应用性研究，他的研究成果基本上代表了中国综合国力问题研究的最高水平。到目前为止，还没有人能够在这两个方面超过他。事实上，就系统的基础理论的研究而言，差不多只有黄硕风一人在搞。在他过世这么长时间之后，不但没有人能够达到并超过他原来的研究水平，而且就连基础研究的水平也在下降。即便有人曾经关注相关的基础理论研究，也往往满足于一知半解。很多人是在重复他的研究成果，或者说是炒剩饭。

有的人仅仅立足于从党和国家领导人的讲话或重大会议的报告出发，来解读或研究综合国力的概念和理论（也包括文化力的理论），压根儿就置黄硕风等中国学者的研究成果于不顾，更是对西方学界的相关成果视而不见了。或者说，他们压根儿就不知道有过黄硕风等人的研究成果及相关的国外学界的成果存在，对相关的学术史一无所知。无疑，这种研究的学术方法的合理性是值得怀疑的，其成果的学术性和理论价值可想而知。我们当然应该重视党和国家领导人的讲话及重大的决议和报告中的相关内容，但我们也决不能忽视学界的研究历史及成果。学术研究有其自身的规则和标准，我们应该尊重。否则，所谓的理论研究就会变得毫无学术性可言。

邓小平等党和国家领导人在多种场合多次谈到发展综合国力的重要性。1992年，邓小平南方谈话发表，提出了“三个有利于”的著名论断，更是全面而深刻地谈到了发展综合国力的重要性及其与生产力发展的关系。他指出：“判断的标准，应该主要看是否有利于发展社会主义社会的生产力，是否有利于增强社会主义国家的综合国力，是否有利于提高人民的生活水平。”① 自此之后，发展综

① 邓小平：《在武昌、深圳、珠海、上海等地的讲话要点》，载《邓小平文选》第3卷，人民出版社1993年版，第372页。

合国力成了党的一个重要的执政理念，而综合国力也成了我党现阶段重要的执政理论中的一个重要概念。党的十五大报告及随后的很多重要报告中，有大量篇幅的关于发展综合国力的内容。可以说，综合国力理论作为党的重要执政理论的一部分已经成了新时期科学社会主义理论的一个重要组成部分。进而，它也变得家喻户晓，成了大众词汇。不过，在党和国家的一些重大报告和决议中，党的执政理念和理论中关于综合国力与文化力等概念的论述比较笼统，不可能非常详尽，而且主要侧重于从国家战略、社会发展的方向等角度部署综合国力和文化力的发展，不可能侧重于基本概念的分析和基本理论的探讨。实际上，基本概念的阐述、基本内涵的界定和综合国力各项要素的构成等问题的分析，是留给学界完成的任务。

我们知道，综合国力成为党的执政理念和执政理论的一部分，是党和政府把握时代脉搏、与时俱进、弘扬“三个代表”思想的具体表现。综合国力理论和文化力理论不仅本身是党和政府思想、意志的体现，是党的执政理念和理论的一部分，同时也是执政党对先进文化、先进思想和先进学术成果吸纳的表现。这里面就有黄硕风、王沪宁等中国学者的贡献。对此，我们是不能忘记的，更不能将学术的作用和地位置于可以忽略的地步，或者说将独立的学术研究变成对领导讲话或党的重大报告的一种机械的宣传或简单图解。实际上，党和政府需要学术界有学术价值和实践意义的学术研究和理论贡献，而不是简单的鹦鹉学舌。决策部门或领导关于综合国力和文化力的讲话仅仅是一种总体的精神和大致的方针或路线，具体的内容和方案，要靠研究部门来丰富、发展、完善。研究部门应该扮演合格的智库和智囊的角色以供决策部门咨询，而不是重复决策部门或领导的讲话，更不能将党和政府的执政理念和决策简单化甚至曲解。

另外，综合国力与文化力等理念能成为党的执政理念也是对此前学界相关研究成果的肯定，学界应该更加积极地用更有理论价值和现实意义的学术成果作为回馈。对于综合国力和文化力的研究，学界或学者可以或应该扮演积极主动的角色，而不是被动、机械的角色。当然，在研究上与马克思主义基本原理和党的执政理念及基本决策保持一致是必需的。这是不能动摇的首要原则。

## 二　黄硕风的综合国力理论体系与研究方法

黄硕风堪称中国综合国力研究第一人，是综合国力研究领域第一个开拓者，同时也是理论贡献最大的学者。他的研究不仅在学术界产生了巨大的影响，而且在全社会及决策部门也产生了重大的影响。他的学术贡献和理论影响是任何一个相关领域的研究者都难以比拟的。下面就让我们谈谈黄硕风对于综合国力理论的主要贡献，看看他的基本主张都有哪些。他的研究所遗留下来的问题我们也将进行讨论。

关于综合国力研究的目的和意义，黄硕风说过：“综合国力学也是国家战略学的一个新领域。它内容丰富，涉及面广、层次高，既是理论问题，也是现实问题。”[①] 他还曾指出：

> 在当代和未来的国际事务中，综合国力是反映一个国家在国际社会中自由行动和影响国际事务的综合能力，也标志着一个国家的安全与发展程度。研究综合国力，对于准确地估价有关国家的综合力量，科学地预测国际战略格局和谋划本国的战略决策，都具有重要的理论和现实意义。[②]

关于综合国力问题研究的学科特征、专业归属和研究方法，他做出如下论断：

> 为此，我们试图把综合国力的研究，作为一门跨于国际关系学、政治学、经济学、现代军事学、决策学、管理学、高新科技学科以及社会发展战略研究等多种学科之间的交叉学科或

① 黄硕风：《综合国力论》，中国社会科学出版社 1992 年版，第 93 页。

② 同上书，“前言”。

综合性学科来研究。自始至终地坚持以马克思列宁主义、毛泽东思想为指针，运用现代系统科学、协同学的原理和定量分析相结合的综合集成方法，对综合国力的理论和评估方法进行系统研究，力求为建立一门新兴的独立学科——综合国力学作出贡献。①

对自己的代表作《综合国力论》，他曾自评如下：

本书简要介绍并评述了西方学者对国力学研究的成果与存在的问题，系统地探讨了综合国力的基础理论、发展历史、体系结构、评估方法和未来竞争战略等问题。由于综合国力是一门新兴的综合性学科，学科本身正在发展，对本学科的一些理论和方法都正在研究和探讨之中，有的争议较大，有的尚未引起共鸣。②

前面说过，黄硕风对综合国力的研究是受到西方相关理论的影响而展开的。他承认西方的相关理论是建立在“权力”概念的基础之上的，但他却有意识地（自觉地）将自己的理论体系与之区分开来，而将其建立在马克思主义唯物论的基础之上。他强调：

在研究中外前人经验的基础上，以马克思主义、毛泽东思想为指针，用系统论、协同学的原理和定性定量分析相结合的综合集成方法，对综合国力的基本理论和评估体系进行了探索研究，建立了“综合国力动态方程”模型，对世界各国综合国力做了对比分析，并由此写成此书。③

关于他的综合国力研究的方法和理论体系的特点与西方学界的研究方法和理论体系的差别，他曾经说过：

① 黄硕风：《综合国力论》，中国社会科学出版社 1992 年版，“导论”。
② 同上书，“前言”。
③ 同上。

近代国力理论在西方发展较快。早在第一次世界大战以前，西方的政治理论家们就提出了“国家权力—国力”的概念，一般是指一国通过“强权政治”（power politics）对另一国所施加的强制力或影响力，即以军事实力为中心的国力论。随着现代科学技术和经济的高度发展，西方国家有些学者也提出综合地运用国家的各种力量的国力论；但他们受到唯心主义世界观的局限，还没有摆脱“强权政治”的框架。①

黄硕风也曾试图从马克思主义经典著作或马克思主义理论的导师那里寻找关于综合国力概念和理论的来源。他曾引用恩格斯的《家庭、私有制和国家的起源》一书中的观点来佐证他的理论。恩格斯指出：“国家是社会在一定发展阶段上的产物”，其标志“是公共权力的设置”，而“构成这种权力的，不仅有武装的人，还有物质的附属物，如监狱和各种强制机关”。② 黄硕风据此认为恩格斯的说法或马克思主义经典理论有关于国力的唯物主义起源和定性的理论，即恩格斯的这些论述在于“说明国力是客观存在的”③。他强调：“关于综合国力问题的理论、方法的研究，我们的看法与西方的强权政治国力观不同。通过研究，我认为，综合国力是一个综合性的概念；评估任何一个国家的国力，不能只从它的某一方面力量的强弱来衡量，而应从构成国家力量的多种因素综合加以衡量。”④他接着指出：

也就是说，客观上存在着综合国力的实际状况。任何一个主权国家，无论其领土大小，人口多少，资源丰歉，经济强弱，科技进步如何等，都具有同本国生存发展有关的各种要素

① 黄硕风：《综合国力论》，中国社会科学出版社1992年版，第39页。

② 恩格斯：《家庭、私有制和国家的起源》，载《马克思恩格斯选集》第1卷，人民出版社1974年版，第166—167页。

③ 黄硕风：《综合国力论》，中国社会科学出版社1992年版，第13页。

④ 同上书，第95页。

的综合力量，这就是所谓综合国力实况。而对于综合国力各种要素的内外关系进行全面的系统的科学研究，形成了本书所论述的主题——综合国力论。①

关于综合国力的内涵，他特地定义："综合国力，是指一个主权国家生存与发展所拥有全部实力——物质力和精神力及其他国际影响力的合力。"② 他认为，综合国力是一个庞杂的、动态的、混沌的大系统。它具有整体性、关联性、开放性、层次性和动态性等特征。③

对于综合国力的内涵或定义，黄硕风在同一部著作中不断重复。关于综合国力的内涵和基本特征，他特别强调两点：

第一，综合国力基本内涵主要反映出一个主权国家所拥有的实力，它是一种实在的力量。它是综合国力论中的"基本原则—实力原则"。离开这个原则，综合国力将是一座空中楼阁。实力是可以度量和测算的。同时，实力也并非是一成不变的。④

第二，综合国力是一个综合性的概念，综合国力论要求如实地把综合国力看成一个动态的大系统。它既包含自然因素，又包含社会（人为）因素；既包括物质因素（硬实力），又包含精神因素（软实力）；既包含实力，又包含潜力和潜力转化为实力的机制。孤立地强调任何一个因素（比如军事力量）都不能完整、准确地体现一个国家的综合国力；即使是某些作用很强的指标（比如国民生产总值或人均国民收入）也代表不了一个国家的综合国力。⑤

前面说过，黄硕风较为明确地交代了自己综合国力理论与西方相关理论的联系，同时鲜明地表示了自己的理论与西方理论的不

① 黄硕风：《综合国力论》，中国社会科学出版社 1992 年版，第 95 页。
② 同上书，第 102 页。
③ 黄硕风：《国家盛衰论》，湖南人民出版社 1996 年版，第 67 页。
④ 黄硕风：《综合国力论》，中国社会科学出版社 1992 年版，第 102 页。
⑤ 同上书，第 102—103 页。

同，而自觉地将自己的理论建立在马克思主义理论的基础之上。前面的引文显示，他认为西方相关的“强权政治”的国力理论是“唯心主义的世界观”,[①] 而自己也要用马克思主义为指导，建立新的理论体系。然而，通过前面系统的讨论我们发现，他并没有将自己的综合国力理论与西方的权力说明确地划清界限，同时也没有能够突出自己的马克思主义研究方法的特征。

关于黄硕风的综合国力理论中保留的西方相关理论的痕迹，我们在第一章已经有过一定的交代，这里再略作一些回顾和补充。前面我们说过，他的综合国力理论从概念到方法实际上都是对西方理论的转借，只是中文的名称有所不同；而这一不同既与英文翻译为中文的方法有关，又与日文中综合国力概念有关。他与西方理论的最大区别就在于将西方理论体系中的权力解释为实力或力量，试图借此将西方理论中的所谓“唯心主义”的权力（“强权”）概念转化为以“实力”或“力量”为基础的唯物主义的“综合国力”论。然而，如果他描述的对象（实力或综合国力）与西方学者所描述的对象（权力或国家权力）实际上是一个东西，而且从资源、产生的过程、发挥作用的过程及作用结果都完全一样，那么如何证明双方的基本概念和相关理论有质的差别（唯物主义与唯心主义的差别）呢？前面我们说过，西方理论中关于国家权力的理解和描述也是非常复杂的，并不比黄硕风等中国学者理解得简单。

假定黄硕风的综合国力概念和理论具有明显的唯物论特点，而西方的国力概念和理论是唯心主义的，但实际的结果却是：黄硕风关于综合国力内涵的界定明显地违背了传统的关于唯物论的基本要求。或者说他在界定综合国力概念时压根儿就忘了赋予或突出这一概念的唯物论（物质）特性，最终导致他自己的综合国力概念的定义与西方“唯心主义”的国力论并无质的区别。我们发现他并没有很成功地将自己的理论纳入马克思主义的唯物论，也没有显示出马克思主义方法论的特征和优势。除了概念使用（表达）上的差别外，他的理论与西方理论从方法到体系并无大的差异。这也是中国

① 黄硕风：《综合国力论》，中国社会科学出版社 1992 年版，第 39 页。

综合国力研究领域存在的普遍现象，或曰通病。实力说并不能保障唯物主义的原则。反过来，西方的权力说也并不一定意味着唯心主义。

为什么我们这里说他对综合国力的阐述没有显示出唯物论的色彩，或者说他没能解决好综合国力与哲学的基本问题的关系呢？这是因为，既然他宣称要颠覆西方唯心主义的理论框架和方法论，首先就应该表现为将他理解的西方“唯心主义”的权力或国力概念变成一个马克思主义唯物论的综合国力概念或实力概念。那么，他的综合国力或实力是不是具备唯物论特征或者说物质性呢？他的界定告诉我们，他的理解是自相矛盾的，或者说压根儿就忘记了他要完成的“唯物论转化”的许诺。从前面的引文可以看出，他的综合国力基本上是一种物质因素和精神因素的综合或复合，或者说是所谓“物质力”和“精神力”的复合。这一界定本身就宣告了他压根儿没有顾及唯物论的基本原则。实际上，所谓“精神力”的提法本身与传统的唯物论原则是相冲突的。所谓“精神力”能够独立存在吗？“精神力”如果说存在，也不能是一个独立的因素或部分。至少，应该就所谓“精神力”与“物质力”的关系说清楚。黄硕风并没有说明它们之间是否构成本原与结果的关系，而是将它们简单地并列了事。难道它们是相互独立且并驾齐驱的概念？这不符合传统的马克思主义唯物论原则。

这里指出这一问题，并不是反对将综合国力看作物质与精神因素的复合，也并不是想简单地维护传统教科书中的唯物论原则。而是说，既然你要强调自己的唯物论特征而将西方的理论贬为“唯心主义”，那么你就应该坚守自己的唯物论原则；既然你将自己所理解的综合国力解释为“精神力”与“物质力”的复合，那么你就应该从唯物论的基本原理方面说清楚它们是怎么复合的或结合的，不能给人以它们两个本原、没有统一的印象。如果强调“精神力”的独特地位或其独立性是为了丰富对传统的马克思主义唯物论的解读，那么更需要将颠覆传统唯物论的理由解释清楚。否则只能说是自相矛盾，理论混乱。毕竟，所谓“精神力”的本质不是物质的，它不能孤零零地摆在那里而不融入物质力概念。对于这一新论如何融入马克思主义唯物论应该是一个重要的理论问题，怎能含糊其辞或自以为是？对此，后面我们将展开系统的讨论。

黄硕风主张，综合国力的构成要素包括政治、经济、科技、国防、文教、外交、资源七个方面；而“这些要素在综合国力结构中又可以以‘力’的形式体现出来”，即“政治力”、“经济力”、“科技力”、“国防力”、“文教力”、“外交力”和“资源力”。[①] 进而，他又将这七种“力”分为（归为）物质力（所谓“硬”指标体系）、精神力（所谓“软”指标体系）两类：资源力、经济力、科技力、国防力为物质力，是“硬”指标；政治力、文教力和外交力是“精神力”，是“软”指标。[②] 除了物质力的所谓“硬”指标系统和精神力的“软”指标系统之外，他认为还有“协同指标系统”和“环境指标系统”两类。如此，共有四类指标系统，共同构成综合国力体系或系统。[③] 他用图形表示如下[④]：

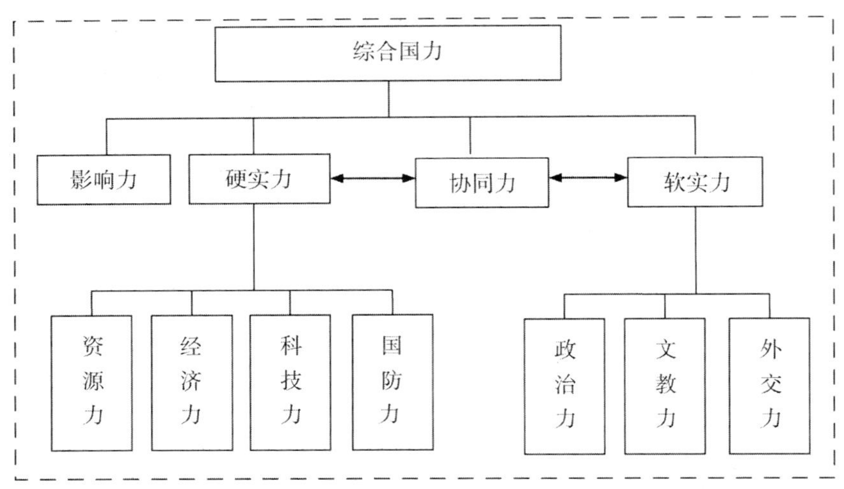


科学技术之所以被黄硕风看作“硬”力量或物质力，大约与约瑟夫·奈的影响有些关系。因为在约瑟夫·奈的权力分析框架中，

① 黄硕风：《综合国力论》，中国社会科学出版社1992年版，第109—111页。
② 同上书，第162—165页。
③ 同上书，第162—166页。
④ 同上书，第167页。

科学技术没有被列入“软权力”。不过，黄硕风将科学技术看作“硬”力量或物质力可能与我们已经形成的“科学技术是第一生产力”的观念有更大的关系。邓小平“科学技术是第一生产力”的说法提出后，学界明确地将科学技术定性为物质性的力量，否则的话就与生产力的物质性的唯物论原则不符。任何了解辩证唯物主义和历史唯物主义基本原理的人都会明白这一点。至于学界关于科学技术物质特征或物质性本质的论证是否全面、完满另当别论。至少在发展中的马克思主义的基本原理中邓小平关于科学技术是社会发展和历史进步的动力的论断基本已经成为一种权威的定性。至于科学技术究其本质是否应完全定位为纯粹的物质性力量或者精神性力量，现在是可以讨论的；所谓文化力也是如此。不过，科学技术在中国学界关于马克思主义基本原理的研究成果中，基本上定位为物质性的力量，而不是所谓物质性与精神性的混合体。如果将其看作物质与精神的混合体，似乎就有二元论之嫌了。比较正统的理论是不允许出现这种情况的。

如果将科学技术看作精神性的力量，它就失去了作为生产力的条件，因为精神性的因素与我们马克思主义教科书中关于生产力或国力的基本定性是不符的。按照传统的马克思主义教科书的解读，精神或文化因素是不能称之为生产力的；生产力是一种十足而纯粹的物质因素或力量。总之，生产力等推动社会发展和历史进步的力量应该是物质的，而不能是精神的。这是马克思主义唯物论和历史唯物主义的基本原则。有些观点尽管机械，甚至有些“形而上学”，但这就是教科书上的解读。或许现在是对原来所谓二元论（物质与精神力量的复合）或精神力量是否存在（作为一种提法是否成立）等问题进行重新审视的时候了。因此，对于生产力、国力是否非得是物质性力量是可以重新讨论、重新定义的。现在不是出现了精神生产力和文化生产力的提法了吗？但这种提法是否已经颠覆了传统生产力的标准、定义或分析框架是值得深入讨论的。不过，黄硕风和许多研究综合国力和文化力问题的学者对这个问题并没有详细地讨论，也没有一个明确的说法。或者说，他们对这个问题在有意无意之间回避了，没有将这些问题与马克思主义基本原理中的基本问题进行结合，然后给出一个明确的答案。文化力问题是下一部分要讨论的内容，这里不再展开。而文化力与科学技术的精神与物质属性的问题，我们在后面也会展开讨论。我们届时将借此将综合国力和文化力与马克思主义哲学的基本问题的关系作出一个系统的回答。这里让我们回到黄硕风的综合国力分析框架的问题上继续我们的讨论。

通过前面的介绍我们可以看出，黄硕风所理解的所谓国力（综合国力）是“物质力”和“精神力”（物质因素与精神因素）、“硬”力量与“软”力量、实的与虚的力量的结合。虽然科学技术被他视为物质性的力量，但所谓“文教力”和“文化力”却被他视为精神性的力量或因素。

黄硕风也尝试用马克思主义的基本原理来论证他这种将综合国力视为物质因素与精神因素的结合，并指出这是马克思、恩格斯、列宁、斯大林、毛泽东等革命导师的一贯主张。[①] 不过，他并没有讨论目前已经形成的关于马克思主义唯物论和历史唯物主义的比较固定的理论体系，即教科书关于这一问题的理论体系。实际上，他的论证也比较简单，同时也并没有找到足够的证据来支持他的关于马克思、恩格斯、列宁、斯大林和毛泽东在这一问题上与他的观点是一致的说法。他所宣布的有利于己的发现一直都是他自己对一些非常侧面、间接的论据的自我引申或主观诠释。他在解读马恩列斯毛等革命导师的观点时也并没有理直气壮地直接将自己的“物质力”与“精神力”的概念强加于他们，而是使用“物质因素”与“精神因素”的说法——导师们曾经谈论到生产力中的“物质因素”与“精神因素”。

正如前面所言，对于马克思主义经典理论是否有“精神力”和“精神生产力”（包括文化生产力）的说法，我们后面会讨论，这里暂不深入。总之，黄硕风并没有找到足够的论据证明马克思主义传统的经典理论中有关于综合国力乃“物质力”与“精神力”二者复合的论点。正如前面所言，在马克思主义传统观点中，物质与精

① 黄硕风：《综合国力论》，中国社会科学出版社 1992 年版，第 96—99 页。

神从来不是并列、互相独立的关系，它们是一方派生另一方，并不是可以相加的关系。更重要的是，即便说“精神力”或“精神生产力”的说法成立，但是，按照马克思主义理论的标准，能否将其视为所谓客观存在，的确是个大问题？

黄硕风对于综合国力的研究最著名的成就是他的“动态方程”的建立。这一量化、测评公式的建立是西方国力量化、测评理论直接影响的结果，其中克莱因的影响最大。然而，黄硕风认为克莱因的公式仍有很大的缺陷。他说：“克莱因的国力方程忽视了‘科学技术力量’这样一个重要因素，而且，他的国力方程是静态的，无法评价同一个国家在不同时期的变化状态。”① 他认为：“综合国力是个复杂的动态系统。我们必须运用系统论、协同学和动力学的原理，以定性分析和定量分析相结合的集成方法，建立一组旨在测定综合国力值的动态方程，即‘综合国力动态方程’。”② 他于1993—1994年参加了由国家统计局和军事科学院组织的“90年代中美德日印五国综合国力比较与预测”课题组；1995年，由国家自然科学基金资助，又主持“增强综合国力研究”课题；先后写出《国家盛衰论》③、《大较量：国力、球力④论》⑤、《综合制胜⑥：综合国力

① 黄硕风：《综合国力论》，中国社会科学出版社1992年版，第174页。

② 同上书，第175页。

③ 黄硕风：《国家盛衰论》，湖南人民出版社1996年版，“作者简介”。

④ “球力”这个说法很奇特，大约相当于英文的“global power”或“world power”。但西方学者只有对“世界权力”或世界霸权的争夺和瓜分的研究，绝不可能有一种关于世界权力或“球力”的共建与共享的观念。前面说过，对于西方学者来说，世界体系中的权力是此消彼长的，国家之间没有共同的权力目标，权力之争有可能是“零和游戏”。因而，对于西方人来说，无论从权力的角度还是“实力”的角度都不存在一个所谓共同的“球力”。即便按照黄硕风的综合国力逻辑，也不应该有一个所谓“球力”。难道每个国家发展各自的所谓“综合国力”是为所谓全球“实力”或“球力”作贡献？是为了将其推到一个无限的高度，然后让其为各国提供保护或好处？他的专著对“球力”也没有一个界定，但却谈到了全球的较量与竞争。“球力”的说法无论按照西方国力理论的标准还是按照黄硕风自己的综合国力理论的标准都是讲不通的。

⑤ 黄硕风：《大较量：国力、球力论》，湖南人民出版社1992年版。

⑥ “综合制胜”也是让人摸不着头脑的说法。“综合”本来是一种方法和逻辑手段，但黄硕风将其视为“国力”的客观特征，建立了“综合国力”的概念；现在它又由国力的客观属性和一种逻辑手段、研究方法突然变成了国际竞争的武器和手段了。这个“综合”真是万能或万用的。

与国家战略》[①] 和《综合国力论》等论著，建立了“综合国力动态方程”和“国力盛衰动态方程”模型。[②] 他的所谓“动态方程”是全世界最复杂的。这大约与他出身于数学专业有关。实际上，这类公式不宜太复杂，本身得出的数据也只具有一定的参考价值，但黄硕风却不这么看。关于他的所谓动态方程，我们将在后面介绍，这里暂不讨论。这里我们继续介绍他的关于综合国力的研究方法、分析框架及其特点。

黄硕风说自己的研究方法是“以辩证唯物主义为指导，运用混沌学、系统论、信息论、协同学、耗散结构论等现代自然科学的原理，以定量分析与定性分析相结合的方法，即钱学森教授称之为‘集成’的方法”[③]。他在《国家盛衰论》一书中提出了“国力盛衰混沌理论”，认为综合国力也存在一个现象，即所谓“综合国力混沌现象”[④]。他说：“综合国力系统是客观存在的实际系统之一，而且是一个复杂的、动态的混沌的大系统。因此，我们要用系统科学的观点来研究和分析综合国力。”[⑤] 他还说过：“综合国力是一个庞大的、动态的、混沌的大系统。它具有整体性、关联性、开放性、层次性和动态性等特征。”[⑥] 他指出，综合国力的机构层次性表现在两个方面：

> 一方面，从结构的角度上看，综合国力是代表一个国家拥有的实力，它是最高层次；而生存力、发展力和协同力则是构成综合国力的三个侧面，它是第二层次。
>
> 另一个方面，从构成要素指标体系的角度来看，综合国力由物质要素（硬国力）和精神要素（软国力）构成。它也是综合国力体系的第二层次。而“硬国力”又由经济力、科技力、

① 黄硕风：《综合制胜：综合国力与国家战略》，广西人民出版社 1993 年版。

② 黄硕风：《综合国力新论》，中国社会科学出版社 1999 年版，“作者简介”。

③ 黄硕风：《国家盛衰论》，湖南人民出版社 1996 年版，“导论”。

④ 同上书，第 39 页。

⑤ 同上书，第 64 页。

⑥ 同上书，第 67 页。

> 资源力、国防力构成；“软国力”则由政治力构成。它们是综合国力的第三层次。往下还可再分。比如，资源力又由人口数（量与）质量、国土资源、矿物资源、环境保护等因素构成；科教文力则由教育、科技、文化等因素构成；经济力又由总量指标、人均指标、比重指标、人民生活等构成；等等。它们属于综合国力指标体系中的第四层次。依此往下还可以分成第五、第六乃至更多个层次，形成一个倒树型结构。①

黄硕风曾经强调：“综合国力论最重要的课题是研究诸多要素之间的关系，也就是研究综合国力系统结构，以期实现综合国力系统功能的最优化。具体地说，就是科学地处理好综合国力诸多构成要素的优化组合与先后主次的关系，使综合国力处于持续的兴衰状态。”②

可以发现，在上面的引文中，他突然将他所说的本为客观存在的综合国力的构成要素及其关系变成了主观上“可优化组合”的系统，就像操作一台人工制作的机器一样达到“功能的最优化”。这真是一个惊人的转变和惊人的逻辑。如此，他就将研究的客观对象、研究方法与分析框架、综合国力建设的愿望和计划三者混同了。当然，他也明确地谈到了中国综合国力的“发展战略”：“为此，我认为，在制定国家战略以及安排国家建设发展规划时，应该安排好构成综合国力的各种要素的关系。即贯彻以教育为先行，科技为先导，经济为基础，国防为后盾，资源和外交为保障的原则，而国家领导机构是发挥决策和协调统一作用的重要因素。”③

## 三　综合国力理论的发展及测评理论

中国学者关于综合国力的认识总体来说是相似的，或者说共同

① 黄硕风：《国家盛衰论》，湖南人民出版社 1996 年版，第 73 页。
② 同上书，第 65 页。
③ 同上书，第 65—66 页。

点多于不同点，所谓大同小异。总的来说，介入这一研究领域的中国学者都认同“综合国力”的观点或提法，将综合国力看作一种实力，即将其看作基本上属于物质范畴的概念。在此基础上，关于国力构成、何种要素最为重要、如何评估各国综合国力及世界综合国力排名榜等问题，则认识或理解各有不同。

中国学者关于综合国力的内涵、相关分析框架和基本理论的认识大致相似，基本上是在个别奠基者的论点的基础上发展而来的，如黄硕风的理论体系。因此，本书以系统介绍黄硕风的理论及学术影响为主，其他学者的观点不准备系统介绍。事实上，其他学者的学术影响和理论的独创性比不上黄硕风。前面，我们系统地介绍了黄硕风对综合国力概念的界定、研究方法的特征和理论体系的基本内容。在后面，我们在介绍综合国力量化、测评理论时，会介绍黄硕风的所谓“综合国力动态方程”。当然，我们也会介绍其他学者的量化、测评理论及公式。

国防大学的丁峰峻、湖北省科技厅的于宏义、东北师范大学的张文奎教授和黄硕风的同事、中国人民解放军军事科学院的吴春秋教授也都是较早从事综合国力研究的学者，在综合国力问题的研究方面几乎与黄硕风同时起步，也算得上是中国学界该领域的重要开拓者和奠基人。另外，李天然、王诵芬、王在邦、胡鞍钢、陈崇北、陈沙、石小玉、张兴国、门洪华等也都是综合国力问题研究的代表人物，其观点也都曾产生了较为广泛的影响。不过，他们之间以及大多数中国学者之间的相互影响是比较明显的，研究方法与基本主张也比较相似。

从事人文地理研究的张文奎教授及其合作者、吉林省行政学院的教师阎越从面积、人口、国内生产总值、能源消费量、粮食产量、军事能力等七个指标进行分析，对世界上14个主要国家的国力进行了考察，计算出各个国家的基础国力、人均国力、地均国力，在此基础上再把三者得分相加得出各国综合国力排序。[①] 从事

① 张文奎、阎越：《论国力类型的划分及其理论与实践意义》，《人文地理》1990年第3期。

战略问题研究的学者吴春秋提出："综合国力至少应该包括：国土面积，地理位置，自然资源，天候与地形，人口，国民生产，科学技术和文化教育，交通运输，国防能力，意识形态，社会政治制度，政治路线、方针和对外政策，领导能力和魄力，盟国及国际援助，其他。"①

关于李天然和陈崇北等人的观点，中国科学院"可持续发展战略研究组"总结道："李天然则认为综合国力要素包括基础实力，指地理位置、一定数量和质量的人口、资源、民族凝聚力、防御实力、经济实力、外交实力等。陈崇北等则认为包括国家的基本面积、人口、经济力量、科学技术、国防能力、政治、精神力量、对外关系力量等。"② 胡鞍钢、门洪华是专门从事国家发展战略和国际问题研究的专家。他们认为，综合国力是各类国家战略资源之总和。它主要包括经济资源、人力资本、自然资源、资本资源、知识技术资源、政府资源、军事实力和国际资源。③

王诵芬等人的观点主要体现在他们出版的《世界主要国家综合国力比较研究》一书中。他们认为，综合国力就是在一定的时空条件下从整体上来计量的社会生存发展诸要素的凝聚总和，④ 主要包括资源、经济活动能力、对外经济活动能力、科技能力、社会发展程度、军事能力、政府调控能力、外交能力。⑤ 另外，王恩涓等人的《政治地理学》⑥、宋瑞玉等人的《综合国力度量理论》⑦ 也都构建了自己的理论分析框架。不过，这些观点与黄硕风的观点基本上

---

① 吴春秋：《现代国防战略与综合国力论》，《国防大学学报》1986 年第 1 期。

② 中国科学院可持续发展战略研究组：《中国可持续发展战略报告》，科学出版社 2003 年版，第 20—21 页。

③ 胡鞍钢、门洪华：《中美日俄印综合国力的国际比较：兼论中国大战略》，载［美］阿什利·泰利斯等《国家实力评估：资源、绩效、军事能力》，门洪华等译，新华出版社 2002 年版。

④ 王诵芬主编：《世界主要国家综合国力比较研究》，湖南人民出版社 1996 年版，第 25 页。

⑤ 同上书，第 65—68 页。

⑥ 王恩涌、赵荣、张小林、刘继生、李贵才、韩茂莉：《政治地理学》，高等教育出版社 1998 年版。

⑦ 宋瑞玉、韩韧、邵可振：《综合国力度量理论》，湖北教育出版社 1994 年版。

没有本质上的区别。

关于中国学术界综合国力问题研究的状况、代表人物、主要流派和基本主张，中国科学院“可持续发展战略研究组”曾总结如下：

> 近年来，越来越多的中国学者致力于综合国力的研究，并取得了一些重要的研究结果。
>
> 于宏义和王佑棣认为，综合国力测度是对随着时间变化的国家系统的综合国力的描述表达。他们采用对称性和简单性，即客观实在性和逻辑简单性作为对综合国力进行测度的方法，对1985年12个国家的综合国力进行了测算排序。
>
> 黄硕风在其关于综合国力的研究中，建立了由经济力、科技力、国防力、资源力、政治力、外交力、文教力等7类29个指标构成的综合国力评价指标体系，同时建立了综合国力动态方程和综合国力盛衰方程及综合评价法，对13个主要国家的综合国力进行了测算和排序，并对其中的6个国家的综合国力进行了对比分析。
>
> 王诵芬、陈沙、石小玉等在其关于综合国力的研究中，建立了由资源、经济活动能力、对外经济活动能力、科技能力、社会发展程度、军事能力、政府调控能力、外交能力等8类85个指标构成的综合国力评价指标体系，采用结构分析等方法，对17个主要国家的综合国力进行了测算和排序。
>
> 王在邦、张兴国等也分别对一些主要国家进行了综合国力对比研究。①

中国科学院“可持续发展战略研究组”关于综合国力研究的历史与现状的介绍基本上是完整的，但也有一些遗漏，前面我们的一些介绍可以作为补充。

---

① 中国科学院可持续发展战略研究组：《中国可持续发展战略报告》，科学出版社2003年版，第13—14页。

从最新的研究现状来看，由中国人民解放军军事科学院、国防大学、中国科学院、中国社会科学院、中国现代国际关系研究所、中央党校等单位组成的一些课题组，如中国科学院的“可持续发展战略研究”课题组、中国社会科学院的“国际形势黄皮书”课题组和中国现代国际关系研究所的“综合国力课题组”都是比较著名的。他们有的虽然不是专门研究综合国力的课题组，但都对综合国力问题提出了自己的分析框架，甚至还提出了综合国力的大国排行榜（有的也包括小国或港台这些地区）。这些课题组的分析框架也都足以代表目前中国综合国力研究的最新成就和最新流派。下面我们将有选择地重点介绍他们中间的一些有影响的研究成果和新理论。

关于综合国力基本概念的界定与考辨，前面我们已经做了介绍。不过，前面的工作主要以讨论基本概念的起源、综合国力的本质和黄硕风的定义为主。中国科学院“可持续发展战略研究组”在综合国力研究方面对中国综合国力研究的历史和现状有一个较为系统的回顾和总结。关于综合国力的内涵和本质，他们也提出了自己的看法，给出了一个较长的定义。从某种程度上来说，他们的定义是较新的，与其他学者的观点相比也更具代表性。另外，他们还将综合国力概念与其他相近的概念进行比较、辨析，试图澄清一些误解。因此，他们的观点具有较大的典型性，对这些观点做一介绍是有必要的。

中国科学院“可持续发展战略研究组”指出：“在当代国际竞争中，一个国家的强弱，不仅决定于军事力量、经济力量或某一单方面的力量，更主要的取决于综合国力。”① 在综合众多学者、众多流派的观点的基础上，该课题组对综合国力概念做了如下界定：

> 综合国力（Comprehensive National Power）是指一个主权国家赖以生存与发展所拥有的全部实力及国际影响力的合力。综

① 中国科学院可持续发展战略研究组：《中国可持续发展战略报告》，科学出版社2003年版，第3页。

合国力的内涵非常丰富，它的构成要素中既包含自然的，也包含社会的；既包含物质的，也包含精神的；既包含实力，也包含潜力以及由潜力转化为实力的机制，是一个国家的政治、经济、科技、文化、教育、国防、外交、资源、民族意志、凝聚力等要素有机关联、相互作用的综合体。①

该课题组还认为：

综合国力是一种系统的和动态的综合力量，是在系统与外部的交流和系统本身的运动过程中形成的。综合国力不仅是国家间竞争和互相影响的力量，还表现为对人类社会总体的贡献能力。每个国家作为人类社会总体系的一个组成部分，它的发展和进步都直接表现为对人类社会的贡献。

综合国力有潜在综合国力与现实综合国力之分。现实综合国力是指构成综合国力各要素已经具备的实力和各要素之间有机组合所显示出的整体实力。潜在综合国力是指随着经济增长、技术进步和社会发展，由于某些要素实力增长，非物质要素水平与状况改善以及系统结构的变化致使整个要素系统组合功能增强的潜在能力。潜在综合国力测定实际上是对未来综合国力发展趋势的预测。一个国家综合国力的水平在某一特定时点上不决定于其国家战略的变化，但是其国家战略的制定则必须以其综合国力为基础，并以提升其综合国力为目标。

总之，综合国力是以国家为整体表现出来的维护和获取国家利益的力量，它包括了所有直接和间接获取国家利益的一切因素。综合国力的概念呈现出综合性和概括性、战略性和强制性、科学性。②

“综合国力”已经成为一个非常典型的中国化的学术和意识形

① 中国科学院可持续发展战略研究组：《中国可持续发展战略报告》，科学出版社2003年版，第3页。

② 同上书，第3—4页。

态的概念。在对这一概念的内涵进行定义并分析其构成的同时，一些学者也对它与其他相关概念的关系进行了比较或辨析。实际上，最容易与综合国力混同的概念是“国际竞争力”，而大多数研究者往往忽视了对二者的区分。其他概念，如GDP之类，常常只是用来说明综合国力，倒不至于产生混淆。因此我们这里只准备简单地谈谈综合国力概念与国际竞争力概念的差异或区别问题，而不涉及综合国力概念与GDP之间的比较。

中国科学院“可持续发展战略研究组”对综合国力概念与国际竞争力概念的差异分析如下：

> 综合国力不同于国际竞争力。综合国力是动态的，它不断变化和发展，而决定综合国力变化与对比的主要因素是一个国家的竞争力。国际竞争力是一个国家在国际社会中与其他国家竞争所具有的相对位势。综合国力更着重于总量（总实力）和人均量（人均实力），而国际竞争力更着重于总量和人均量的增长速度。总之，综合国力是国际竞争力的发展基础，国际竞争力则是增强综合国力的重要手段，两者相辅相成。一般来说，综合国力侧重于衡量现在的情况，而国际竞争力则是预测未来发展的趋势。故一个国家要强大，要发展，在国际社会与其他国家竞争过程中占有或保持一定的相对优势地位，不仅要有雄厚的综合国力，还要有超众的国际竞争力。①

以上的关于综合国力概念与国际竞争力概念的比较是能够引起很大争议的。或许，他们关于国际竞争力的定义或解释是有问题的，甚至他们对于综合国力概念的理解或定义也有待完善。按照本人的理解和较为权威的解释，国际竞争力应该是与他们的定义完全不同的概念，与综合国力也构不成他们解释的那种关系。

一个相当普遍和不无严重的现象是，国内有些人往往扩大了国

---

① 中国科学院可持续发展战略研究组：《中国可持续发展战略报告》，科学出版社2003年版，第4页。

际竞争力的内涵与外延，将其视为适用于几乎所有领域的万能的概念。这是将它与综合国力概念产生混淆的根本。实际上，综合国力问题与国际竞争力问题不一样；而国际竞争力也很难说是构成综合国力的最为重要的因素。

什么是国际竞争力呢？按照国际学界一般的认识，它涉及的核心问题是"经济领先（领导）的决定因素"（determinants of economic leadership）[①]。也就是说，所谓国家竞争力（country competitiveness）指的是国家之间的经济竞争力。让我们以瑞士洛桑"国际管理学院"（IMD）一年一度的《国际竞争力报告》的国际排名情况为例，看看国际社会对国际竞争力是怎样定义或定位的。先让我们看看瑞士洛桑"国际管理学院"公布的2005年国际竞争力的排名情况（见表5—1）：

表5—1 **2005年国际竞争力排名**

| 排名 | 1 | 2 | 3 | 4 | 5 | 6 | 7 | 8 | 9 | 10 | 11 | 31 |
|---|---|---|---|---|---|---|---|---|---|---|---|---|
| 国家（地区） | 美国 | 中国香港 | 新加坡 | 冰岛 | 加拿大 | 芬兰 | 丹麦 | 瑞士 | 澳大利亚 | 卢森堡 | 中国台湾 | 中国大陆 |

资料来源：新华社（http：//news. xinhuanet. com/fortune/2005-05/13/content_ 2953207. htm）。

可以看出，根据瑞士洛桑"国际管理学院"的报告，中国的国际竞争力总体排名列31位，中国香港排名全球第二，中国台湾第11。但是，中国的综合国力排名绝对不是31位，香港也不可能列全球第二。这说明前面中国科学院"可持续发展战略研究组"对国际竞争力概念的定义是不恰当的。当然，将国际竞争力看作衡量综合国力的一个方面或构成综合国力的重要因素或因子也是可以的。全球竞争力组织的网站发布的一份调研报告中有题为《综合国力并非竞争力》的一篇文章，内容是说，无论世界经济论坛（WEF）的

① Bruce Kogut, "Introduction", in Bruce Kogut (ed.), *Country Competitiveness*, New York and Oxford: Oxford University Press, 1993, p. 3.

"全球竞争力"（global competitiveness），还是洛桑国际管理发展研究院（IMD）的"国际竞争力"（World Competitiveness），其实指的是同一种东西：一定经济体制下的国民经济在国际竞争中表现出来的综合国力的强弱程度。它包括企业内部效率形成的竞争力和由环境左右而形成的竞争力两个方面，国际竞争力比较研究的重点是后者，即探讨外部环境或经济体制对一国企业形成国际竞争力的作用程度。因此，从本质上说，一国国际竞争力的高低取决于经济体制的设计、改革和经济政策的选择。洛桑国际管理发展研究院（IMD）从20世纪70年代末80年代初开始从事这项研究并出版年鉴，在相当长的时期内与WEF合作直至1995年后者自立门户。中国内地从1994年起进入IMD年度报告。[①] 中国的国际竞争力研究一度也很红火，但它与综合国力研究是完全不同的话题；将二者混淆或视为相似的话题是不合适的。

中国科学院"可持续发展战略研究组"还将综合国力与"社会经济发展水平"进行了区分：

> 综合国力不同于社会经济发展水平。前者着重于从总体规模上描述一个国家的实力，后者则着重于从质量上描述一个国家社会经济发展的现状和层次。同时，它们又有联系。社会经济发展水平对综合国力状况具有正向影响，二者之间存在正相关关系。如果一个国家的综合国力较强，其社会经济发展水平势必较高；反之，如果一个国家的综合国力较弱，其社会经济发展水平势必较低。在综合国力测定和社会经济发展水平综合评价方面，二者可能会运用一些共同的指标。但作为反映综合国力的指标更多的是采用总量指标，而描述社会经济发展水平的指标更多的是用人均指标。[②]

---

① 全球竞争力组织调研报告：《综合国力并非竞争力》（http：//www. gcoforum. org）。

② 中国科学院可持续发展战略研究组：《中国可持续发展战略报告》，科学出版社2003年版，第4页。

另外，在中国科学院“可持续发展战略”研究组看来，综合国力也不同于“国情”这一概念：

国情是国家历史和现状的总和，综合国力只是其重要的组成部分。国情是一个国家政治、经济、文化和社会等方面的基本情况和主要特点的总称。它主要包括一个国家的社会性质、资源环境、人口、政治权力、经济情况、历史、文化思想、民族和宗教、军事国防和对外关系等内容。显然，历史、民族和宗教等反映国情的因素并没有充分反映在综合国力中。从概念和内容上分析，国情与综合国力相互区别，但从综合国力的角度看，一个国家的国情对一个国家综合国力的形成有着至关重要的影响。①

还有，与西方学者惯常的观点截然不同，中国科学院“可持续发展战略”研究组认为综合国力与“国家能力”是两回事，根本不能等同。他们指出：

国家能力是指国家（中央政府）将自己的意志、目标转化为现实的能力。分析国家能力，既要看国家在政策制定层面的能力，又要看国家在政策执行层面的能力。概而言之，研究国家能力要涉及到政府与社会、政治与经济、结构与功能等政府观的根本内容，政府能力是政府在行使其功能、实现其意志过程中体现出的政府绩效，具体可表述为政治绩效、经济绩效、文化绩效、社会绩效四个基本向度。政治绩效主要指政治生产力以及政治产品，即政策的形成与贯彻；经济绩效主要指经济增长与稳定中政府的导向作用，其中通货膨胀、失业、收入分配等是重要的参数；文化绩效主要指精英文化与大众文化的互补与渗透，以及文化的繁荣与整合；社会绩效主要指社会的稳

① 中国科学院可持续发展战略研究组：《中国可持续发展战略报告》，科学出版社2003年版，第4—5页。

定与发展，其中安全与犯罪、公平与正义、福利与贫困、稳定与失衡等指标是重要的参数，这几方面绩效的大小强弱反映的正是政府能力的大小强弱。①

中国科学院“可持续发展战略”研究组注重区分综合国力概念与一些和它相近的概念内涵和用法的差异是难能可贵的，也是值得肯定的。有的相关研究不太注重这方面的探讨。不过中国科学院“可持续发展战略”研究组的这些概念比较或区分也还是存在不少问题的，有些说法还有待完善。限于篇幅，这里就不再对他们的有关论述进行评析。

## 四　一些学者对综合国力研究现状的反思与批评

在中国学界，关于综合国力整体的研究状况和水平，以及中国综合国力研究的学术发展史，很少有学者乐意进行系统的研究和回顾。如果有学者做过学术史的回顾和探讨，也主要集中在国外相关理论及其在中国的影响方面；对中国学界的研究状况，则多为轻描淡写的简单介绍，而且很不全面。前面说过，中国科学院“可持续发展战略”研究组关于中国综合国力研究的学术史进行过较为系统的梳理。相对而言，他们在这方面的工作还算较为全面，也具有一定的代表性。这一部分，我们仍将以介绍他们的观点为主。不过，这里在介绍他们是如何批评或评价中国综合国力研究存在的问题时，也将对他们的批评方式存在的问题提出一定的批评。

中国科学院“可持续发展战略”研究组认为，中国综合国力研究的各流派在各方面还是有很多差异的。根据他们的研究，这些差异表现为：（1）对国力要素的认识不同；（2）对“软”、“硬”要素的认识不同；（3）对各要素对国力影响大小的认识不同；（4）对

① 中国科学院可持续发展战略研究组：《中国可持续发展战略报告》，科学出版社2003年版，第5页。

“软”要素的评价不同；（5）对经济发展指标的认识不同。[①] 他们也试图指出中国综合国力研究在方法上存在的问题和其他一些误解。他们指出：

> 由于综合国力是一个系统的概念，所以应从系统的观点出发对其进行理解、分析和界定。综合国力不是其构成要素的简单加和，而是各要素相互联系、相互作用所构成的具有一定结构特征和一定运行规律的系统的整体功能，其功能的状况或水平不仅决定于其构成要素的各要素的状况或水平，更决定于其构成要素之间的结构比例及其耦合机制。因此，综合国力水平既可以有大于其构成要素之和的功能；同时也有小于其构成要素之和的可能。显然，我们应当追求前者而避免后者。[②]

中国科学院“可持续发展战略”研究组对中国综合国力研究的历史与现状进行了较为系统的综合介绍和全面分析是值得欣赏和肯定的。然而，很多地方证明，他们综述别人观点的方式可能太简单了。前面很多地方都给人以这种错觉：尽管他们是对别人观点的介绍，但由于论述方式的问题，并不能让人看出这是在介绍别人的观点，而是让人误认为课题组在陈述自己独创的观点。前面我们大量的引用中多次出现这种情况：许多原文不仅仅是别人的观点，甚至就是别人著作中原文的转摘；但这种转摘并没有标明出处和著者。他们的成果中转摘的不仅有著名学者的原文，甚至有笔者著述中的原文。上面一段引文中的前几句基本上就是笔者曾发表于《开放时代》杂志《综合国力研究的几个理论要点》中的原句或观点，但并没有注明出处。[③] 笔者在随后发表于《暨南学报》的《综合国力系统论刍议》一文中也表达了相似的观点。[④] 但，笔者的《综合国力

① 中国科学院可持续发展战略研究组：《中国可持续发展战略报告》，科学出版社2003年版，第30—32页。

② 同上书，第3页。

③ 贾海涛：《综合国力研究的几个理论要点》，《开放时代》2001年第6期。

④ 贾海涛：《综合国力系统论刍议》，《暨南学报》2002年第4期。

系统论刍议》一文也没有被提及。下面一段对笔者的文章《综合国力研究的几个理论要点》原封不动的“借用”就更多了，几乎是完全照搬，但并没有告诉读者笔者与下面这段话有什么关系：

在人类社会发展的大部分时期，国力的体现是简单的，甚至是原始的，国力的各项因素之间的联系没有现在密切，甚至很难有国力的综合体现；某几项甚至某一项因素就代表了整个国力或国际竞争力。而这些因素所具备的“物质性”或“客观实在性”似乎非常明显。这就是第一批被认识到或引起重视的构成国力的因素。随着历史的发展，一些所谓“非物质”或“虚”的因素的作用渐渐明显，逐渐纳入了综合国力的体系。而这些后出现的或新引起重视的因素就自然而然地归入了与第一批截然不同的类别。这就是两大类别产生的原因。①

还有：

有学者指出，目前现有的关于综合国力计算方法的观点有一种相同的思路，即对综合国力仍缺乏实质性的揭示，不能给人以比较明确的答案。这种关于综合国力的研究或考察似乎是学者们想象力的竞赛，好像谁的想象力丰富，谁罗列的因素多，谁就对理论提供了新发展、新贡献，并成了最后的赢家。这种考察是一种简单的加法，全面倒是越来越全面，但不够简明，重点不够突出，也不成系统，看不到力量（综合国力）的源泉和实质，名曰“系统”、“综合”，实际上仍是杂乱无章的堆砌或罗列。如此综合等于没有综合。如果对综合国力的各方面因素过分细化或罗列过细、过多，反而会给人以摸不着头脑之感。出现研究方法的缺陷，不是缺乏具体的方法，也不是没有引入科学的方法；而是对该领域基本问题的判断有问题，因

① 中国科学院可持续发展战略研究组：《中国可持续发展战略报告》，科学出版社2003年版，第29—30页。

而造成没能抓住研究要点的局面。比如，什么才是综合国力的关键，应该从哪个角度综合，这是所谓的科学方法解决不了的。而这些最基本的问题又是学术研究的最基本出发点。没有基本出发点，或基本出发点错了，一切方法都没用。仅仅靠数学公式的建立无助于加深人们对综合国力本质的认识。可以说，找准这些基本问题或基本出发点的眼界、视角或能力才是最关键的最重要的方法。因而，这里所谓的方法主要指一些理论要点的提出。因为在这一领域基本的理论要点还没有完全提出，这导致综合国力理论的基本框架显得支离破碎。就目前研究的状况来看，中外学者对综合国力构成要素的认识虽有差别，但其基本思想是一致的，大部分构成要素亦是相同的。总的来说，其共同点是把综合国力构成要素分为物质要素和精神要素两部分，具体涵盖一个国家的地理、资源、人口、经济、军事、科技、政治组织以及民族精神与凝聚力等因素。但如果过分拘泥于此，不但无助于“综合”，反而将原本呈有机整体的综合国力毫无道理地肢解得七零八落，让人难以对其实质进行把握。这种划分容易造成各项要素划分、归类的不合理以及它们之间关系的混乱。当然，对于综合国力各项要素及其关系的认识还有其他许多问题也存在着理论上的缺陷。总的看来，目前理论界对于综合国力缺乏系统认识，或者说没有将综合国力纳入一个合理、有机的系统。因而，对于综合国力的基本因素及其关系要重新认识，要用真正的系统论来把握，认清主要的理论要点，理顺关系，综合国力才能呈现为一个有机、合理的系统，而合理的学术理论体系也就顺理成章地得以建立。

实际上，在知识经济和经济全球化的今天，综合国力本身绝非各种因素或各方力量——现有的人力、物力和财力——的简单相加，对国力的物质因素与精神因素的区分或“虚”与“实”的区分也越来越困难。最重要的是，综合国力已不足以用简单的、看得见的形式表现出来。知识、智慧、科技的因素已使原来表现简单的人力、物力发生了实质性的变化。现在，要说哪一方面的因素决定国力或代表国力的一切恐怕都难以成立。任何一种重要因素都不能说具有压倒优势。而且，各个要素之间的联系越来越密切，甚至变得难以分割。可以讲，综合国力的各种要素盘根错节，浑然一体，难以严格地加以区分。①

以上引文的第二段中的第一句话中的“有学者”实际上就是笔者。但笔者的名字及笔者的文章的篇名都没有被提及。事实上，以上三个段落、一千多字的引文几乎都是对笔者《综合国力研究的几个理论要点》一文中原文一字不改的照抄，② 但并没有注明出处，只是在报告末尾的“参考书目”中列上了笔者的名字及《综合国力研究的几个理论要点》一文的篇名。③ 这种做法不能不让人感到遗憾。

## 五　综合国力测评公式及相关理论

从一开始，中国学者就非常热衷于综合国力量化、测评公式的建立。这种量化、测评公式始终是中国综合国力理论研究的热点和重点。中国学者建立的综合国力量化、测评公式及相关理论是与西方学者国力理论最为相近的部分，或者说是分歧最少的部分。毋庸讳言，从某种程度上来说，这种公式的建立从各方面都是对西方学界相关公式的模仿。

丁峰峻是较早从事综合国力研究的学者。他于 1987 年提出了他的综合国力“质量”公式，即：

综合国力 = 软国力×硬国力 = （政治力+科技力+精神力）×［$R$（自然力+人力+经济力+国防力）］④

① 中国科学院可持续发展战略研究组：《中国可持续发展战略报告》，科学出版社 2003 年版，第 22—23 页。

② 贾海涛：《综合国力研究的几个理论要点》，《开放时代》2001 年第 6 期。

③ 中国科学院可持续发展战略研究组：《中国可持续发展战略报告》，科学出版社 2003 年版，参考文献。

④ 丁峰峻：《综合国力论——2000 年我国国家发展战略刍议》，《学术界动态》1987 年第 6 期。

上面公式中的自然力指一个国家的自然条件和自然资源状况，包括国土面积（总面积、可耕地面积、地理位置）和矿藏资源（总量、种类、开采难度、自给能力等）；政治力指一个国家的政治力量，包括政治制度、政治体制与政党的路线、方针和政策，以及党和国家领导人的领导决策能力等。公式中的 $R$ 则代表硬国力的结构系数，表示硬国力各组成部分之间的相互比例关系，反映硬国力系统的结构。如果硬国力各组成部分结构合理，则 $R$ 大于 1，其硬国力总量即大于各部分之间的代数和；如果结果不合理，则 $R$ 小于 1，那么硬国力对国力的贡献则小于各部分之间的代数和。[①]

当然，最著名同时也堪称中国综合国力量化、测评公式代表的是黄硕风的所谓综合国力“动态方程”。黄硕风的方程可能是古今中外国力和综合国力测评理论中最为复杂的数学公式了。他的所谓“动态方程”不但有主方程，还有子方程；而且还要实现建立所谓的“国力函数”。我们没有必要将他的所有方程都介绍给大家。我们只需对他的主方程有所了解就够了。因为主方程已经足以说明问题。我们从中可以充分认识他的基本思路和测算方法。

黄硕风的所谓“动态方程”是：

$$\frac{dY_t}{d_t}=\rho Y_t\left(1-\frac{Y_t}{M}\right)$$

在上面的公式中，$Y_t$——表示 $t$ 时期的国力函数；$\rho$——表示国力增长率；$M$——表示环境最大容许值。[②]

坦率地说，黄硕风的“国力动态方程”尽管复杂，考虑也似乎非常全面，但实用价值并不大。首先是因为这一方程的实际操作性很差；其次是方程中一些指标或指数难以收集，或者说很难准确统计或表达；最后，即便说这一方程能够操作，得出来的数据也很难说明问题。事实上，按照他的公式（方程）去统计一个国家的综合国力将花费较大的人力和较长的时间，等到得出某一数据时，形势或某一国家综合国力的状况已经发生了较大的变化，这一数据已经

① 丁峰峻：《综合国力论——2000 年我国国家发展战略刍议》，《学术界动态》1987 年第 6 期。

② 黄硕风：《综合国力新论》，中国社会科学出版社 1999 年版，第 76—77 页。

过时——已经不能反映某一国家综合国力的现状。所谓“动态方程”显示“动态”的优势根本无从体现。更值得一提的是，这一方程中涉及的一些软性指标很难准确统计，因而得出的数据是不可靠的。因此，炮制一系列的方程或公式并过分迷信这种方程或公式的作用实际上意味着走进了国力量化、测评的误区。

胡鞍钢和门洪华的国力量化、测评公式也颇有代表性。他们认为：“综合国力（national power）是衡量一个国家基本国情和基本资源最重要的指标，也是衡量一个国家的经济、政治、军事、技术实力的综合性指标。如何界定和衡量一个国家综合国力或战略资源，国际上尚无统一的定义和计算方法。”[①]他们将国家战略资源划分为八类资源和23个指标，这些指标的总和构成了综合国力。这八类资源是：（1）经济资源，指国民生产总值（GNP）或国内生产总值（GDP）；（2）人力资本；（3）自然资源；（4）资本资源；（5）知识技术资源；（6）政府资源；（7）军事实力；（8）国际资源。[②] 他们提出的计算综合国力的方程是：

$$NP=\sum\ (ai\times Ri)$$

上面公式中 $NP$ 为综合国力；$Ri$ 为某种资源占世界总数的比重；$ai$ 为某种资源的权重。[③]

与黄硕风一样，胡鞍钢与门洪华也认为综合国力一直是变化的，因此他们的公式也是一种所谓“动态方程”。他们主张，当考虑时间变量时，综合国力动态方程是：

$$NP\ (t)\ =\sum\ (ai\times Ri\ (t)\ )$$

关于综合国力量化、测评的公式还有一些，这里就不再一一列举了。关于综合国力的量化分析方法及其测评公式（或方程），中国科学院“可持续发展战略”研究组曾作出如下评价：

运用国力方程来测算评估综合国力，标志着国力研究实现

① 胡鞍钢、门洪华：《中美日俄印综合国力的国际比较（1980—1998年）》，《战略与管理》2002年第2期。

② 同上。

③ 同上。

了由定性分析向定量分析的转变，是国力学研究的一次具有历史意义的飞跃。然而，迄今，中外研究国力问题的学者们在许多问题（包括基本构成要素）上均没有形成统一的认识，因而往往是在指出他人理论不足的同时试图提出自己的国力方程。这些国力方程有的差别很大，有的虽然形式类似，但内容又各不相同，因而对各国国力的测算结果也大相径庭。应该说，这些各不相同的国力方程均有它们的可取之处，也有它们各自的不足。这反映了不同学者在时代背景、政治背景以及认识方法上的较大差异……①

## 六　关于中国综合国力及世界大国综合国力排行的研究

前面说过，在中国学界关于综合国力的研究中，比较热门的是关于全球综合国力排名的研究。一些比较大的或比较著名的研究机构都曾投入了较大的人力、物力从事这方面的研究。一些课题组公布的关于这方面的研究成果也曾引起了较大的反响，并在各方面引起重视。这一部分主要对一些比较著名的课题组的关于国力排行和中国在这一排行榜中的位置予以介绍。

中国现代国际关系研究所的“综合国力课题组”曾对包括中国在内的全球大国进行了综合国力测评与比较。该课题组经过3年的研究，于2002年发表了《综合国力评估系统（第一期工程）研究报告》。该报告认为：在美、日、中、俄、德、法、英七国中，美国的综合国力居世界第一位，并且其综合国力值遥遥领先于其他六国；日本居第二位，其综合国力值约等于美国的60%；法、英、德基本在一个水平上，其综合国力值约等于美国的一半；俄罗斯的综合国力值接近美国的40%，居于中国之前；中国的综合国力值居七国之尾，约占美国的1/4，法、英、德的1/2，俄罗斯的2/3。② 具

① 中国科学院可持续发展战略研究组：《中国可持续发展战略报告》，科学出版社2003年版，第30页。

② http://news.xinhuanet.com/newscenter/2002-07/16/content_484076.htm.

体的数据对比如表 5—2：

表 5—2　**美日等七国综合国力比较**

| | 美国 | 日本 | 法国 | 英国 | 德国 | 俄罗斯 | 中国 |
|---|---|---|---|---|---|---|---|
| 综合国力值 1 | 8371 | 5112 | 4270 | 4070 | 3918 | 3203 | 2175 |
| 综合国力值 2 | 6090 | 3096 | 3254 | 2830 | 2710 | 1604 | 1101 |

* 上表中综合国力值 1 是对经济、军事、科技教育、资源等几个方面的因素进行评价得到的综合值。综合国力值 2 则是在综合国力值 1 的基础上，把政治、社会、国际影响力的评价值作为调整系数所得到的综合国力值。

中国现代国际关系研究所的报告认为，中国很难始终保持综合国力的高增长；如果中国综合国力年均增长速度为 5%，达到排名第三的法国水平需 35 年。但是，即使中国综合国力的年均增长速度一直为 7%，美国的速度为 3%，今后 14 年内，中国的综合国力虽然与美国的相对差距逐年减少，但绝对差距还是逐年增大的，第 15 年后，绝对差距才开始逐年减少，所以对中国中短期内的综合国力评估不能太乐观。不过，中国综合国力的排位呈上升趋势。

中国现代国际关系研究所评估综合国力的取值包括经济、军事、科教、资源四类。经济领域，中国处于第 6 位，分值略高于俄罗斯；军事领域，分值约相当于美国的 1/9，俄罗斯的 1/3，英法的 1/2，与日本、德国接近；科教领域，中国的分值是美国的 1/7，法、英、德的 1/5，俄罗斯的 1/2 弱；资源领域，俄罗斯第一，中国第二，美国第三。从报告的分值看，中国最弱的是科教水平。① 中国现代国际关系研究所考察的上述四类考察领域包括军事技术、军事规模、经济潜力（人口和资源）、军事传统（管理）、核武器、军工、重工业基础和国民素质八个方面。以美国为参照系，虚因素总分排名及各项指标的评估分数如表 5—3：②

① http：//news. xinhuanet. com/newscenter/2002-07/16/content_ 484076. htm.

② 同上。

表 5—3 以美国为参照系九国（地区）虚因素总分排名及各项指标的评估分数

| | 总分 | 技术 | 规模 | 工业 | 军工 | 管理 | 潜力 | 核武器 | 国民素质 |
|---|---|---|---|---|---|---|---|---|---|
| 美国 | 80 | 10 | 10 | 10 | 10 | 10 | 10 | 10 | 10 |
| 俄罗斯 | 61 | 7 | 7 | 6 | 7 | 8 | 8 | 9 | 9 |
| 中国 | 56 | 5 | 10 | 9 | 5 | 7 | 11 | 4 | 5 |
| 法国 | 50 | 8 | 4 | 5 | 4 | 10 | 5 | 3 | 11 |
| 英国 | 49 | 7 | 4 | 5 | 4 | 10 | 5 | 3 | 11 |
| 日本 | 48 | 6 | 4 | 7 | 3 | 10 | 6 | 0 | 12 |
| 德国 | 47 | 6 | 4 | 6 | 3 | 10 | 6 | 0 | 12 |
| 以色列 | 39 | 8 | 3 | 1 | 2 | 10 | 1 | 2 | 12 |
| 印度 | 37 | 5 | 8 | 2 | 2 | 5 | 9 | 2 | 4 |
| 中国台湾 | 24 | 5 | 3 | 1 | 1 | 6 | 2 | 0 | 6 |

中国现代国际关系研究所的评估报告认为：美国每项都得到满分 10 分，总分为 80，排名第一 。第二名的俄罗斯总分 61 分。它在核武器、军工水平和规模、工业基础、经济潜力、国民素质、军事管理等方面均占有一定的优势。中国在军队规模和管理、核武器、军工核经济潜力等方面也居于前列，因此总分为 56，排第三名。英法两国技术不错，国民素质好，军工有一定实力，军队管理好，且有核武器，但工业规模、经济潜力和军队规模有限。因此，法国 50 分，名列第四；英国 49 分，排第五。日本和德国也有一定的相似性。它们的工业、管理和技术有优势，国民素质都不错，但没有核武器，军工体系也不完整。因此，日本得 48 分，排名第六；德国 47 分，列第七。以色列的技术、管理和国民素质都不错，军工有一定水平，又有核武器，但经济潜力和工业实力差，因此只得 39 分，排第八名。印度在经济潜力、军队规模方面有优势，又有核武器，但工业、军工、管理、国民素质得分不高；总分为 37，排第

九。中国台湾虽然得24分，但并没有排上名次。[1]

另一个较新的同时也是较为著名的关于综合国力的排行榜是中国社会科学院“国际形势黄皮书”《2006年：全球政治与安全报告》中王玲的《世界主要大国综合国力比较》一文中公布的。王玲在对美国、英国、德国、法国、日本、俄罗斯、印度、中国和韩国各国的经济力、外交力、军事力和国力资源、政府调控力综合考虑的基础上，参考到各类力量分配的协调性进行比较研究，得出一定的数据，建立了一个综合国力的排行榜，如表5—4所示[2]：

表5—4　十国综合国力排行榜

| | 技术力 | 人力资本 | 资本力 | 信息力 | 自然资源 | 军事力 | GDP | 外交力 | 政府调控力 | 综合国力 |
|---|---|---|---|---|---|---|---|---|---|---|
| 美国 | 97.42 | 73.38 | 99.59 | 87.06 | 79.34 | 91.85 | 100.00 | 98.64 | 76.11 | 90.69 |
| 英国 | 73.75 | 71.77 | 65.63 | 79.29 | 60.36 | 54.26 | 56.87 | 78.52 | 63.61 | 65.04 |
| 俄罗斯 | 56.33 | 67.05 | 52.44 | 56.77 | 89.84 | 84.79 | 50.00 | 87.46 | 52.14 | 63.03 |
| 法国 | 73.50 | 68.12 | 62.33 | 74.81 | 56.39 | 56.29 | 56.42 | 82.12 | 58.61 | 62.00 |
| 德国 | 77.35 | 66.46 | 59.71 | 80.02 | 53.66 | 54.03 | 59.49 | 72.25 | 59.93 | 61.93 |
| 中国 | 61.42 | 76.36 | 59.29 | 56.20 | 73.62 | 54.69 | 54.76 | 78.24 | 63.40 | 59.10 |
| 日本 | 86.31 | 71.93 | 66.13 | 81.15 | 50.78 | 52.34 | 68.30 | 66.57 | 54.79 | 57.84 |
| 加拿大 | 65.51 | 71.15 | 59.58 | 76.66 | 83.84 | 50.00 | 51.82 | 61.14 | 96.90 | 57.09 |
| 韩国 | 69.19 | 65.06 | 52.80 | 80.88 | 50.02 | 50.27 | 50.41 | 54.35 | 57.18 | 53.20 |
| 印度 | 50.59 | 65.09 | 50.59 | 51.40 | 61.80 | 51.13 | 50.19 | 50.42 | 53.59 | 50.43 |

王玲的研究方法是较为科学的。她提到了国外关于中国综合国力和经济实力、国际竞争力之类的评价。她介绍说，美国智库兰德

① http://news.xinhuanet.com/newscenter/2002-07/16/content_484076.htm.

② 王玲：《世界主要大国综合国力比较》，载李慎明、王逸舟主编《2006年：全球政治与安全报告》，社会科学文献出版社2006年版，第247页。

公司战略评估组（SAG）在其关于综合国力的研究中认为，中国目前的国力与欧盟相当，是国力仅次于美国的国家；而世界权威的国际竞争力评价机构“世界经济论坛”（WEF）和瑞士洛桑国际管理研究院（IMD）关于中国国际竞争力的最新排名都有所下降。①2004年，美国的GDP为11.73万亿美元，占到全球的29.6%；其次是日本，其GDP达4.67万亿美元；而后是德国、英国和法国；中国处于世界经济总量的第六位，GDP为16494亿美元；俄罗斯处于这些大国中的最后一位，其GDP只有58.87亿美元。从人均GDP的占有量上看，美国仍然处于第一位，2004年，人均GDP达到近4万美元，其次是日本，人均GDP为3.7万美元，而后是英国、法国、德国和加拿大，人均GDP都在3万美元以上，韩国人均GDP已达1.4万美元，俄罗斯为4082.52美元，而中国只有1268.89美元，排在倒数第二，仅高于印度（578.37美元）。②

王玲认为，中国劳动力资源丰富，资本资源充裕，国内环境稳定，政府政策稳中求进，但技术水平落后，劳动力质量低，信息力落后，支持创新体系的制度、环境和基础设施不配套，整体的国力资源落后，综合国力排名第六。还有，在中国国力系统中，外交力、军事力较强，政府调控力也排在第四位，经济力排在第六位，而国力资源只高于俄罗斯与印度，国力结构不均衡。③ 对其他大国或强国的综合国力的情况，王玲做出了如下分析：

> 美国几乎所有项目都具有绝对优势，都排在第一位，综合国力遥遥领先其他国家。英国的综合国力排第二；资本力、信息力、人力资本和技术力上有一定的优势，自然资源水平一般。俄罗斯的综合国力排第三；各种力量极不均衡，国力资源中只有自然资源处于一定的优势，而在技术力、人力资本、资本资源和信息力上都处于相当的劣势。法国的综合国力排第

① 王玲：《世界主要大国综合国力比较》，载李慎明、王逸舟主编《2006年：全球政治与安全报告》，社会科学文献出版社2006年版，第247页。

② 同上。

③ 同上。

四；其国力资源排在第六位，科技力和人力资本一般，资本力、信息力较强，而自然资源相对比较落后。德国的综合国力排第五位；国力系统中，国力资源排在第五位，技术水平整体较高，排在美日之后，处于第三。日本的综合国力排第七位；除自然资源外在所有项目上都排在较高的位置，国力资源仅次于美国。加拿大的综合国力排第八位；其国力资源排第四位，在自然资源上有相当的优势，其他资源基本排在中等或偏下的位置；在技术方面相对落后韩国国力，只高于印度。韩国的国力资源排在第七位，其中信息力较强，其他方面都比较弱。印度在大国中国力最弱。其国力资源除了自然资源排在第五位外，其他方面都处于劣势。①

中国科学院可持续发展战略研究组每年都发布一个《中国可持续发展战略报告》，但只有2003年的报告涉及综合国力问题，并曾对世界13个大国的综合国力进行过比较和排名。该报告关于综合国力的计算方式是比较复杂的：一种是不考虑所谓赋权系数的综合国力的基本方案结果；另一种是考虑赋权系数及其权值得出的综合国力排名和指标。该报告所罗列的综合国力要素及其赋权系数如表5—5所示②：

表5—5　**综合国力要素及其赋权系数**

| 综合国力 | 赋权系数 |
|---|---|
| 经济力 | 0.35 |
| 科技力 | 0.20 |
| 军事力 | 0.10 |

① 王玲：《世界主要大国综合国力比较》，载李慎明、王逸舟主编《2006年：全球政治与安全报告》，社会科学文献出版社2006年版。

② 中国科学院可持续发展战略研究组：《中国可持续发展战略报告》，科学出版社2003年版，第114页。

续表

| 综合国力 | 赋权系数 |
|---|---|
| 社会发展程度 | 0.10 |
| 生态力 | 0.10 |
| 政府调控力 | 0.08 |
| 外交力 | 0.07 |
| 合计 | 1.00 |

中国科学院2003年《中国可持续发展战略报告》公布的13国综合国力基本方案排序结果如表5—6所示①：

表5—6　　13国综合国力基本方案排序

| 国家＼年份 | 1990 | 1995 | 2000 |
|---|---|---|---|
| 澳大利亚 | 10 | 9 | 9 |
| 巴西 | 12 | 12 | 12 |
| 加拿大 | 4 | 4 | 3 |
| 中国 | 8 | 7 | 7 |
| 法国 | 5 | 5 | 5 |
| 德国 | 3 | 3 | 4 |
| 印度 | 11 | 11 | 11 |
| 意大利 | 9 | 10 | 10 |
| 日本 | 2 | 2 | 2 |
| 俄罗斯 | 7 | 8 | 8 |

① 中国科学院可持续发展战略研究组：《中国可持续发展战略报告》，科学出版社2003年版，第115页。

续表

| 国家＼年份 | 1990 | 1995 | 2000 |
|---|---|---|---|
| 南非 | 13 | 13 | 13 |
| 英国 | 6 | 6 | 6 |
| 美国 | 1 | 1 | 1 |

根据该报告的统计方式和计算方式，各国在不同的时间段所表现出来的权值不同，因而排名也不同；而且，这一排名与同一时间段的综合国力基本方案排名也不一致。该报告对13国在1990年、1995年和2000年三个不同的时间段内的综合国力赋权方案排序结果如表5—7所示①：

表5—7　　**13国不同时间段综合国力赋权方案排序**

| 国家＼年份 | 1990 | 1995 | 2000 |
|---|---|---|---|
| 澳大利亚 | 10 | 9 | 9 |
| 巴西 | 11 | 11 | 11 |
| 加拿大 | 3 | 3 | 3 |
| 中国 | 9 | 8 | 7 |
| 法国 | 5 | 5 | 5 |
| 德国 | 4 | 4 | 4 |
| 印度 | 12 | 12 | 12 |
| 意大利 | 8 | 10 | 10 |
| 日本 | 2 | 2 | 2 |
| 俄罗斯 | 6 | 7 | 8 |

① 中国科学院可持续发展战略研究组：《中国可持续发展战略报告》，科学出版社2003年版，第115页。

续表

| 国家＼年份 | 1990 | 1995 | 2000 |
| --- | --- | --- | --- |
| 南非 | 13 | 13 | 13 |
| 英国 | 7 | 6 | 6 |
| 美国 | 1 | 1 | 1 |

该报告公布的13国综合国力基本方案分值测算结果如表5—8所示①：

表5—8　**13国综合国力基本方案分值测算结果**

| 国家＼年份 | 1990 | 1995 | 2000 |
| --- | --- | --- | --- |
| 澳大利亚 | 1249.39 | 1273.61 | 1282.68 |
| 巴西 | 821.60 | 859.85 | 919.73 |
| 加拿大 | 1641.01 | 1591.54 | 1608.32 |
| 中国 | 1330.45 | 1382.68 | 1462.08 |
| 法国 | 1546.55 | 1501.77 | 1525.95 |
| 德国 | 1656.32 | 1630.52 | 1570.69 |
| 印度 | 861.30 | 862.51 | 945.11 |
| 意大利 | 1321.77 | 1232.30 | 1243.51 |
| 日本 | 1873.68 | 1949.89 | 1851.20 |
| 俄罗斯 | 1475.16 | 1315.87 | 1297.00 |
| 南非 | 794.25 | 787.48 | 782.38 |
| 英国 | 1486.75 | 1441.71 | 1465.72 |
| 美国 | 2824.29 | 2659.64 | 2740.12 |

① 中国科学院可持续发展战略研究组：《中国可持续发展战略报告》，科学出版社2003年版，第115页。

该报告公布的13国综合国力赋权方案分值测算结果如表5—9所示①：

表5—9　　13国综合国力赋权方案分值测算结果

| 国家＼年份 | 1990 | 1995 | 2000 |
|---|---|---|---|
| 澳大利亚 | 35.24 | 35.93 | 37.54 |
| 巴西 | 25.94 | 26.53 | 28.68 |
| 加拿大 | 52.19 | 50.79 | 39.50 |
| 中国 | 38.85 | 36.92 | 39.50 |
| 德国 | 43.25 | 42.65 | 43.46 |
| 法国 | 47.01 | 46.53 | 45.63 |
| 印度 | 25.58 | 24.69 | 27.86 |
| 意大利 | 37.67 | 34.91 | 35.14 |
| 日本 | 53.28 | 56.32 | 53.23 |
| 俄罗斯 | 43.13 | 38.58 | 37.97 |
| 南非 | 22.13 | 22.73 | 22.93 |
| 英国 | 42.67 | 41.47 | 41.88 |
| 美国 | 77.39 | 74.18 | 76.06 |

网上有很多转载的一些学者和课题组的关于综合国力排行的研究成果。这些排行榜建立的方法基本上是中国现代国际关系研究所、中国科学院和中国社科院相关课题组和研究人员所采取的方法的综合或在微调基础之上的借用。不过，那些网页上的综合国力排行榜介绍往往没能很好地说明出处，也几乎不介绍研究方法或分析框

① 中国科学院可持续发展战略研究组：《中国可持续发展战略报告》，科学出版社2003年版，第115页。

架。现在我们这里介绍两个所谓的“排行榜”作为代表，以作为补充。其一（见表5—10）：

表5—10　　全球综合国力 TOP 15 排行

| 排名 | 国名 | 经济力 | 科技力 | 军事力 | 资源力 | 社会发展 | 政府调控 | 外交力 | 年增长率（%） | 综合国力 |
|---|---|---|---|---|---|---|---|---|---|---|
| 1 | 美国 | 3194 | 2218 | 2197 | 295 | 529 | 159 | 97 | 2.6 | 8530 |
| 2 | 日本 | 2122 | 1390 | 778 | 37 | 390 | 151 | 79 | 1.1 | 4947 |
| 3 | 法国 | 1560 | 1263 | 786 | 14 | 397 | 166 | 94 | 2.6 | 4280 |
| 4 | 英国 | 1575 | 1076 | 805 | 19 | 378 | 153 | 90 | 2.3 | 4096 |
| 5 | 德国 | 1736 | 1077 | 600 | 11 | 398 | 168 | 91 | 2.0 | 4081 |
| 6 | 俄罗斯 | 578 | 623 | 829 | 312 | 318 | 144 | 97 | 4.9 | 2901 |
| 7 | 中国 | 1301 | 349 | 488 | 274 | 233 | 119 | 99 | 7.7 | 2863 |
| 8 | 加拿大 | 819 | 230 | 159 | 317 | 408 | 155 | 87 | 3.0 | 2175 |
| 9 | 意大利 | 725 | 269 | 209 | 30 | 384 | 150 | 84 | 2.5 | 1851 |
| 10 | 澳大利亚 | 538 | 129 | 114 | 177 | 398 | 138 | 77 | 2.4 | 1571 |
| 11 | 巴西 | 537 | 231 | 155 | 184 | 243 | 101 | 75 | 0.4 | 1526 |
| 12 | 印度 | 578 | 209 | 160 | 157 | 183 | 98 | 81 | 5.2 | 1466 |
| 13 | 西班牙 | 611 | 173 | 104 | 11 | 357 | 118 | 78 | 2.5 | 1462 |
| 14 | 韩国 | 524 | 128 | 89 | 9 | 354 | 110 | 83 | 5.7 | 1297 |
| 15 | 墨西哥 | 438 | 108 | 94 | 101 | 178 | 96 | 86 | 0.8 | 1101 |

2003年4月21日最新研究报告。数据资料截至2002年12月31日。①

其二（见表5—11）：

① http://bbs.cqzg.cn/thread-149159-1-1.html.

表 5—11　　**全球综合国力 TOP 15 排行**

| 排名 | 国 名 | 增长率（%） | 总分 |
|---|---|---|---|
| 1 | 美国 | 0.43 | 10000 |
| 2 | 日本 | 0.26 | 4330 |
| 3 | 英国 | 0.31 | 3350 |
| 4 | 法国 | 0.75 | 3120 |
| 5 | 德国 | 0.48 | 2839 |
| 6 | 中国 | 2.98 | 2100 |
| 7 | 俄罗斯 | 2.20 | 2090 |
| 8 | 加拿大 | 1.92 | 2000 |
| 9 | 意大利 | 1.97 | 1960 |
| 10 | 澳大利亚 | 2.56 | 1852 |
| 11 | 巴西 | 2.21 | 1762 |
| 12 | 西班牙 | 2.08 | 1674 |
| 13 | 印度 | 1.79 | 1650 |
| 14 | 韩国 | 2.05 | 1483 |
| 15 | 墨西哥 | 2.74 | 1312 |

数据资料截至 2006 年 7 月 31 日。①

① http：//www. shalom. org. cn/military/ShowArticle. asp? ArticleID = 12.

# 第六章

## 中国文化力与文化软实力的理论体系和基本主张

我们在前面的部分章节（主要是第四章）系统介绍“文化力”与“文化软实力”概念的起源，也系统讨论了“软权力”或“软实力”概念的起源和理论体系，并分析了中国的文化力与“文化软实力”概念与西方“软权力”或“软实力”概念和理论的联系。本章我们将系统介绍中国的“文化力”理论和“文化软实力”理论的基本内容，但也会继续探讨“软权力”与“文化力”、“文化软实力”理论的联系与差异。“软权力”（软实力）、“文化力”和“文化软实力”等概念本来就是互为关联，密不可分的，通过三者之间的比较，分析其差异也是必不可少的。在这一部分的探讨中，我们将以讨论“文化力”理论为主，以讨论“文化软实力”为辅。这是因为：首先，“文化力”理论早就存在，而且早已定型，理论体系相对比较丰满、成熟，而“文化软实力”概念则刚提出不久，理论体系的发展仍需时间；其次，“文化软实力”概念和理论是对文化力概念和理论的发展，讨论“文化软实力”概念和理论也没法绕开文化力概念和理论。当然，“文化软实力”概念和理论本身更需讨论。因为它是目前中国最受重视的概念之一，超过了“文化力”、“软实力”（软权力）和“文化软实力”概念的知名度和地位。不过，这并不意味着我们对“文化软实力”理论不重视。

由于“软权力”或“软实力”概念和理论是这几个概念和理论中最早产生的，我们下面就先从“软权力”或“软实力”概念开始我们的讨论。

## 一　中国学者的争论："软权力"（软实力）等于"文化力"吗？

中国的"文化力"概念就是在软权力概念的基础上建立并发展的。目前新出现的"文化软实力"概念更证明国人将它们（"文化力"与"软实力"概念）几乎看作一回事。但有学者指出二者并不是一回事。中国学者对"软权力"或"软实力"概念现在批评得不多，尚停留在对它如何理解、消化、为我所用的阶段，但基本上将它与"文化力"概念等同。

作为中国综合国力问题研究的主要奠基人之一，黄硕风对约瑟夫·奈的软权力理论是了解的，而且也很快在他的关于综合国力的专著中介绍了他的软权力理论（但他使用的是"软实力"概念）。[①] 但黄硕风并没有受到"软权力"理论的特别影响，也没有将"软权力"看作类似于"文化力"的东西。正如前面所言，他也没有提出文化力的概念。事实上，他关注的重点既不是文化和"文化力"，也不是"软实力"，他一直致力于综合国力系统及其测评方程的研究。王沪宁虽然指出"文化力"是"软权力"或"软实力"的重要来源，但也没有直接将二者等同。但随着"文化力"和"软实力"概念的广泛推广，二者才逐渐地被一批学者看作一回事。但也有研究所谓"软实力"的学者只提"文化"因素而不提"文化力"的概念。只是随着"文化软实力"概念的出现，一部分学者逐渐将文化产生的所谓"软实力"看作了软实力或国家软实力的一部分。总之，中国学者对待文化力和文化软实力概念的认识是不同一，有着极大的分歧。甚至可以认为，学界在这方面的认识是混乱的。

清华大学教授阎学通是明确主张从综合国力的概念理解"软实力"概念的，同时也明确主张软实力是综合国力的一个重要组成部分，但他不认为软实力就是文化力。关于综合国力概念和软实力概念进入中国学术的过程，他曾做过这样的总结：

---

① 黄硕风：《综合国力论》，中国社会科学出版社 1992 年版，第 35—37 页。

> 1991 年苏联解体后，“综合国力”一词便成为政界和学界普遍使用的一个概念。然而在上世纪 90 年代，我国学界普遍将综合国力理解为经济实力和经济实力的总和，而且认为经济实力是综合国力的基础。到了本世纪初，我国学界才开始注重综合实力构成中的软实力因素问题。①

与约瑟夫·奈一致的是，阎学通也将国力（综合国力）分为“软”、“硬”两部分。他否定硬实力决定软实力的大小。他说：“硬实力的增强并不能自动地提高国家的软实力。即使一国经济非常富有，军事技术非常先进，但如果它被国际社会普遍认为是一个不道德的国家，它的国际动员能力仍会很低。”② 他还强调了“软实力”在综合国力中的重要地位。他说：

> 任何国家的综合实力都是由硬实力和软实力构成的，两种实力的关系不是和而是积。因此，当一国软实力全部丧失时，无论一国的硬实力有多大，其综合实力都等于零。……国家生存、国家发展以及国家崛起都离不开软实力的支撑。当一国软实力丧失或被严重削弱，无论多么强大的经济实力都挽救不了这个国家的命运。③

阎学通也指出了国人将软实力等同于文化力的现象：“自中国政府于 2005 年 9 月提出促进和谐世界的外交政策以来，国内有关软实力的讨论越来越多。……近来笔者发现，‘软实力’这一概念被越来越多的人理解为是‘文化实力’。”④ 但他认为：文化实力≠软实力。他说：“文化实力的增强并不必然增强一国的软实力。”⑤

① 阎学通：《从和谐世界看中国软实力》，《环球时报》2005 年 12 月 16 日。
② 同上。
③ 同上。
④ 阎学通：《软实力的核心是政治实力》，《环球时报》2007 年 5 月 22 日。
⑤ 阎学通：《从和谐世界看中国软实力》，《环球时报》2005 年 12 月 16 日。

那么，他对软实力的定义是什么呢？他认为："软实力是一国的内外政治动员能力，即对国内外硬实力的动员和使用能力。"[①] 他还指出：

> 比较我国现有经济实力、政治实力和军事实力，我们可以发现，我国的政治实力，即软实力，比我国经济实力的影响范围小但比军事实力的影响范围大。软实力的发展如果跟不上硬实力的发展，我国就不是一个实力要素平衡的综合国力国家。我国的经济实力已具有了世界范围的影响，……我国的政治实力的影响范围则主要集中于我国周边地区，在我国周边以外地区的影响力还很有限。……我军事实力是国土防御型力量，虽然我军也参加了远离本土的国际维和行动，但其军事保障能力还局限于我国边境附近地区，基本上不具备介入我陆地邻国之外的作战能力。[②]

可以看出，阎学通认为软实力就是政治实力。如果他所说的政治实力等于政治权力，那么，他关于软权力和国力的理解基本上是定义在政治权力的范围之内的。但他又认为西方关于权力和软权力的理解似乎不是政治权力。他的软实力当然是从约瑟夫·奈出发，基本观点也基本上一样，但又对他的观点有批判。他说：

> 美国学者约瑟夫·奈关于布什的单边主义政策削弱了美国软实力的论述在我国影响很大。其积极作用是促使人们思考软实力在综合国力中的重要性，但是由于他没有对软实力的构成要素做文化实力与政治实力的区分，因此产生了误导人们将软实力理解为文化实力的负面作用。文化实力包括了全民教育、科学技术、文学艺术、新闻媒体、电视电影、服装饮食等很多方面。苏联的文化实力在1991年远大于1951年，但文化实力

① 阎学通：《从和谐世界看中国软实力》，《环球时报》2005年12月16日。

② 同上。

的增强却未能维持国家的完整。古巴、朝鲜、越南和许多非洲国家的文化实力都远小于苏联，但这些国家却能在冷战后生存下来。美国的文化实力在2003年大于1990年，但美国在2003年的伊拉克战争时的国际动员能力却远小于1991年海湾战争时期。①

从某种程度上来说，阎学通所说的政治实力是从中国语汇中的“政治”出发的，不同于西方学界所说的政治权力。他还认为政治实力和软实力的获得基本上出自道德或“德政”。他指出：

在经济决定论的影响下，许多人认为只要我国经济发展了，我们就能提高国内外政治动员能力。但历史证明，事实并非如此。……自上世纪80年代以来，我国的经济发展总体上是上升趋势，但我国的软实力却并不是直线上升。2005年我国政府提出建立和谐世界的外交政策后，我国际政治动员能力出现快速上升的势头。……中国古代先贤们有关以德服天下的思想是非常丰富的。只要我国将国内建立和谐社会与国际上建立和谐世界的政策协调起来，并且扎实有效地执行，迅速地提高我国软实力是完全做得到的。②

阎学通认为中国人将软实力误为文化实力是因为约瑟夫·奈造成的。其实不然。约瑟夫·奈只是认为文化的魅力或影响力等于软实力，但并不是说文化就是实力，更没有说那些所谓实力等于软实力（实为软权力）。阎学通虽然从政治权力的角度定义软实力，但又将其看作一种实力，而非权力。这是一种自相矛盾的看法。他说：“软实力的特点是让别人自愿支持本国政府的政策。软实力和硬实力的最根本区别是软实力使受力者自愿行动，而硬实力使受力者被迫行动。”③ 关于政治实力、文化实力与软实力的关系，他曾做

① 阎学通：《软实力的核心是政治实力》，《环球时报》2007年5月22日。
② 阎学通：《从和谐世界看中国软实力》，《环球时报》2005年12月16日。
③ 阎学通：《软实力的核心是政治实力》，《环球时报》2007年5月22日。

过如下论断：

> 文化实力的削弱并不必然削弱一国的软实力。1966—1976年的“文化大革命”严重削弱了我国的文化实力，但中国却在1971年得到第三世界的广泛政治支持，恢复了我在联合国的席位和安理会常任理事国的政治权力，使我国际地位和国际影响大为提高。1978年我国文化实力与“文革”后期相比并无明显提高，而改革开放政策却一下子为我国争取到了国内外广泛的政治支持，我国软实力明显大增。从长期历史发展看，一国的文化实力普遍是处于上升趋势的，但国家的软实力则时强时弱。罗马帝国、大英帝国、大清王朝的文化实力都是不断地上升的，但它们都走向了衰败。依据上面正反两方面的例子，我们可以得知，文化实力是软实力的构成部分但却并非核心要素。
>
> ……
>
> 政治实力是操作性实力，而文化实力是资源性实力。政治实力和文化实力都是软实力的构成要素，但两者性质不同。政治实力是操作性实力，而文化实力是资源性实力，后者与军事实力和经济实力性质相同。政治实力包括了领导人意志、社会制度、政治原则、国家战略、决策程序等多方面。政治实力是运用文化、经济和军事实力的操作性实力，没有了政治实力，任何资源性的实力都不能发挥作用。例如，以往2000多年里中国经历了多次分裂与统一、强盛与衰败，与这些历史事件相联系，我们看到的是政府政治实力的升降先于事件之前，而文化实力的变化则在事件之后。即使我们最自豪的汉唐文化也未能防止这两个朝代的衰败。这说明，没有政治实力，文化实力没有意义。而没有文化实力，政治实力仍可独自发挥作用。例如，如果把农民种地的能力比作政治实力，其科技知识就是文化实力。有了科技知识，农民能提高产量，但没有知识也能种

> 地。只有科技知识而不会种地的人是种不出粮食的。[①]

虽然阎学通反对将文化力看作软实力，但他又不否定文化力是软实力的来源之一或者说是软实力的一部分。在他看来，软实力就来自于政治实力与文化实力，但主要是政治实力。在上述论点的基础上，阎学通列出了一个软实力的公式，或者说建立了一个关于软实力与政治实力和文化实力之间的等式，并对这一公式或等式作了详细的说明。他说：

> 软实力=政治实力×（1+文化实力）。综合国力是硬实力和软实力的积，即硬软实力的任何一方为零时，综合国力都等于零。但在这个公式中，软实力却不是政治实力与文化实力的简单相乘，如果文化实力为零，软实力依然存在，但一旦政治实力为零，软实力则等于零。因为一个只有政治实力而没有文化实力的国家照样拥有软实力。任何一个新独立而不具备文化体系的国家，一旦被联合国接纳，就有了在联大的投票权，也就具备了软实力。在20世纪60年代，许多新独立的小国都是这种情况。本段的软实力公式表达了三个概念：1）没有政治实力，文化实力是起不到软实力作用的；2）没有文化实力，政治实力可独自起到软实力的作用；3）文化实力与政治实力的增长都有利于软实力的增长，但政治实力是根本。如果深入探讨我们还会注意到，政治实力的增长会带动文化实力的发展，但文化实力的发展则不必然带动政治实力的发展。这就是为什么历史上文化实力发展的大国也有走向衰败的。[②]

很显然，阎学通是从实力的角度理解国力或综合国力的，但又与西方的权力理论有联系。而且，他基本上将国力定义为政治实力。他认为“政治实力的核心是政治信誉”[③]。他对国力的理解与摩

① 阎学通：《软实力的核心是政治实力》，《环球时报》2007年5月22日。

② 同上。

③ 同上。

根索和约瑟夫·奈显然不一样。他说："国际政治实力的核心是战略信誉。从范围上讲，政治实力包括了国内和国际两方面的动员能力。国内动员能力是让本国人民自愿支持政府政策的能力，国际动员能力是让他国自愿支持本国政策的能力。"① 对于所谓政治实力（一个十足的中国化的概念），他的定义是："从内容上讲，政治实力包括了权力和信誉两方面。"② 他认为："国际政治实力的权力包括了一国在国际组织和机构中拥有的法定权力，如参与权、投票权、提案权、否决权等；战略信誉则是其他国家对一国执行其所宣示的政策的可靠性的判断。信任的国家越多，一国的战略信誉就越高，否则反之。战略信誉高的国家盟友多，战略信誉低的国家盟友少。"③在这一理论基础上，他主张将增强我国软实力的重点置于提高政治实力上，而不是放在增强文化力（文化实力）上。他指出：

> 将增强政治实力作为提高我国软实力的重点。开展国家间的文化年活动有利于外国人了解中国和认识中国，但这并不意味外国人就因此喜欢中国和支持中国政策。在那些大肆鼓吹"中国威胁论"的外国专家中，有很多都是喜欢中国文化的，甚至是中文讲得很好的。依据上述分析，为了有效地增强我国软实力，我国增强软实力的工作重点可考虑从推广中国文化转向提高国家战略信誉。国家战略信誉是非常重要的国家利益，对于崛起大国来讲，比经济利益要重要得多。为此，在战略信誉与经济利益发生冲突时，采取经济利益服从于战略信誉的原则，将有利于我国较快提升软实力。④

顺理成章，他接着提出了"以政治实力为基础提高我国的综合国力"的主张。他既然主张政治实力是综合国力的核心，提出这种主张就不奇怪了。他说：

---

① 阎学通：《软实力的核心是政治实力》，《环球时报》2007年5月22日。

② 同上。

③ 同上。

④ 同上。

新中国历史表明，政治实力一直都是文化、经济和军事实力增强和衰弱的基础。新中国成立时，新的政治制度焕发了全中国人民建设新国家的热情，1950—1956年我国文化、经济、军事实力都迅速上升，赢得了朝鲜战争、完成了工业基础的建设，识字率迅速提高，道德风尚大幅改善。而50年代的“大跃进”和60年代的“文化大革命”的政治路线，使国家经济、军事和文化实力都严重衰败。而后以经济建设为中心的政治路线使我国经济在80年代和90年代迅速提高，但一段时间内军事实力欠了些账。此后中央政府提出“国防建设与经济建设”协调发展的政策，于是出现了经济与军事实力共同增长的局面。2006年中央提出了“建设和谐社会”的政治路线，我国的政治实力开始明显上升。根据我国自己的历史经验，以政治实力为综合国力的基础，我国综合国力的增长速度就会快于以经济实力为综合国力的基础。①

他还指出：

增强政治实力的工作从建立和谐社会入手。政治实力包括了国内和国际两方面，但国内政治动员能力是国际政治动员能力的根本。提高政治实力与提高经济实力和军事实力的原理一样，都得先从提高国内实力开始。只有一国国内经济实力增强了，其国际经济影响力才能上升；只有自身军事实力增强了，对国际安全事务的影响力才上升。当一国政府的对内政治动员能力下降时，其国际政治动员能力也必然下降。建立和谐社会是提高我国政府国内政治动员能力的根本大计，因此增强政治实力的工作应从和谐社会建设入手，党的十六届六中全会已经明确，和谐社会的基础是正义与公平。以“正义公平”的思想替代“致富光荣”的思想指导我国政府的各项政策，政府的信

① 阎学通：《软实力的核心是政治实力》，《环球时报》2007年5月22日。

誉就能迅速提高。为此，当发财致富与公平正义发生冲突时，我们需要优先考虑维护公平和正义。①

不过，我们不得不遗憾地指出，阎学通似乎是在权力说与实力说之间徘徊。他试图强调所谓的国力是政治范围的概念或政治学的问题，但他没有发现所谓国力就是政治权力，因而在从政治或“政治实力”的角度来解读国力和软实力的时候，留下了较大的漏洞，遭到了一些学者的批评。有人认为他这是将所谓“政治实力”的作用绝对化。② 实际上，阎学通的所谓“政治实力”就是政治权力，也是西方国力、权力和软权力说的核心概念，但转变成政治实力之后就成了与政治权力不太相干的概念了。因而别人批评他夸大“政治实力”的作用就不奇怪了。实际上，国力和软权力在西方学界的话语体系里就是政治权力。

清华大学教授兼香港中文大学政治系的学者彭林对阎学通的观点表示怀疑。他认为中国政治和政治实力是弱项，提升软实力靠它是“扬短避长”；他主张中国提高软实力应该发扬“文化实力”。③ 他也从约瑟夫·奈的软权力观出发，认为“软实力很大程度上等同于‘吸引力’或者‘魅力’”，但他最终又落脚到了“实力”说上面，基本上将软实力等同于所谓“文化实力”。

阎学通的同事，清华大学国际问题研究所副教授邢悦认为文化实力与政治实力“是在不同层次上的”，前者是资源，后者是指对资源的运用；因而我们很难比较二者哪个更重要。④ 他折中地认为“我国有丰富的文化资源，但如何发挥这些资源需要有一定的政治力量”⑤。他试图就所谓“政治实力”、“软实力”、文化、综合国力等概念之间的关系作出一个系统说明，以理顺它们之间的关系。他说：“因此，政治实力是硬实力和软实力的综合运用，是国家综合

① 阎学通：《软实力的核心是政治实力》，《环球时报》2007 年 5 月 22 日。

② 王允祯：《别把政治实力的作用绝对化》，《环球时报》2007 年 7 月 25 日。

③ 彭林：《政治力短期内提升空间有限》，《环球时报》2007 年 7 月 25 日。

④ 邢悦：《很难比较文化力与政治力》，《环球时报》2007 年 7 月 25 日。

⑤ 同上。

国力的表现，它既不是硬实力，也不是软实力。相比之下，文化是软实力的动力来源，文化的凝聚力、吸引力对软实力的提升起着至关重要的作用。”① 当然，这种论述是否准确、到位还是值得做进一步研究的。

## 二 如何理解文化力？

前面说过，黄硕风在20世纪90年代初期已经开始将文化解释为国力的一部分，但没有提出文化力的概念。他将文化与教育并提，称之为“文教力”②，但也没有给予重要的地位。另外他还将科技单列为综合国力的另一重要组成部分，不过也没有将这一部分与文化力挂钩。高增杰等曾将日本人的文化力概念译介给中国学界，但也并没有受到重视。直到王沪宁用文化力解释软权力（软实力），文化力概念才正式成为一个学术概念并随后形成理论。王沪宁接受了约瑟夫·奈的软权力定义，指出“软权力”是一个国家对外交往的基本力量，但却在它的基础上建立了文化力概念。王沪宁将政治体系、民族士气、民族文化、经济体制、历史发展、科学技术、意识形态等因素看作文化力的构成，③ 属于一种比较全面、权威的解释。而且，他将文化力与软实力看作互为关联的，因此不仅堪称文化力概念和理论的创造者，也是文化软实力概念或理论的奠基者。

文化力概念虽然是受约瑟夫·奈的软权力概念启发产生的，但一开始也是作为综合国力概念的附属概念提出来的。它产生的原因在于说明综合国力有文化因素，或者说文化是综合国力的一部分。在中国学界，软权力一开始也被解释为综合国力的重要组成部分，但一度，文化或软权力作为国力的组成部分曾被认为是“虚的”而非“实的”。黄硕风明确指出，“文教力”是“精神力量”。④ 从某

① 邢悦：《很难比较文化力与政治力》，《环球时报》2007年5月22日。

② 黄硕风：《综合国力论》，中国社会科学出版社1992年版，第110页。

③ 王沪宁：《作为国家实力的文化：软权力》，中国社会科学出版社1992年版。

④ 黄硕风：《综合国力论》，中国社会科学出版社1992年版，第164页。

种程度上来说，文化力概念和理论基本上属于中国人自创的概念和理论；而软权力理论是西方的，属于西方权力理论或国家权力（国家实力）理论的一个组成部分。现在，在中国，人们已倾向于认为文化力是客观实在的力量，而主要不是权力。“文化软实力”理论则应该是以文化力理论为主，结合软实力（软权力）理论而形成的更为完善的具有中国特色新的理论。在概念上，文化软实力也基本上是文化力与软实力（中国人所理解的）两个概念的内涵的相加。不过，从理论来源上，马克思主义的基本原理和党的执政理念与理论已经成为“文化软实力”的核心和主要内容。中国综合国力理论与“文化软实力”理论一直就是决策部门与学术界互动的智慧结晶。

事实上，自邓小平大力提倡提升中国的综合国力和注重中国的综合国力的发展以来，综合国力已经成了我国意识形态的一个非常重要的核心概念和发展中的马克思主义理论新的理论核心之一，而文化力概念也逐渐成为这一核心概念和理论核心中的核心或重中之重；文化力概念也从邓小平的“科学技术是第一生产力”的提法，逐渐丰富、发展为系统的文化力理论。江泽民指出：“在当代中国，发展先进文化，就是发展面向现代化、面向世界、面向未来的，民族的科学的大众的社会主义文化，以不断丰富人们的精神世界，增强人们的精神力量。”① 党的十六大报告也强调：“当今世界，文化与经济和政治相互交融，在综合国力竞争中的地位和作用越来越突出。”② 江泽民同志还曾指出：

> 我们党要始终代表中国先进生产力的发展要求，就是党的理论、路线、纲领、方针、政策和各项工作，必须努力符合生产力发展的规律，体现不断推动社会生产力的解放和发展的要求，尤其要体现推动先进生产力发展的要求，通过发展生产力

① 《江泽民论有中国特色社会主义》（专题摘编），中央文献出版社 2002 年版，第 397 页。

② 《十六大报告辅导读本》，人民出版社 2002 年版，第 34 页。

不断提高人民群众的生活水平。[①]

最近，文化力理论体系更是完成了由“文化力”概念和理论到“文化生产力”、“文化软实力”概念和理论的嬗变与升华。中国也开始注重“文化软实力”或“软实力”的建设与发展战略，而且也取得了相当的成就。对此，连西方社会都表示了一定的关注。有美国学者指出：“长期以来，中国专注于打造硬实力，尤其是经济和军事实力。近年来，北京日益认识到软实力的价值。自上世纪90年代起，中国在全球发起了前所未有的软实力行动。”[②]

## 三 文化力理论的基本主张与理论体系

对于文化力问题的研究，现在正在成为马克思主义理论和文化研究本身的热门话题，学科的归属似乎也找到了队伍，但这是一个学科或理论体系转移的过程，或者说是一个理论体系自我调整与自我发展的过程。在这个过程中，或多或少地出现了理论体系的混乱和某些主张的冲突。

关于文化力问题的研究，本来应该主要属于马克思主义理论或马克思主义哲学的范围或学科，或者说属于马克思主义理论体系与国际关系理论的交叉。但是，很多研究者并没有采用马克思主义的分析方法或将自己的研究自觉地纳入马克思主义的理论框架，也缺乏对国际关系理论的应用。相反，很多研究撇开这些基础理论与方法论，正在所谓文化研究或文化产业的研究的基础上形成一种新的文化力、文化生产力和文化软实力理论体系。然而，从事文化或文化产业研究者的加入并没有使问题更加清晰明了，反倒在有些方面使之更加庸俗化。文化力研究属于什么学科，研究者的主力队伍为

① 江泽民：《在庆祝中国共产党成立八十周年大会上的讲话》，载《论“三个代表”》，中央文献出版社2001年版，第153页。

② 安德鲁·斯科贝尔：《世界认可中国的软实力吗?》，美国詹姆斯顿基金会《中国简报》2007年1月24日，《环球时报》2007年1月26日，王析译。

谁又成了一个问题。一些从事文化、文化产业或文学研究的学者所理解的文化力就是文化产业所产生的力量。比如，中国社会科学院文学所所长、《文学评论》主编杨义曾主张文化力是综合国力的一部分，其本质是文化竞争力；文化竞争力就是文化产业或产品的竞争力；提高文化竞争力就是发展所谓文化产业、提高文化商品的竞争力。[①] 这种观点无论对文化的理解还是对文化力的理解都是过于狭窄和肤浅的，因而对决策部门、学术界和整个社会都产生了不小的误导。现在整个社会一提到文化力和文化生产力，马上就转到所谓文化产业的话题上来，好像文化产业就是文化和文化力的一切和唯一体现。这真是中国文化研究和文化发展的极大的悲哀。

所谓文化研究本身就应该是一个交叉学科，理论体系也应该非常复杂。但在我国，文化研究仍属于比较薄弱的学科，理论体系也不成熟，基本的分析框架仍然混乱，很多相关研究存在着自说自话的情况。以这种文化研究为基础研究文化力（包括文化生产力和文化软实力）或建立文化力（包括文化生产力和文化软实力）理论是不合适的。如果以所谓文化产业研究为主要内容讨论文化力（包括文化生产力和文化软实力）或建立文化力理论（包括文化生产力和文化软实力理论），那就更等而下之了。

目前，与综合国力研究相比，文化力研究缺乏深入，对文化力所下的定义过于简单，理论体系也不太统一。毕竟，综合国力的理论和分析框架几乎直接转借自西方国力理论体系和相关的测评公式；尽管关于基本概念的定义有所不同，但相似之处很多，很多研究者都不由自主地去借鉴国际学术界很多现成的东西。关于文化力研究的情况则不同。有些中国学者关于文化力能否等同于约瑟夫·奈仍有疑问，或是对二者之间的关系并不是很清楚，因此就谈不上借鉴。即便是主动将文化力概念与约瑟夫·奈的软权力概念挂钩的学者，也不太注重软权力概念的内涵，更不注重文化力概念与它已经产生的差异，想当然地认为它们是一回事。加之西方软权力概念和理论体系本身仍显单薄，可资借鉴、利用的内容有限，出现以讹

---

① 杨义：《综合国力不能忽视文化竞争力》，《文汇报》2002 年 11 月 14 日。

传讹的情况就在所难免了。现在，文化力、文化生产力和文化软实力之间的联系和差异并没有人给予明确的考辨和说明，也没有人能够说清楚为什么会出现这三个很相近或相似的概念。事实上，在有些人看来，文化力、文化生产力、文化国力和文化软实力是不同的概念，指的是不同的对象或事物存在，似乎它们之间相距万里。因为在有些人的研究中只提及或只使用一个新的概念（如文化生产力或文化软实力），根本没有提及这一概念与文化力或其他概念之间是否有过任何联系或关系。

下面让我们看看中国学者对文化力和相近的概念是怎样定义的，了解一下他们的基本主张都是什么。

周浩然和李容启将文化力等同于文化国力。他们在其专著《文化国力论》中提出，文化国力（国家文化力）的构成要素包括：(1) 人的现代化素质是文化国力的决定性要素；(2) 科技教育是文化力的基础；(3) 文化事业与文化产业是文化国力的重要组成部分等九个方面。但他们并没有把国家文化力划分为这些要素的理论依据。① 他们的观点是对贾春峰文化力概念与理论的继承与发展。

周浩然为《经济文化》杂志的创办者与主编。他本人曾经宣传报道过贾春峰的文化力理论，并将贾春峰誉为“文化力研究第一人”。贾春峰在周浩然和李容启的《文化国力论》的序言中表示，该书的作者是贾向出版社推荐的。② 就文化国力的定义以及它与文化力和综合国力的关系，他说：“文化国力，是指综合国力中的文化力。关于文化力在国力发展中的作用，这虽然在十几年前的国外学术著作中提到过，同时我在 1995 年和 1997 年出版的《文化力》、《文化力观》两本专著中也讲过文化历史综合国力的重要组成部分，但都没有专门从这个角度加以展开。”③

的确，周浩然、李容启所说的文化国力就是国力中的文化力。他们下面的一段论述充分地证明了这一点：

---

① 周浩然、李容启：《文化国力论》，辽宁人民出版社 2000 年版，第 24—30 页。

② 贾春峰：《序》，载周浩然、李荣启《文化国力论》，辽宁人民出版社 2000 年版。

③ 同上。

经济活动中的文化力作用日益强烈地表现出来。当前国际竞争的实质是综合国力的较量。综合国力以经济和科技实力为基础，但不仅仅是这些，它还包括“文化力”，包括精神文明。精神文明、文化力在综合国力中具有巨大的凝聚力量、动员力量、鼓舞力量和推动力量。随着知识经济时代的到来，文化力在综合国力中的地位越来越重要。21世纪的经济赛局，将会很大程度上取决于“文化力”的较量。文化力是综合国力的重要构成要素。①

他们还说：

文化国力，是指综合国力中的文化力，它是与综合国力系统中的经济力、政治力等因素相对而言，是综合国力的组成部分，它体现着一个国家或地区文化发展状况和建设成果，蕴含着推动经济与社会全面发展的精神力量和智力因素，核心是国民整体素质的提高和人的创造力的充分发挥。②

不过，两位作者与贾春峰的观点和思路完全一样，也是从“经济发展的现实来考察文化，研究文化力”。③ 他们说：

在文化力的研究中，我们是在社会主义市场经济的大环境中进行分析，它有别于一些专门研究经济或文化学科使用的概念。将它作为现代经济文化的范畴，引导出我们研究市场经济和改革开放的新问题，重视现代经济文化的实践，促使人们以综合的观念和新的理论思维去探索社会发展和现代化的复杂规律。④

① 周浩然、李荣启：《文化国力论》，辽宁人民出版社2000年版，第1页。
② 同上书，第23页。
③ 同上书，第2页。
④ 同上书，第4—5页。

如此，他们所说的“文化国力”或综合国力中的“文化力”就成了“经济文化力”或“经济发展的文化力”了。这种逻辑似乎有些怪异。无论如何，经济中的所谓文化力能否与“综合国力中文化力”或“文化国力”画等号是让人怀疑的事情。不过，在周、李二人看来，这似乎不成问题。关于这一思路的重要价值，他们自评道：“经济发展的‘文化力’的提出有利于我们从经济、文化、科技以及人的发展相结合上来探索经济和现代化发展，无疑是具有方法论和实践论意义的。”① 他们还补充一个不太完整的句子（可能有语法错误）以作为对这一概念理解的指南：“由此，对经济活动中所产生和蕴含的，推动经济文化紧密结合和协调发展过程的，以人为主体，通过人的活动所显化出来的精神力量与物质力量的综合结合力。”② 在此基础上，他们给综合国力概念下了一个定义并详细阐述了它的构成：

> 文化力作为经济发展中的综合力，它是经济发展动力体系中的重要力量，也是经济和社会经济文化动力机制。其构成主要包括以下几方面的因素：（1）物质要素。即人们在经济发展中，满足自身活动发展需要，并促进社会发展而创造的各种事物以及相关的物质要素。包括科学技术、生产工具、机器设备、信息网络、交通设施等；（2）社会经济要素。经济制度、企业制度、市场制度、法律调节强制力、社会组织机构、生产要素、资源管理与配置、经济运行与调控机制、文化教育与精神生产产品等；（3）以人为主体的相关因素。包括人口、民族、人们的文化心理、经济行为方式、创造力、道德规范约束力等；（4）历史经济文化要素。民族经济文化成果、民族性格、传统风俗、文化遗产、价值取向、民族精神等。③

他们又从“文化力构成的层次性特征”的角度进一步论述文化

① 周浩然、李荣启：《文化国力论》，辽宁人民出版社 2000 年版，第 5 页。
② 同上。
③ 同上书，第 5—6 页。

力的构成："文化力在构成上，若在新的历史条件和新的经济框架中来分析，主要是在人与自然、社会、经济、文化关系中，主观因素产生的精神力与客观因素产生的自然力、主客观因素产生的社会力、物质力，以及各种力交叉作用形成的结合力、综合力。"① 关于"文化力的构成要素"，他们从"人的现代化素质，是文化国力的决定性因素"、"科技教育是文化力的基础"、"文化事业与文化产业是文化国力的重要组成部分"、"可持续发展是文化国力的重要内容"、"民族精神是文化国力的支柱"、"民族文化是文化国力的源泉"、"民族形象是文化国力的重要因素"、"创新是文化力发展的动力"、"民主与法制建设是提高文化国力的重要保障"九个方面论述。②

很多研究文化力的论文和专著并不注重对文化力概念进行定义，很多定义都是重复。花建等所著的《文化力》一书属于为数极少的以"文化力"为题的专著。但这部书体系混乱，全无新意，缺乏学术的分析和学理的基本逻辑；一些基本的观点全是重复别人，也没有对文化力和综合国力进行任何概念的考证和界定。纵观全书，什么是文化力，全无答案。③ 因此，本书这里就不再引用或介绍国内学界关于文化力的定义或内涵的探讨了。下面让我们看看理论界和学界关于文化生产力的界定或理解。

2004 年 9 月，中国共产党第十六届中央委员会第四次全体会议胜利召开。在这次会议通过的《中共中央关于加强党的执政能力建设的决定》中，提出了"解放和发展文化生产力"的党建新思想。"文化生产力"是党的十六届四中全会报告的新亮点之一，这是党的文献中第一次出现"文化生产力"这个概念。④《决定》把文化体制改革同文化生产力联系起来论述，鲜明地提出通过文化体制改革解放和发展文化生产力，这标志着我们党对文化体制改革的认识、对建设社会主义先进文化的根本途径和根本动力的认识更加深

① 周浩然、李荣启：《文化国力论》，辽宁人民出版社 2000 年版，第 6—7 页。
② 同上书，第 24—30 页。
③ 花建等：《文化力》，上海文艺出版社、百家出版社 2006 年版。
④ 《人民日报》2005 年 11 月 7 日。

刻。十六届五中全会又通过关于大力发展与建设文化生产力的“建议”，对积极发展文化事业和文化产业进一步作出了具体部署。什么是文化生产力呢？《中共中央关于加强党的执政能力建设的决定》中的定义是：“文化生产力，是指人们生产文化产品、提供文化服务的能力。”① 这一定义是在参考学界的研究成果的基础上形成的。现在又回头对学界的相关研究形成了极大的影响。可以看出，这一定义是从文化产业的角度来理解文化生产力的。学界关于文化生产力乃至文化力和文化软实力的理解和界定都没有突破这一定义。总之，很多学者是从文化产业的角度定义文化生产力的，而且定义基本上没有什么变化或创新。这基本上是一种定论了。

也有人试图从其他角度来理解或定义文化生产力。方伟对文化生产力的定义是：“我们认为：文化生产力，是社会人们所拥有的、在社会发展到一定阶段上与物质生产力互渗互入、互融互动并逐渐在其中占有主导地位而去改造自然与社会（包括人自身）的总能力。”② 可以看出，他不是用传统教科书中马克思主义理论体系的角度分析和认识文化生产力的，而是对传统教科书中观点的一种挑战。他认为传统的生产力观念有错误：

> 社会生产力在传统意义上的理论定论，或许从一开始就是个错误。在原始社会，人们的物质与精神生产是混合一处的；而到了信息社会，物质与精神生产则很可能是相互通话而同体的。即使是在农业社会与工业社会中，物质与精神生产虽处于明晰、确定而相对独立的状态，但是，物质与精神的发展也发生了相互转化或异化的文明结果。社会生产力，是一定社会发展阶段上人们改造自然与社会以及多个方面促进人类自身发展的总能力。③

他还说过：“我们把文化生产力的界定、成立，首先看成是与

① 转引自《海南日报》2004年10月19日。

② 方伟：《文化生产力》，河北教育出版社2006年版，第51页。

③ 同上书，第1页。

物质生产力相互对等的关系。”[①] 针对传统的生产力理论，他发出如下的质疑和挑战：

> 可以不可以发出这样的疑问：社会生产力原本就不仅仅是单一的物质生产力？更不仅仅是物质生产力的发展来促动精神文明的发展，而后者反过来又作用于物质生产力？我们的意思很明确：物质生产力从来都不是单一地对社会发展去发生作用的。物质生产力自一开始就可能必须与精神文化相互作用与融合，同时也必须有精神思想的参与才可能在物质实践与结果的现实中得以发挥力量。这或许是一种彻底的人文思想。[②]

然而，尽管他试图建立一个新的生产力观念，也提出了一些新的概念，但他对物质生产力、文化生产力与社会生产力等概念之间的关系却有着不恰当的理解，甚至缺乏明确的认识。当然，对于他勇于探索的勇气和某些理论新见，我们还是应该给予肯定的。

## 四　文化力与文化软实力概念属于同一个理论体系

现在，大多数学者似乎只强调或只承认“文化软实力”概念和理论源于“软实力”概念和理论，而没有注意到或没有强调它实际上也是从中国现有的“文化力”概念和理论的基础上发展起来的。前面我们的研究证明，“文化力”概念和理论本身就源于约瑟夫·奈的“软实力”或“软权力”概念和理论，与“文化软实力”的概念是同源的。可以认为，“文化软实力”概念和理论就是对此前“文化力”概念和理论的新发展，它们二者应该属于同一个理论体系。

党的十七大召开之后，由于“文化软实力”概念在胡锦涛总书

① 方伟：《文化生产力》，河北教育出版社2006年版，第52页。

② 同上书，第5页。

记的党的十七大报告中出现，而“文化力”概念没被使用或提及，“文化软实力”作为党的重要执政理念和重要理论热点似乎超过或取代了原来流行的“文化力”概念。有人因“文化软实力”等新概念的出现和受到重视而认为“文化力”概念和理论已经“过时”或“落伍了”。这显然是一种无知和偏见。我们既要注意“文化力”概念和理论与“综合国力”概念和理论的关系，又要注意它与“文化软实力”概念和理论的密切联系。如果说“文化力”理论可以被看作“综合国力”理论的一部分，“文化力”概念是附属于“综合国力”概念的，那么，“文化力”概念与“文化软实力”概念简直是一体的了，至少，它们应该是连体的。但在现实的研究中却出现了一些误解和理论的割裂，比如将“文化力”和“文化软实力”研究与“综合国力”研究割裂开来，将“文化力”概念与“文化软实力”看作非此即彼的，或根本对立的，或关联很少的，或相互陌生的。这些都是非常不合理的观点。即便说“文化力”和“文化软实力”概念在产生的时间和历史过程中有先有后，有“新”、“老”之别，但这绝不意味着“新”概念就比“老”概念更先进，而“老”概念就应该因“新”概念的产生而遭到淘汰。当然，反过来，也不能因“文化力”概念的产生和流行先于“文化软实力”概念就忽视后者的理论价值和现实意义。它们之间应该构成相互依赖、相互补充的关系。

本课题立项及展开研究之际，“文化软实力”的概念尚未出现（至少没有流行）。因此，本课题当时和现在仍需继续以“文化力”问题或“文化力”概念作为本课题的主要研究对象（与综合国力一起），以保持与本课题立项时研究计划的一致性。况且，“文化力”概念并没有过时或被淘汰；而“文化软实力”概念和理论是在“文化力”概念和理论的基础之上建立和发展起来的，谈“文化软实力”绕不开“文化力”概念和理论。我们应该将“文化软实力”问题与“文化力”问题看作一个相关的理论体系。在这一理论体系中，有些地方甚至仍需以讨论“文化力”概念和理论为主。这应该是一种非常正常的思路或做法。难道只用“文化软实力”概念而完全弃用“文化力”概念才算先进，才算合理，才算符合学术规范？

难道有了“文化软实力”概念之后“文化力”概念提都不能提？难道它们是相互对立的关系吗？或者说另一个的出现就是为了取代较早的概念？如前面说过的，“文化力”概念的内涵与“文化软实力”概念的内涵相比并不过时，也没有失去其存在的价值或意义。相对于“文化力”概念，“文化软实力”概念固然较新，但却是一个衍生或附属性的概念，附属于或衍生于“文化力”与“软实力”概念，而“文化力”概念要比“文化软实力”概念更基本。

我国理论界目前对“文化软实力”的基础研究才刚刚起步。值得注意的是，虽然关于“文化软实力”问题的基础理论研究远远不够，很多基本问题并没有澄清，但应用研究却一直颇为兴盛。事实上，理论界和整个社会更热衷于所谓的“应用研究”，而对基础理论的研究热情不高；有限的基础理论研究也多是重复前人或别人，创新较少。然而，由于基本理论或基础理论研究的不足，这类应用研究出现偏差是不可避免的。如果对基本概念的内涵、本质和理论体系的特征在认识上存在着不足和较大的分歧，不仅会造成理论体系的混乱，那些误解或不准确的基本理论成果对于应用研究和相关决策、政策的制定也必然造成较大的消极影响。比如，如果对“文化软实力”内涵理解得不对，或者说压根儿就没有认准什么是“文化软实力”，那么谈“文化软实力”的“发展战略”可能就是一句空话，在此基础上制定的政策或方案可能就不会解决根本问题，甚至会出现方向性的问题。只有在搞清楚什么是“文化软实力”及其本质和资源，认清怎样建设、开发和发挥“文化软实力”等问题，才能搞清楚我国“文化软实力”的强弱（优势和劣势）以及我国“文化软实力”发展的关键是什么，进而才能明白我们需要构建怎样的“文化软实力”的发展模式。在此基础上，我们才能制定出一个理想而切实可行的“文化软实力”发展战略。

关于“文化软实力”理论的研究有不少让人感到遗憾的地方，许多理论家似乎是一夜之间冒出来的，压根儿不讨论“文化软实力”概念与“文化力”概念之间的关系，也不讨论“文化软实力”与“软实力”或“软权力”理论之间的关系，更不讨论“文化软实力”与综合国力概念之间的关系。要知道，此前，在中国学界无论是“文化力”理论还是所谓的“软实力”理论的研究都一直如火如荼、方兴未艾呢。这两个话题的研究似乎也都在独立进行，互不搭界，由不同学科的人在承包着。不知因为什么原因，或是阴差阳错，“软实力”与“文化力”两个概念在应用中结合在了一起，又成了写进了十七大报告中重要的意识形态词汇，进而成了党和政府新的执政理念，于是，很多学者又一窝蜂奔“文化软实力”概念而去，文化力、“软实力”概念又被他们抛弃了。这种理论家或学者的研究有多少学术性可言也就可想而知。真正关于“文化软实力”的研究怎能避开或撇开“文化力”与“软实力”概念呢，又怎能不谈或不懂“文化力”或“软实力”理论呢。如果不谈或不懂“文化力”或“软实力”理论，就没法也没资格谈“文化软实力”概念和理论。不谈“文化力”与“软实力”理论的“文化软实力”理论真不知道该是怎样的“文化软实力”理论。研究它的理论家或学者也不知道该是怎样的所谓理论家或学者。

“文化软实力”概念和理论是与“综合国力”、“文化力”和“软实力”等概念及其理论联系在一起的，而不是孤立或独立地形成的。对“文化软实力”的研究应该与这些相关概念和理论进行比较，分析其相互关系，才能对这一概念的基本内涵及其理论体系的基本特征有一个准确的把握。这几个概念的相互之间的关系大致为：“综合国力”为最大的概念，“文化力”、“软实力”和“文化软实力”是隶属于“综合国力”的同等的概念；“文化软实力”是在“文化力”和“软实力”两个概念基础之上形成的，几乎相当于后面两个概念内涵和理论的相加或叠加。不过，也有人错误地认为“文化软实力”是小于“文化力”或“软实力”的概念，即所谓文化产生的“软实力”。下面让我们对目前学术界关于“文化软实力”概念的定义和理论体系进行系统的分析，然后再指出其中存在的问题或不足。

北京师范大学国民艺术素养研究中心、艺术与传媒学院、文学院教授王一川主持过国家社科基金重大课题“我国文化软实力发展战略研究”，堪称“文化软实力”研究的权威和领军人物。他曾经指出：“事实上，对文化软实力概念的界说和阐释，迄今为止已经多种多样，可谓众说纷纭、莫衷一是。"[①] 他的这种判断当然是正确的。这的确是学界或我国理论界存在的一个让人感到遗憾的现象。但王一川又认为关于"文化软实力"的定义或内涵界定"没必要求得公认一致的唯一正确结论"[②]。这是一个让人吃惊或者说意外的说法，是值得商榷的。如果中国学界连"文化软实力"这个基本概念都没法达成起码的共识或基本的共识，而是众说纷纭、任意定义，那怎么还会有相关的学术的对话和理论的发展呢？那不成了"自说自话"、"鸡同鸭讲"了吗？而且，在应用研究和相关政策的制定方面必然也会因此出现问题。怎么能认为这是一种正常的或可以接受的想象呢？如果学者之间都是如此，而且对此束手无策，那真是学界的耻辱，而不是一种正常现象。尤其是当它已经成了新时期党和政府的重要执政理念的时候，我们更有必要统一认识，达成共识，而不是采取放任自流、任人自主的态度。实际上，那不是一种学术开放、学术自由或学术独立的表现或结果，而恰恰是学术缺席或缺乏学术的表现或结果。认识的混乱是由于缺乏学术研究的任意解读、发挥或随意定义造成的。我们有必要找到问题的症结所在，努力解决这一问题，以便达成一个关于"文化软实力"内涵或定义的共识。这样我们才能进一步展开关于"文化软实力"的表现及其发展的研究并制定出相关的所谓"发展战略"。否则，表面上热热闹闹的"文化软实力"研究可能只是一种假象，而真正的研究并没有展开，问题的关键并没有得到探讨；甚至连这一问题的真正含义可能都没能搞清楚或没能准确把握。如果连这一概念的主要含义和基本内核都把握不准，那么其他的研究还会有什么意义呢？相关的所谓"发展战略"的研究和具体的宏伟蓝图的制定还会有什么现实价值或实践意义呢？

根据笔者的观察，关于"文化软实力"的定义，学界的观点或思路目前大致可以分为四类，或者说有四种倾向：一是认为"文化软实力"等同于所谓"软实力"，试图从约瑟夫·奈那儿找答案；

---

① 王一川：《理解中国国家文化软实力》，《艺术评论》2009 年第 10 期。

② 同上。

二是将其视为“软实力”的一部分或“国家软实力”的一部分，即约瑟夫·奈所强调的“软实力”来源之一的文化所创造出来的“软实力”，简称“文化软实力”；第三种思路主张“文化软实力”基本上等于“文化力”；第四种思路主张“文化软实力”基本上等于“文化力”与“软实力”内涵的简单相加。

在上述四类思路或观点中，第一种观点属于对问题缺乏起码的认真思考，既没有理论深度，又缺乏基本的逻辑推理，属于没有学术性的简单误会。这种误会一直存在，从“文化力”概念产生之日就已经有了。有相当一批人想当然地将“文化力”看作“软实力”或“软权力”。这批人可以说既没搞懂什么是“文化力”，也没有搞懂什么是“软实力”。这种研究压根儿就没有遵从任何学术规则，也没有一个起码的学术方法。或者说他们的学术方法就是不遵守学术规则或方法。现在有了“文化软实力”概念，他们又如法炮制，照方抓药，试图对“文化软实力”进行类似的定义或解读。于是，“文化软实力”又被看作“软实力”的相似物或中国（中文）表达了。

第二类观点目前是最具代表性的观点之一，近来逐渐成为一种主导性的观点。但它也是对“文化软实力”最狭窄的一个定义，也有望文生义，主观想象的味道。这种观点主要流传于学术界一些研究“文化软实力”的行内专家中间，似乎具有一定的权威性或学术性。但这种观点既没有为媒体或一般大众所接受，也没有为相关专业或相关领域的大多数专家所普遍接受。这里之所以说它已成为一种主导观点甚至具有一定的权威性，是因为这类观点明确关注“文化软实力”的定义问题，而不像其他三类观点那样回避或模糊处理“文化软实力”的内涵或定义问题。按说这种做法显示出一定的专业素质，从研究方法的角度来看显得比较内行，值得嘉许。但他们缺乏对“文化软实力”概念本身所依托的理论体系的完整考察，自以为是地对这一概念进行了不切实际的界定，有望文生义的味道，因而从另一方面又暴露出了不专业或外行的特征来。他们的“文化软实力”定义显示出其研究视角和方法的狭窄，同时也没有完整地把握党的十七大报告的意思。如果按照这种思路，无论是关于“文化力”、“文化软实力”的研究，还是关于文化本身的研究，都会越变越窄。这也是一种错误的思路。

第三类观点也是较为流行的观点之一。这一思路尽管使用的基本概念是“文化软实力”，但其讨论的“文化软实力”的内容或内涵与所谓“文化力”的内容或内涵并无二致。甚至党的十七大报告中所讨论的“文化软实力”及其内涵基本上就是这个内容。从某种程度上来说，这种观点也支持了我们所提倡的将“文化力”与“文化软实力”理论看作一个体系、“文化软实力”概念和理论是对“文化力”概念和理论的继承和发展的观点。当然，在实际运用的过程中，这种思路也有不明确的地方。关于“文化力”与“文化软实力”的联系与区别也没有得到认真、系统的探讨。如此，“文化软实力”与“文化力”就显得只有概念或提法上的差别，在内涵或内容上就几乎完全等同了。如果两个概念内容完全一样，那么干吗还需要两个不同的名称或名词呢？两个概念合并为一个不就行了吗，或者仍使用老的概念不就行了吗，干吗还创造出第二个新的概念呢？所以这种思路还是有一定的不足的，还是有不少地方有待完善的，一些工作还是需要做的。这里要解决的问题的关键是：既要体现“文化力”概念与“文化软实力”概念的联系和相似性，又要体现“文化软实力”概念和理论对文化力概念和理论的发展与补充；既要强调二者在主体部分的联系和一致性，又要强调新概念对旧概念的不同和发展。

第四种思路也有一定的市场。这是最大容量或内涵最为丰富的“文化软实力”概念了。但是，简单相加不同于复合或叠加；“文化力”与“软实力”怎样相加、能否相加的问题仍未解决。“文化软实力”如果说是“文化力”与“软实力”的复合或叠加，也应该是二者的有机结合，而非简单而生硬的相加。那种简单的相加实际上是难以实现的，而且会在体系和概念上产生冲突或难以相容。如此，“文化力”与“软实力”概念和理论仍然难以组合在一起。那么，一个新概念产生的意义又怎样体现呢？其理论体系又如何形成呢？实际上，很多关于“文化软实力”的讨论只是打着新概念的招牌或旗号，而只有老概念之实或内容。也就是说，一些关于“文化软实力”的研究名义上是在谈“文化软实力”，但实质上还是在说“软实力”或“文化力”，既无“文化软实力”的特性，也无“文化力”与“软实力”的结合。

本书基本上倾向于上述第三种与第四种思路的结合；或者说倾向于对第三种、第四种思路进行修正、发展和完善，以建立一个新的分析框架或研究方法。这里要做的是讨论别人的定义、思路和理论框架，并指出其不足以及解决问题的方向或思路。

## 五 文化软实力的内涵与理论体系分析

前面说过，关于“文化软实力”的内涵或定义，很多学者是不关注的，在其研究中也不下定义，或者说根本没有自己的定义。他们往往在其论著中一开头就大谈如何发展“文化软实力”或是“文化软实力”的发展战略应该为何之类，至于他们所说的“文化软实力”到底是什么，则是不清楚的。只有极少一部分学者注意对“文化软实力”概念进行界定，指出他们所说的“文化软实力”的内涵是什么，与“软实力”或“文化力”有什么区别或联系。在上面所说的四种思路或倾向中，只有第二类思路有定义或对“文化软实力”概念进行界定，其余的几乎没有明确的定义或概念的界定。实际上，只有那些不关注基本理论或基本概念的内涵的人才会这样违背学术常识，才会就“文化软实力”的概念和理论体系出现模糊的错觉或误解，比如将“文化软实力”等同于“软实力”、“文化力”或二者的简单相加。这种现象是相当普遍的。当然，这些学者也不会明确表态说“文化软实力”等于“软实力”，或者说等于“文化力”，或者说等于二者的相加。但我们从他们其他方面的表述中可以推断出这些就是他们的态度或定义。这类论著、言论可谓数不胜数。这种不下定义的“定义”在学术界应该是居于多数地位的观点，但其方法和“定义”却缺乏严谨性和学术性，其构建的体系也因此漏洞百出。因此我们需要对现已形成的“文化软实力”概念和理论体系进行梳理，找到问题的症结所在，然后给“文化软实力”

下一个新的合理的定义，构建一个新的合理的分析框架，丰富并发展业已形成的“文化软实力”理论体系。

下面就让我们对目前国内关于“文化软实力”研究的现状作一个基本介绍，通过分析那些有代表性的观点、方法和理论体系，对我们前面所介绍的几种理论派别或观点再展开进一步的梳理和评判，然而再指出这些定义和体系的不足和问题所在。

前面说过，“文化软实力”是一个新概念，关于它的研究也是刚刚展开，学术界也并没有形成像样的理论成果；甚至不光基本的理论体系仍有待建立，就连这个概念本身仍需定义。目前，市面上几乎只有一部题为《文化软实力》的书。这也是唯一的以“文化软实力”的定义、理论体系为探讨对象的专著。其他所谓专著，正如前面所言，则是撇开基本概念的界定和理论体系的探讨，大谈什么“文化软实力的发展战略”、各个地区或领域的所谓“软实力”或“文化软实力”的各种表现及其应用的不着边际话题。这本2008年由重庆出版社出版的《文化软实力》只有几万字，只能算是一个小册子。该书的作者华东师范大学的童世骏教授认为：“国家文化软实力是‘软实力’的一个方面，而‘软实力’和‘硬实力’都属于‘实力’的范畴。”[①] 可以看出，他对“文化软实力”的理解就是前面我们所介绍的正在流行的四种关于“文化软实力”的概念界定方式中的第二类观点。这种观点比较旗帜鲜明，注重给出自己的“文化软实力”的定义。他们的“文化软实力”概念说白了就是约瑟夫·奈的“软实力”的一部分。童世骏教授还指出：“‘软实力’包括若干方面，‘文化软实力’是其中的一个方面。”最后，他给“文化软实力”下了定义：“所谓‘文化软实力’，就是以文化为基础的国家软实力。”他还特别指出：“即使是谈论主权国家内部某个地区的‘软实力’，也应该放到这个地区的所在国家与外部世界的关系之中。”[②] 他的意思是说“软实力”或“文化软实力”都应该从国际关系的角度去理解。但是我们知道，如果从国际关系的角度

① 童世骏：《文化软实力》，重庆出版社2008年版，第3—4页。

② 同上书，第4页。

来看，只能存在国家整体的“软实力”或“文化软实力”，而不存在某个国家的具体地区或城市的“软实力”或“文化软实力”，更不会有某个行业或部门的“软实力”或“文化软实力”的提法，比如打造或提升“上海的文化软实力或软实力”、“广东的文化软实力或软实力”、“邮政行业的文化软实力发展战略”、“交通行业的文化软实力发展战略”之类。

童世骏教授的观点在一些学者中间是颇有代表性的，很多学者与他的思路是相同的或相似的。“百度百科”对“文化软实力”概念的起源和定义也与约瑟夫·奈的“软实力”概念挂起钩来，而且也将其看作“软实力”的一部分。“百度百科”的解释是这样的：“美国哈佛大学教授约瑟夫·奈曾将综合国力分为硬实力与软实力两种形态。文化软实力是国家软实力的核心因素，是指一个国家或地区文化的影响力、凝聚力和感召力。”① 人民网的“文化软实力”网站转载的《河北日报》的一篇文章对“文化软实力”的定义也基本上是这种模式或思路：

> 综合国力由硬实力和软实力两方面组成。硬实力是指支配性实力，包括基本资源（如土地面积、人口、自然资源）、军事力量、经济力量和科技力量等。软实力则是指一个国家或地区的凝聚力、文化被普遍认同的程度和实现利益目标的引导能力等。软实力源自一个国家的文化、政治观念和政策的吸引力，是指通过吸引而非强制或威胁的方式来体现实力和实现目标的能力。
>
> 文化软实力是国家软实力的最重要的组成部分，对内表现为国民的精神状态、意志品格和内在凝聚力，对外表现为文化精神、价值资源、文化风格与活力对于其他民族的感染力和吸引力。文化软实力作为现代社会发展的精神动力、智力支持和思想保证，已经成为民族凝聚力和创造力的重要源泉，已经成为综合国力的重要组成部分。提升文化软实力，已经成为当今

① http://baike.baidu.com/view/1267278.htm? fr=ala0.

世界各国普遍关注和发展的时代课题。①

然而，事情又并非那么简单。乍一看“百度百科”和“文化软实力网”转载的《河北日报》的文章中关于“文化软实力”的定义与童世骏的定义相同，属于我们在前面总结的四种思路中的典型的第二种思路。然而，细读之下，又会发现，他们的定义并没有童世骏的定义或解释明确。他们的定义似乎将“文化软实力”限定在所谓“文化产生的软实力”的范围之内，但是随着阐述的展开，你会发现他们实际上是在讨论“软实力”或者是曾经流行的“文化力”内容。也就是说，他们的思路实际上仍是沿着“软实力”或“文化力”的分析框架在进行。也就是说，他们空有第二种思路之名，而无第二种思路之实。他们只是在定义上模仿了第二种思路，但在讨论中却走的是第一种或第三种思路，或是第一种思路或第三种思路的混合，即第四种思路。很多人都是这种做法。很多人只是给出一个几乎是抄袭来的别人的定义，然后在分析“文化软实力”的内涵或表现时却我行我素、自行其是或自以为是。这也是我们在前面批评说目前的“文化软实力”问题的研究学术性不够的原因。的确，很多人的所谓“研究”都是在重复别人，甚至是抄袭别人。而且，抄袭、重复工作也没做好。他们总是在抄袭、重复别人时不断出错误，误解自己模仿或抄袭的对象。

2009年5月中旬在武汉大学召开的“2009文化哲学论坛：国家文化软实力建设学术研讨会”上，很多学者对“文化软实力”概念的界定和提出的分析框架也基本如此：

> 文化软实力的科学内涵。“软实力”（soft power）这个概念是由美国学者约瑟夫·奈提出的，其基本内涵、具体语境和本质特征是什么？与会代表就这一问题进行了多角度的回应。教育部哲学社会科学研究重大攻关项目招标课题“中国软实力建

① 赵学琳、赵忠祥、陆静：《科学理解软实力与文化软实力》，人民网（http://theory.people.com.cn/GB/166866/10062622.html）。

设和发展战略研究”首席专家、武汉大学政治与公共管理学院骆郁廷教授认为，文化软实力是一个国家文化体现出来的凝聚力、吸引力、影响力，文化软实力与硬实力相辅相成、相互补充、相互转化，构成一国文化力的重要组成部分。中国社会科学院哲学研究所李鹏程研究员指出，文化软实力包括文化吸引力、文化亲和力和文化规制力。中国社会科学院哲学研究所霍桂桓研究员和西安交通大学人文学院张再林教授侧重从符号学的角度来界定文化软实力，认为文化符号是文化软实力的重要载体，决定着文化软实力的基本性质。武汉大学哲学学院何萍教授对文化软实力概念所提出的世界历史背景作了纵向的考察，揭示了这一概念的意识形态特征。她认为，文化软实力的提出是世界历史体系进入新的世界历史发展阶段的结果，充满了世界意识形态霸权（文化领导权）的意味。《中国社会科学》杂志社编审孙麾强调，要在霸权战略框架下审视文化软实力。他指出，文化不仅是国家地区之间竞争的重要因素，也是向全球进行文化渗透，维护本国安全的重要工具，所谓文化软实力正是服务于获得霸权战略和领导权战略的重要工具。①

王一川教授在其主持的国家社科基金重大课题“我国文化软实力发展战略研究”的前期成果《理解中国国家文化软实力》一文中，试图对“文化软实力”理论进行历史的考察或溯源。他说：

文化软实力理论不是突然间产生的，而是经历了漫长的孕育过程。实际上，在中外都可找到其悠久的历史渊源。在西方，韦伯关于“卡里斯马”（charisma）及其统治类型的社会学研究、葛兰西的“霸权”论及阿尔都塞的“意识形态与意识形态国家机器”论等，实际上都为“软实力”的提出和发挥影响做了理论铺垫。我国古代老子就主张“柔弱胜过刚强”、“天下

① 杨威：《“2009 文化哲学论坛：国家文化软实力建设学术研讨会”综述》，《马克思主义研究》2009 年第 7 期。

之至柔驰骋天下之至坚”、“天下莫柔弱于水，而功坚强者莫之能胜，以其无以易之”、“弱之胜强，柔之胜刚，天下莫不知，莫能行”，这些思想恰是文化软实力研究的宝贵的中国本土资源，值得在与西方思想的对话中予以认真总结和传承。①

可以看出，他的所谓“溯源”或历史考察并没有认识到问题的关键，没能把握住这一理论演变发展的真正历史脉络和理论体系，很多观点都是想当然的，一些提法有些不着边际。我们前面已经对权力、国力和所谓“软实力”（或“软权力”）的学术发展史进行了系统的梳理或分析，读者可以将我们前面所作的理论溯源与王一川教授的理论溯源过程及结论进行对比。这里就不再多说。

王一川关于“文化软实力”概念起源的考察最后还是落脚到了约瑟夫·奈的“软实力”概念上。这样做并无不妥，但问题是他并没有对“文化软实力”概念与“软实力”概念进行区分，也没有对“文化软实力”概念进行界定，好像二者就是一回事似的；或者说即便说二者有所不同也是一目了然、不用多说的事情。他这样认为：“不过，文化软实力理论的较为直接的理论生长点，可以说是在 20 世纪 90 年代初冷战后国际政治新格局下的战略对策需要。1993 年是一个标志：美国国际政治学家塞缪尔·亨廷顿在论文《文明的冲突》中提出国际政治的‘文明冲突论’，表明文明或文化问题在国际冲突中的重要性越来越受到关注。”② 他的这种说法也不是太准确。事实上，正如我们前面所说的，约瑟夫·奈的“软实力”或“软权力”理论真正直接应对的是保罗·肯尼迪的“美国的衰落”的提法，而不是受亨廷顿的“文明冲突”理论的刺激而产生的。不过，最后他终于切入了正题。他说：“真正明确的‘软实力’（soft power）理论概念是曾任美国助理国防部长的哈佛大学教授约瑟夫·奈（Joseph S. Nye，Jr.，1937—）首先提出来的。”③ 他还补充说：“这一软实力概念可以说是当今世界各国学者理解和运用软

① 王一川：《理解中国国家文化软实力》，《艺术评论》2009 年第 10 期。
② 同上。
③ 同上。

实力理论的一个共同的理论源头，尽管实际上人们由此引申出的结论会各不相同乃至大相径庭。”[①] 不过，他的这一评价是不准确的。正如前面我们说过的，国际学术界尽管对约瑟夫·奈的“软实力”或“软权力”概念的态度不同，但对于他对这一概念的定义还是有一个较为统一的认识的。真正有不同理解或定义的是中国学者。因为中国学者将其改造或定义成了一种“实力”而非“权力”。然而，王一川将“软实力”概念的学术问题完全转到了“文化软实力”头上，也认为“文化软实力”是富于争议和难以给出一个统一的定义的概念。[②] 可以看出，他几乎将“文化软实力”与“软实力”当作一回事，以讨论“文化软实力”为题，却说着“软实力”的事情。最后，他干脆抛开“软实力”而直接讨论“文化”了。他似乎是说，“文化软实力”没有定论、“软实力”也不好界定，但“文化”却是可以界定的。于是，在他那里，“软实力”或“文化软实力”的讨论完全成了“文化”的讨论了。他说：“这样，要理解‘文化软实力’，就需要对其中的‘文化’一词做出理解。但出于进一步调研的需要，我们还是应当对文化概念作出一种较为明确的操作性界说。”[③]

他侧重于从文化的角度解读“软实力”和“文化软实力”是对的，但不是一种学术的自觉，而是一种阴差阳错，最多出于一种直感或直觉。因为他并没有将“文化软实力”、“软实力”和“文化”的内涵和相互之间的关系说清楚。这是不应该的，因为做到这一点并不难。回避或含糊其辞是不妥的。还有，这里想强调的是，如果你在讨论“文化软实力”时干脆说的是“软实力”或“文化”，那么我们还创造“文化软实力”这个概念干吗呢？“软实力”概念和“文化力”概念已经够用了。既然有了新词汇或新概念，就应该有新的内容或新的内涵，也得构建新的理论体系，不能简单地重复过去，或是“新瓶装旧酒”。一些关于“文化软实力”的研究并没有将它与其他相关概念的关系理顺，也没有找到它的理论源头和概念

---

① 王一川：《理解中国国家文化软实力》，《艺术评论》2009 年第 10 期。

② 同上。

③ 同上。

的前身是什么。

有很多名义上讨论“文化软实力”的文章或著作，实际上用的完全是“软实力”的定义。下面我们摘录的山东经济学院马庆红的一段话中就是说着“文化软实力”的问题，却在中间来了个“软实力”的定义，真是莫名其妙。请看下面他的观点：

> 文化软实力作为现代社会发展的精神动力、智力支持和思想保证，越来越成为民族凝聚力和创造力的重要源泉，越来越成为综合国力竞争的重要因素。国家的崛起，根本上在于综合国力的全面提升，而文化软实力也是综合国力的重要体现。所谓“软实力”是指一国的文化、价值观念、社会制度、发展模式的国际影响力与感召力。新时期，国家文化软实力显示出越来越重要的作用，它能够为国家的发展提供更多机遇。文化实力的不断增强是一个大国走向强国所必不可少的阶段性承载过程。①

关于“文化软实力建设研究的方法论”，2009 年 5 月中旬参加武汉大学召开的“2009 文化哲学论坛：国家文化软实力建设学术研讨会”的学者们曾经提出过“形成独特的话语体系、寻找有效的逻辑路径、采取科学的研究方法，推进文化软实力问题研究”② 呼唤，力主建立一个先进且符合学术规范的有中国特色的独特的研究方法。对此，杨威的会议综述曾经总结如下：

> 学科化、科学化、本土化，也成为与会代表重点关注的问题之一。贾磊磊研究员探讨了文化软实力研究的学科定位问题。他认为，我们现在面临的是多元化的学术背景，在这样一个境遇和背景下开展文化软实力的研究，给我们提出了新的课

---

① 马庆红：《发掘中华传统文化优势　提高国家文化软实力》，《光明日报》2009 年 11 月 11 日（http：//www. gmw. cn/01gmrb/2009—11/11/content_ 1006485. htm）。

② 杨威：《“2009 文化哲学论坛：国家文化软实力建设学术研讨会”综述》，《马克思主义研究》2009 年第 7 期。

题。我们必须打破传统的学科分类，把政治、文化、语言、教育等多学科领域的学者汇集起来，共同研究文化软实力建设问题。孙麾编审指出，我国的文化软实力研究要走向世界，必须确定中国化的核心理念。文化软实力的研究必须有中国气派，形成本土化的学术话语。武汉大学社会科学部部长沈壮海教授认为，当前中国的软实力研究还没有从根本上摆脱约瑟夫·奈的理论框架，陷入了“跟着说”的理论迷局。要改变这种现状，必须形成在文化软实力研究中的中国话语。西南大学政治与公共管理学院周琪副教授认为，文化软实力研究必须遵循一定的逻辑路径，从历时态（文化软实力建设的时间承接）和共时态（文化软实力建设的现代境遇）两个方面来进行观照。大连理工大学人文社会科学学院院长洪晓楠教授采用定量研究方法，将文化软实力的构成要素分为文化吸引力、文化创新力、文化辐射力三个组成部分，构建了一个文化软实力的评估指标体系，对中美两国的文化软实力进行比较研究，为文化软实力的量化研究和比较研究提供了一个范本。[①]

非常明显，约瑟夫·奈的“soft power”概念无论是被翻译为“软实力”也好，还是被翻译为“软权力”也好，都是指从国际关系的角度提出的，是对一个国家对外表现或对外表现方式的评估，而主要不是对内部某种能量或潜力的衡量。当然，一个国家要对外展现出足够的“软实力”或“软权力”，自身的确需要有足够的内部的文化积淀和文化成就。有些学者试图将约瑟夫·奈所说的一个国家因各种综合因素产生的“吸引力”——“软实力”或“软权力”直接等同于国家内部的某种非物质性的积累或文化、学术成就。“百度百科”关于“软实力”的定义就有这种倾向：

按照美国哈佛大学教授约瑟夫·奈的观点，一个国家的综

① 杨威：《“2009文化哲学论坛：国家文化软实力建设学术研讨会”综述》，《马克思主义研究》2009年第7期。

合国力，既包括由经济、科技、军事实力等表现出来的“硬实力”，也包括以文化、意识形态吸引力体现出来的“软实力”。一个国家的崛起，从根本上说，在于它的综合国力的全面提升。所谓“软实力”是指一国的文化、价值观念、社会制度、发展模式的国际影响力与感召力。相对于具体的国民生产总值、科研成果及转化率、国防力量等硬实力而言，哲学与社会科学也属于国家“软实力”范畴。①

可以看出，一些学者似乎是以不变应万变，不管你提“文化力”、“软实力”，还是“文化软实力”，他们统统应以文化，将这些新概念或新提法完全看作是文化的发展或传统文化的现代开发。总之，就是一个思路：“软实力”也好，“文化力”也好，“文化软实力”也好，都是文化产生的。按照这种思路，“文化力”、“软实力”和“文化软实力”几乎没有什么质的区别了，干脆都是一回事。这批学者在“文化力”和“文化软实力”研究的学者群体中占据多数；将“文化力”研究、“软实力”研究和“文化软实力”研究完全看作一回事也堪称学界的主流观点。下面让我们再举一些例子以证明我们刚刚所下的结论。

有学者就“文化软实力建设的文化资源”的问题指出：“文化软实力建设，离不开我国悠久的历史文化传统。”② 可以看出，在一些学者看来，“我国的历史文化传统”决定着中国的“文化软实力”，但怎样将传统文化或“文化传统”建设成“文化软实力”，他们又语焉不详，不得要领。请再看看马庆红的观点：

中华文化具有5000多年的悠久历史，孕育了辉煌灿烂的中华文明，是人类文化宝库中的一个十分重要的文化形态。在漫长的岁月中，传统文化经过历代思想家、哲学家、政治家的阐发与完善，逐渐积淀成为中华民族的精神、性格和气质中不可

① http://baike.baidu.com/view/1267278.htm？fr=ala0.

② 杨威：《“2009文化哲学论坛：国家文化软实力建设学术研讨会”综述》，《马克思主义研究》2009年第7期。

替代的文化传统，并且深深地融汇于全球华人的精神血脉之中。中国上下五千年历史都深受传统文化影响，经过长期的潜移默化，传统文化中的许多内容已成为中华民族的伦理道德和社会风俗的准则，在今天社会经济发展中仍然能够发挥积极作用。比如传统儒家文化进步的社会历史观，以人为本的政治观，维护社会秩序的伦理道德观、教育观等等，不仅为中国古代社会的昌盛做出了积极贡献，对今天人类的生存和发展也具有重要的时代意义。

文化对于一个民族的发展起着举足轻重的作用。我国社会经济发展迅速，但与发达国家相比仍然存在着一定的差距。为了奋起赶超，就要充分发掘自身的文化优势。要让国家综合竞争力得到进一步提升，必须在拥有丰厚文化资源的基础上增强文化软实力，以此抢占发展的制高点，才能取得可持续的发展。中华传统文化特有的文化基因对重塑中华民族的伟大民族精神、促进祖国和平发展具有不可替代的作用，这些必然也是我国文化软实力的首要资源和重要基础。

我们要将发掘传统文化优势与提高国家文化软实力紧密结合起来，全面认识祖国的传统文化，取其精华，去其糟粕，使其与时代特征相适应，与现代文明相协调，大力推进民族文化创新工作，加快构建文化与文明价值体系，使我国悠久的历史、灿烂的文化传递到世界各地，全面提升中国的文化形象，扩大民族文化的国际影响力。近代以来，中国传统文化曾受到前所未有的冲击，许多珍贵的文化传统遗失，文化遗迹被破坏，文化的多样性经受巨大的挑战。在这样的历史背景之下，端正对待传统文化的态度，充分认识弘扬传统文化的重要性，将发掘传统文化优势纳入到提高文化软实力工作中来，更加显得必要和及时。我们要发扬与时俱进的时代精神，坚持古为今用、推陈出新，大力发扬中华文化的优秀传统，大力弘扬中华民族的伟大精神，使中华民族的优秀文化成为新的历史条件下鼓舞我国各族人民不断前进的精神力量。①

有些学者则完全将“文化软实力”的建设或发展看作“文化产业”的事情，或是各种文化行业或产业的综合。实际上，当初在“文化力”概念流行时，关于发展或建设“文化力”，他们开出的药方也是这个，几乎如出一辙。“百度百科”的相关词条也试图对党的十七大提出的“文化软实力”概念提出类似的解读，堪称这类观点的代表：

> 报告这一新提法，表明我们党和国家已经把提升国家文化软实力作为实现中华民族伟大复兴的新的战略着眼点，文化软实力作为现代社会发展的精神动力、智力支持和思想保证，越来越成为民族凝聚力和创造力的重要源泉，越来越成为综合国力竞争的重要因素。一个民族的复兴，必须有文化的复兴作支撑。实现中华民族的伟大复兴必然伴随中华文化的繁荣兴盛。而繁荣兴盛中华文化，必然以提升我国文化软实力为根本途径。
>
> 为此，就要树立“文化软实力是重要国力”的观念，把文化产业列入国家战略，大力推动和扶植文化产业。要详细制定文化发展战略目标、战略措施和文化发展政策，加快发展文化事业和文化产业，推进文化体制改革，完善文化产业政策，推动其发展成为国家战略性产业，做到“国家硬实力”和“文化软实力”两手抓，两手都要硬。
>
> 构建社会主义核心价值体系，努力提高国民综合素质，是增强文化软实力的重要方面。要深入贯彻落实科学发展观，坚持以人为本，把社会主义核心价值观融入国民教育和精神文明建设全过程，着眼于满足人民群众日益增长的多方面、多层次、多样性的精神文化需求，着眼于提高人民群众的思想道德素质和科学文化素质，着眼于促进人的全面发展，努力提高国

① 马庆红：《发掘中华传统文化优势　提高国家文化软实力》，《光明日报》2009年11月11日。

> 民的精神状态、意志品格和内在凝聚力，构筑社会主义核心价值观坚实的文化根基。
>
> 中华民族文化博大精深，源远流长，是我国文化软实力的首要资源和重要基础。要充分发掘中华传统文化的优势，全面认识祖国的传统文化，取其精华，去其糟粕，使其与时代特征相适应，与现代文明相协调，与人民的生活和国家的行为相联系，自觉实现民族文化现代化的转换。要大力推进民族文化创新工作，加大制度创新力度，加快构建文化传播体系，使我国悠久的历史、灿烂的文化通过各种媒体传递到世界各地。①

"百度百科"关于"文化软实力"的解读和关于"文化软实力"发展战略的思考与曾经流行的关于"文化力"的解读和"文化力"发展战略的思路并没有什么区别，说白了这干脆就是一种"文化发展战略"。就"文化软实力建设的领域拓展"问题，2009 年 5 月中旬在武汉大学召开的"2009 文化哲学论坛：国家文化软实力建设学术研讨会"的会议综述曾经做过这样的描述："文化软实力建设涉及社会生活的各个领域，与会代表分别从军事文化、传媒文化、政治文化、性别文化、文化产业、网络文化、民族文化等方面探讨了各领域的文化软实力建设问题。"② 关于我国"文化软实力研究的方法"或"路径"，该会议的综述对与会代表的观点总结如下：

> 文化软实力建设的具体路径。在推进国家文化软实力建设过程中，还应该提出一些具体可行的原则和方法。冯天瑜教授指出，我国文化软实力建设一要开源，二要引流，三要创新。从我国传统文化遗产中开源，从外国吸收先进经验，在现代文明的地基上进行创新。武汉大学政治与公共管理学院袁银传教授认为，增强国家文化软实力，应该"弘马、开源、引流、综合创新"。"弘马"，特别是要弘扬当代中国的马克思主义。文

① http：//baike. baidu. com/view/1267278. htm？ fr＝ala0.

② 杨威：《"2009 文化哲学论坛：国家文化软实力建设学术研讨会"综述》，《马克思主义研究》2009 年第 7 期。

> 化软实力建设必须是三位一体的建设，必须坚持马克思主义基本原理，同时要立足于中国的实际，还要引领时代潮流。武汉大学俄罗斯乌克兰研究中心主任刘再起教授着重探讨了金融危机下中国软实力的构建问题。他认为，受金融危机影响，国际政治格局会有所变化，但是基本的格局不会变，仍旧是一超多强。因此，中国在软实力建设中要善于运用技巧，要敢于投放硬实力，将我们改革开放积累下来的硬实力和软实力资源巧妙地结合起来，实现软实力和硬实力的相互转化。……①

可以看出，在我们前面总结过的关于“文化软实力”的定义和分析框架的四种思路中，对“文化软实力”最明确给出定义的是第二类，其他三类明显思路不是很清晰，或不是很确定。但即便是第二类显得比较“清晰”的思路，有一些学者一方面似乎很明确地给出了一个“文化软实力”的定义，但另一方面却在其随后展开的讨论中脱离自己的定义，使自己的定义显得外延与内涵不符，或者说干脆又给出了一个与前面不同的另一个新的定义。前面我们提到过的王一川等人的方法就是如此。这说明这些学者对“文化软实力”概念的内涵或定义并无真正的研究，他们自己提出的定义实际上只是在抄袭别人，后文中与前文中定义不一致的随意发挥才是属于他们自己的东西。总之，很多文章中关于“文化软实力”的定义呈现出自相矛盾或逻辑混乱的毛病是毫不奇怪的，都是对“文化软实力”基本理论缺乏研究和缺乏认识所致。事实上，大部分相关文章所讨论的“文化软实力”就是“文化力”或“软实力”本身，或者是“文化力”与“软实力”内涵的混合使用或简单相加。

## 六　文化软实力的研究仍需大力加强

我们前面说过，尽管第二类关于“文化软实力”概念的思路和

---

① 杨威：《“2009 文化哲学论坛：国家文化软实力建设学术研讨会”综述》，《马克思主义研究》2009 年第 7 期。

分析框架一般都注意对“文化软实力”下一个比较清晰、明确的定义，而其他三类思路不注意定义的问题。但是，我们并不能说第二类思路比其他四类思路有什么优势。这是因为，第二类思路中关于“文化软实力”的定义太狭窄了，不但比约瑟夫·奈的“软实力”概念狭窄，更比此前中国学界流行的“文化力”概念狭窄得多。前面我们已经展示过他们的定义。他们是将“文化软实力”看作“软实力”的一小部分。而约瑟夫·奈的“软实力”概念实际上又是一个比中国的“文化力”概念略嫌狭窄的定义，因为它只能用来描述对外的力量、权力、影响力、魅力之类，并不指对内的某种力量、权力、吸引力或魅力，更不是用来描述国家发展或国力发展的源泉与动力。而且，它的本质并不是某种“实力”，而是权力。如此，按照第二种思路的界定，“文化软实力”成了一个和“文化力”与“软实力”相比显得颇有局限的概念了。从这一概念提出的目的和它产生的过程来看，这可能吗？应该吗？试想，从“文化力”、“软实力”概念到“文化软实力”概念，我们的理论视角和战略内容显得越来越狭窄，似乎“文化力”或“软实力”概念的视角或框架太大了，我们顾不过来，现在只能涉及或讨论其中的一部分，甚至还是一小部分。这种思路合乎常理吗？

可以认为，前面介绍过的第二种关于“文化软实力”的定义和思路纯粹是望文生义，是想当然的误会。如果“文化软实力”只能局限在“软实力”的“文化”所散发的“力量”或“魅力”的范围内，那么就根本没必要创造这个词汇，也没必要建构这一理论。从逻辑和实践目的上来看，“文化软实力”概念只会是“文化力”与“软实力”概念的发展而不可能是它们的压缩或收缩，在内涵和体系上也不该仅仅是它们中任意一个的一小部分。这样不合逻辑。实际上，很多学者在实际运用中尽管重复或抄袭某些学者提出的这一狭窄而不当的定义，但在其随后的论述中总是不由自主地突破这种框架或思路的限制，而向以往的“文化力”定义或分析框架靠拢。这是对第二类“文化软实力”定义或思路的不自觉的纠正。其他三类思路存在的原因也在于此。不可否认，很多人的确在“文化软实力”的定义及其内涵的界定方面存在困惑。他们干脆沿着原来的“文化力”或“软实力”的思路阐述自己的想法，或是干脆尽可能扩大“文化软实力”的内涵，而不是刻意缩小它。缩小它的内涵是没有道理的。于是，就出现了我们前面说过的第四种思路：“文化软实力”成了“文化力”与“软实力”的相加。当然，真正的“相加”并未实现，有机地结合更是罕见。人们看到的普遍情况是二者的交叉使用或混淆使用。大多数情况下，人们实际上讨论的仍然是过去的“文化力”；“文化软实力”的理论框架并没有明确建立。实际上，无论是前面我们所总结的第二类思路，还是其他三类思路，基本上都是在重复同一种思路，就是第三种思路，即以已经形成的“文化力”的分析框架来分析“文化软实力”。他们不论给不给“文化软实力”下定义，最后的落脚点总是“文化力”或文化本身。这就是我们前面所说的“以不变应万变”。真可谓“你有你的千条计，我有我的老主意”！这种现象的存在真让人不胜感慨。

总之，我们在前面总结的四种思路中，第一种说法实际上是不通的，因为“文化软实力”不等于“软实力”；第二种思路将“文化软实力”看作“软实力”的一部分也不合逻辑；第三种思路完全将“文化力”与“文化软实力”等同也不合适。如果是前三种思路，就没有必要创造新词或新概念，以“文化软实力”代替“软实力”或“文化力”。“文化力”本来就是软的，正如“软实力”是软的一样。如果按照文化产生的“软实力”就是“文化软实力”这种定义，特地将所谓的“文化软实力”独立出来，成了一个与“文化力”和“软实力”并列的独立概念，这在逻辑上是不通的。因为你不能一方面将“文化软实力”看作隶属于“软实力”的概念，同时又试图将其看作与“软实力”并列的概念。而且，这样也无形中将固有的“文化力”看作“软实力”的一个附属概念，成了“软实力”的一部分了。总之，学界对于“文化力”、“软实力”和“文化软实力”三者之间关系的认识是非常混乱的。这严重制约了相关理论的发展。总之，如果简单地将“文化软实力”看作“软实力”的一部分，一方面不符合党的十七大关于“文化软实力”的定义和战略定位，另一方面也不符合相关理论的历史演进轨迹。这是一种理论的逆行或倒退。

当然，“文化力”理论与“软实力”或“软权力”理论虽然有所不同，但的确又有相互重叠或相同的地方。如果二者基本不同，再将二者相加建立一个新概念倒还有必要；而二者本来很相同在误认为不同的情况下再创立新词就有些奇怪了。而且，这里面也有对“文化软实力”的极大误会。误会的重点在于西方人的“软实力”，倒不是中国人的“文化力”。事实上，我们从“文化力”概念流行之处开始就误解“软实力”，现在又在继续误解“文化软实力”。“文化软实力”不是指“文化中的软实力”。这需要详细解释或了解“软实力”概念才行。现在，无论是讨论“软实力”还是“文化软实力”，还有谁会想到约瑟夫·奈所强调的“吸引力”或“魅力”呢？我们前面说过，“文化软实力”和“软实力”本身主要是对外的，在本质上仍是权力。如果不是对外的，根本无所谓软硬的问题。我们很多分析家仍然沿用的是分析“文化力”的思路或分析框架。

第四种思路尽管也没有一个比较明确的分析框架和内涵界定，但却是值得探讨和发展的路径。也就是说，我们应该致力于“文化力”理论与“软实力”理论的真正结合或有机整合，使之完全融为一体。二者实际上一直是两个分离的或各自独立的理论体系，尽管我们知道“文化力”概念和理论源自“软实力”或“软权力”概念或理论。正是由于二者没能很好地糅合或融合在一起，才形成了两套话语体系，最后在“文化软实力”概念产生之后仍存在着概念关系的混乱及基本概念使用的混乱。

下面就让我们看看党的十七大报告中关于“文化软实力”的内容，从中找到“文化软实力”概念或定义的最权威的答案。

胡锦涛总书记所做的党的十七大报告的第七部分“推动社会主义文化大发展大繁荣”提出了“文化软实力”的理念或概念并进行了全面的阐述。胡锦涛总书记在十七大报告第七部分一开始就指出：

当今时代，文化越来越成为民族凝聚力和创造力的重要源泉、越来越成为综合国力竞争的重要因素，丰富精神文化生活

> 越来越成为我国人民的热切愿望。要坚持社会主义先进文化前进方向，兴起社会主义文化建设新高潮，激发全民族文化创造活力，提高国家文化软实力，使人民基本文化权益得到更好保障，使社会文化生活更加丰富多彩，使人民精神风貌更加昂扬向上。①

可以看出，“文化软实力”概念的提出与发展文化是联系在一起的，与国家的发展战略和文化发展战略是目的与过程的关系。可以说二者是一并提出的。可以认为“文化软实力”概念与中国固有的“文化力”和文化发展战略是密切相关的，而与西方的“软权力”或“软实力”理论没有直接的继承关系或联系。可以说，胡锦涛总书记在这一部分主要谈的仍是文化和文化发展的问题，而主要不是“文化软实力”概念或问题，也不是“文化软实力”的发展战略。十七大报告的这一部分主要从四个方面展开对文化或文化发展战略的讨论：

（1）建设社会主义核心价值体系，增强社会主义意识形态的吸引力和凝聚力。

（2）建设和谐文化，培育文明风尚。

（3）弘扬中华文化，建设中华民族共有精神家园。

（4）推进文化创新，增强文化发展活力。②

然而，有的学者对此做了另一种解读，认为这就是对“文化软实力”内涵的界定和关于“文化软实力”发展战略的方针。2009年5月中旬在武汉大学召开的“2009文化哲学论坛：国家文化软实力建设学术研讨会”的会议综述曾经对有些与会学者的观点做过这样的介绍：“正是在胡锦涛总书记的十七大报告的第七部分特定语境里，‘国家文化软实力’主要体现为四层含义。稍作整理，可以获得中国国家文化软实力的四个层面：第一是核心价值系统的吸引力。第二是社会行为模式的凝聚力。第三是传统典范及遗产的影响

---

① http：//news. sina. com. cn/c/2007-10-24/205814157379. shtml.

② 同上。

力。第四是文化传播机制的感染力。"[①] 这种理解可能是不准确的。这种对十七大报告不准确的解读或误解是相当普遍的。可以认为十七大报告中关于文化的界定和相关文化发展战略的措施是与十六大报告中的提法和内容是密切相关的继承关系，其中出现的"文化软实力"概念与以前提出的"文化力"概念和理论也是一种继承和发展的关系。党和政府无论提出"文化力"概念也好，还是提出"文化软实力"概念，都体现了对文化的重视，都是国家发展和文化发展战略的一部分。前后不同的提法是不矛盾的，我们不能人为地制造概念的对立或理论体系的矛盾。这样做是对我们新时期业已形成的关于社会发展和文化发展的理论体系的分裂，是一种错误的做法。

有人指责本课题仍在研究"文化力"而不去研究"文化软实力"是一种落伍。这是一种外行的表现，也是缺乏学术常识的表现，真让人哭笑不得。实际上，十七大报告中"文化软实力"一词就出现一次，远远低于或少于"文化"一词。"文化"才是这一部分的主旋律和主题词或关键词。报告中还出现了"中华文化的国际影响力"的提法："加强中华优秀文化传统教育，运用现代科技手段开发利用民族文化丰厚资源。加强对各民族文化的挖掘和保护，重视文物和非物质文化遗产保护，做好文化典籍整理工作。加强对外文化交流，吸收各国优秀文明成果，增强中华文化国际影响力。"[②] 我们难道也必须围绕着"文化的国际影响力"大做文章，并以它来取代原来的"文化力"的说法吗？可以认为，十七大报告中"文化软实力"只是发展中国文化和当前社会主义建设事业的目标之一，也是文化发展和社会发展战略的目标之一。更大的、更宏观的目标应该是中华文化的繁荣昌盛和中华民族的全面复兴。正如十七大报告第七部分结尾部分所指出的："中华民族伟大复兴必然伴随着中华文化繁荣兴盛。要充分发挥人民在文化建设中的主体作

---

① 杨威：《"2009 文化哲学论坛：国家文化软实力建设学术研讨会"综述》，《马克思主义研究》2009 年第 7 期。

② http：//news. sina. com. cn/c/2007-10-24/205814157379. shtml.

用，调动广大文化工作者的积极性，更加自觉、更加主动地推动文化大发展大繁荣，在中国特色社会主义的伟大实践中进行文化创造，让人民共享文化发展成果。"①

十七大报告第七部分在"建设社会主义核心价值体系，增强社会主义意识形态的吸引力和凝聚力"的题目之下还指出了发展社会科学、繁荣学术的重要性："繁荣发展哲学社会科学，推进学科体系、学术观点、科研方法创新，鼓励哲学社会科学界为党和人民事业发挥思想库作用，推动我国哲学社会科学优秀成果和优秀人才走向世界。"② 但对于这一部分，人们注意不够，也不太重视。事实上，文化的发展或文化力的提高，学术和教育的繁荣是关键。这也是人才培养的根本所在。

可以认为，十七大报告出现的"文化软实力"的提法与以前的"文化力"的执政理念和理论并不矛盾，甚至可以认为，这一概念仍然属于以前的"文化力"的理论体系。而且，我们通过仔细阅读十七大报告可以发现，胡锦涛总书记强调的仍是"文化"和文化建设的问题。但有人偏离主题，将"文化软实力"定义为这一部分的中心概念，并将这部分内容机械地解读为为"文化软实力"概念和理论服务的。这是不恰当的。随后的宣传教育和理论研读也受此误导，变成了以"文化软实力"为核心概念构建新的理论体系了。于是，一种"文化软实力"研究的热潮随之出现。这里面有误会和偏离主题的嫌疑。而且，正如前面所说的，这一概念的界定和理论体系的构建都是不明晰的。

不过，本书主张，既然"文化软实力"研究的热潮已经出现，我们就应该很好地发展它，将其建成一个丰富而合理的理论体系。这里面，理顺它与"文化力"、"软实力"和文化的关系尤为重要。本书主张，借此机会，以"文化软实力"概念为中心，将"文化力"概念和"软实力"概念有机地结合起来，将原来各自独立的"软实力"或"软权力"理论与"文化力"理论融为一体，构建出

① http：//news. sina. com. cn/c/2007-10-24/205814157379. shtml.

② 同上。

一个吸纳、兼顾“文化力”理论和“软实力”（或软权力）理论的“文化软实力”理论。当然，“文化软实力”理论应该比原来的“软实力”或“文化力”理论更加全面、丰富，而不只仅仅局限在“软实力”的一部分的范围之内。这就是我们主张将“文化软实力”概念和理论看作是“文化力”概念与“软实力”概念和理论的叠加和有机结合的根本原因所在。

# 第七章

# 综合国力与文化力和文化软实力研究方法与体系的突破

无疑，中国的综合国力与文化力理论（包括文化软实力理论）已经形成了固定的理论框架，但这并不意味着它（或它们）已经非常系统、完善。实际上，正如我们在前面所论述过的，在它（或它们）形成的过程中，学界的参与行为从学术合理性、规范性、深刻性而言都有需要提高之处。它（或它们）作为理论体系的存在是有不少问题的，有待进一步完善。其中，它（或它们）脱离西方理论体系的影响而实现中国化的过程谈不上是一种足够理智而主动的扬弃，反倒有些阴差阳错的味道。尤其是，在对党和政府关于综合国力和文化力（包括文化软实力）等问题产生的新理论及其实践目的的领会、贯彻、宣传和系统化的学术整理方面，学术界做得还不是很到位。尽管综合国力和文化力（包括文化软实力）等理论一度是从学界首先影响到了党和国家的执政理念和理论，但当党和国家的执政理念和理论成为综合国力和文化力（包括文化软实力）理论体系中的核心和主体时，一方面，学术界对党和国家关于综合国力和文化力、文化软实力方面的理论贡献或新的提法消化、吸收以及进一步的系统的学术整理没有跟得上；另一方面，来自学界的主动学术论证、理论补充和进一步对决策部门的影响也显得滞后了。这不仅需要学术界在综合国力和文化力研究的目标上有所调整或提高，还需要在研究方法上有所改变。

本章的主要任务是沿着学术史的发展轨迹，用马克思主义的理论标准对中西相关的理论体系（中国学界的综合国力、文化力与文化软实力理论体系和西方学界的国力、权力与软权力理论体系）的主要特征的学术方法进行总结，指出两个理论体系存在的差异、问题，然后提出中国学界在综合国力、文化力与文化软实力诸问题研究方法和理论体系方面实现突破的可能性和关键所在。本章旨在指出学界在综合国力、文化力和文化软实力研究领域存在的问题，然后提出一个既符合马克思主义理论标准又合乎学术前沿理论规范的新的思路或路径。本章也对西方学界在相关理论领域学术方法存在的问题提出批评，同时将其与中国学术界的方法进行对照，同时也对中国学界在相关研究领域存在的方法问题进行初步检讨。

## 一　如何实现研究方法和理论体系的突破

所谓理论体系的突破当然不是要彻底否定现有的综合国力与文化力（包括文化软实力）的理论体系和研究成果。完全置现有的理论体系和理论成果——无论是西方的还是中国的——于不顾，都是不可能的。这里所谓的突破当然需要建立在尊重中国学术界已经形成的综合国力与文化力（包括文化软实力）理论体系和理论贡献的基础之上，也就是说是以中国现有的综合国力与文化力（包括文化软实力）理论体系为基础，而不是西方的理论体系。毕竟，正如前面所言，无论是综合国力还是文化力与文化软实力，都是典型的中国概念（中国化的概念），而在西方的话语体系中缺乏准确的对应。中国固有的理论传统和话语体系必须得到尊重；况且，我们必须面对中国现实的问题。从某种程度上来说，正视现实问题本身是我们理论研究的真正出发点。毕竟，无论从现实还是理论的角度，中国学界和西方学界关心的对象都必然有着很大的不同。我们前面就综合国力与文化力问题进行的学术史或理论发展史的梳理和比较是必需的，但这也是为了让我们更好地从现实与实践的层面发现问题、正视问题、探讨和研究问题。

我们必须认识到，在中国现阶段的国家发展与社会主义实践的过程中，我们的确面临着一个综合国力与文化力或文化软实力的发展和提高的问题。也就是说，在中国，从上到下对综合国力和文化力或文化软实力的重视本身及其意义是一个非常重要而且具有积极意义的现象。综合国力与文化力或文化软实力并不是纯粹的或单纯的理论问题，而是切切实实的社会存在。或者说，这一问题或理论的价值是由现实的需要决定的。对综合国力与文化力（包括文化软实力）的理解或理论解读当然应该首先从中国社会现实的需要或中国人的现实认识和据此建立的理论体系出发，而不是由外国的问题及外国的理论体系来决定。对综合国力与文化力（包括文化软实力）的问题或现象，从决策部门到理论界对它们的认识和关心都是正确的；而理论界对它们的描述也基本上是准确的。当然，一些学者对它们的描述和研究方式还有待商榷；而整个相关研究所呈现的理论深度还是不够的。这就使得现有的关于综合国力和文化力（包括文化软实力）研究的理论体系显得有些混乱且薄弱。这无形中影响到了决策部门和普通民众对综合国力与文化力（包括文化软实力）问题的判断或认识。因此，进一步的深入研究，对现有的理论体系进行系统的整合也势在必行。况且，如前面所许诺的，我们还需要将现有的综合国力与文化力（包括文化软实力）理论——主要是党的执政理念和执政理论部分——与马克思主义传统理论或经典理论有机地融为一体。这一任务的理论价值是相当重大的，任务本身从各个方面来说也是艰巨的。本书也只能做些初步的工作，提出大致的理论框架和目标。这一理论框架和目标首先就包括这一部分所讲的综合国力理论研究方法和理论框架的突破问题。其余问题，我们将在本章的其他部分展开讨论。

在目前的情况下，中国综合国力和文化力或文化软实力的理论尽管借鉴了西方理论，尽管对西方理论的借鉴有误解，但摆脱西方学术的影响、抛弃西方的理论框架（权力理论框架）也是合适的，自有其学术和实践的合理性。对人家的（西方的）理论指鹿为马不妥，但这并不意味着我们必须唯西方理论马首是瞻；反过来，我们尽管是在中国学术界的“话语体系”（中文的话语）中讨论综合国力与文化力或文化软实力问题，但也不能将中国人想当然的、似是而非的东西或对国外理论以讹传讹的曲解定为标准。首先，我们理论标准或理论出发点（也是理论基础）只能是马克思主义的基本原理；其次，我们要结合中国现有的话语体系或实际问题；再次，我们当然要尊重中国学者的学术努力，积极吸纳中国学术界业已取得的学术成果；最后，我们当然也要参考国际学术界的学术成果和学术标准。

本书试图提出一个综合国力与文化力和文化软实力有机统一（结合）的新的理论体系。不过，在抛出自己的所谓新体系之前，让我们先对中外相关的理论体系进行一个总的盘点或总结，提出我们这里准备对它们采取怎样的一种扬弃。附属于中西学界各自总的理论体系——综合国力理论体系和“权力”理论体系的文化力概念、文化软实力和软权力概念与理论也会在此基础上得到讨论。因此，我们的任务不仅仅在于讨论西方相关理论的不足，而且也在于如何认识中国的综合国力与文化力和文化软实力理论体系的不足，寻找理论新突破的出路。可以认为，这里的主要目的还不在于分析西方理论的不足或对西方相关理论进行批判，也不在于证明中国的理论体系如何优越或完美，而是为了探讨中国学术界的综合国力理论体系的发展与完善的途径。实际上，关于综合国力的理论体系，中国学术界需要考虑重新搭建其理论框架和更新其研究方法的问题。因此，这一章首先从分析西方权力概念及理论体系的内容与基本特征出发，然后再分析中国的综合国力与文化力和文化软实力概念与理论体系的特征与不足，探讨理论突破的可能性。用马克思主义唯物论作为方法来系统思考国力、综合国力与文化力和文化软实力并提出一个新的研究方法和理论体系，将由下一章来完成。

## 二 国力或权力的定性及中西研究方法的根本不同

这里我们首先需要解决一个非常重要的定性问题，就是在中西关于综合国力、国力或权力的理论体系中的权力与国力（或综合国力）是不是实体性存在。这是中西相关研究领域研究方法的分歧所在，也是决定各自研究方法和理论体系的主要特征的关键所在。这个问题对于国力的定量和定性分析似乎非常关键，也是决定如何理解国力和综合国力及能否对其量化、测评的关键。按照一般的逻辑，如果权力或国力是实体性存在，就能量化，就好测评；否则量化就难，测评就不容易。

实际上，在中西理论体系中，权力与国力的关系是不一样的，因而它们是不是实体的问题也不是一回事。在第三章的讨论中，我们说过，中国学界基本上将权力与国力或综合国力看作两个截然不同的概念，少有联系，但在西方理论体系中却完全不同。我们通过前面几章的讨论可以看出，在西方的理论体系中，国力与权力是一回事；国力理论与权力理论是一个问题。因此，如果权力是实体，那么国力就应该是实体，反之亦然。

要一块儿回答国力和权力是不是实体的问题，我们首先还要看看在西方理论体系中它们之间的关系问题。如果我们解决了这个问题，关于权力或国力是不是实体的问题就好回答了。我们首先从西方理论体系开始探讨这一问题的原因很简单。毕竟，西方的权力和国力理论是中国综合国力理论的来源，因此我们需要首先从西方的权力和国力理论入手。西方学界没有把政治权力看作实体，国家权力本身因而也不被看作实体。为什么说国际关系中国家的权力（国力）与政治学中的权力从本质上是一样的呢？这是因为国际关系学的权力概念是从权力政治的角度来理解（解释）的。国际关系中的权力或国力主要从国际社会的权力体系和权力结构中进行分析或理解。从这个角度来说，国际政治中国家的权力与政治学中的权力没有质的区别，只有权力主体、作用对象、权力源、产生方式及作用方式等方面的区别。

那么，既然国力和权力一样不被西方学者看作实体，它又如何能量化或测评呢？而事实上我们也知道，西方的确有对国力进行量化及定量测评的思路及理论，有些方法还相当流行，中国综合国力及其评估理论就是从那些理论演变而来的。这又作何解释呢？如果不将国力看作实体，那么，能否进行量化分析？量化分析是否仍有意义？国力是否完全如权力一样难以测度？

实际上，我们所讨论的国力和权力究竟是不是实体（实体性存在）的问题的实质就是在问国力和权力究竟是物质的还是精神的？这是一个典型的中国式的思维习惯，对于中国学者非常重要。它堪称研究国力现象具有决定意义的问题，中国学者无法回避。对于这一中国式的问题，从本书一开始我们就已经提出，并给予了较为明确且系统的回答。但行文至此，我们仍再次需提出这一问题，并需给出进一步的回答或补充性的回答。当然，更进一步的回答将是后面的任务（仍围绕着综合国力概念和理论进行，且加入了文化力与文化软实力的问题）。

用马克思主义唯物论的基本观点（所谓哲学的基本问题）审视权力及国力是物质的还是精神的并非我们刻意如此，而是因为以黄硕风为代表的中国综合国力学派就是以马克思主义唯物论为基本方法的，而且黄硕风坚持并强调国力的物质性及其研究方法的马克思主义唯物论特征。黄硕风不仅开创了中国的综合国力理论，而且也创立了中国综合国力研究的基本方法。前面我们对黄硕风的基本方法和他对综合国力物质性的强调已经做过介绍。这里我们提出这一问题并非准备僵化、机械地对黄硕风等人进行模仿，而是要借此突出中国综合国力理论与西方国力理论的最大差异和分道扬镳的“地点”或“分界点”。当然，我们这里也非常有必要用马克思主义的方法论来讨论这一问题，并借机更系统地剖析、理解、把握和审视西方的权力和国力理论。

本章明确提出（与前面相比）国力的物质或精神属性问题一方面是因为这里必须将西方概念或思维习惯与我们惯有的思维习惯或马克思主义的基本原理进行必要的对照，更是为了明确国力能否量化及不同的方法是如何为量化工作服务的。用马克思主义唯物论作为基本方法来系统思考国力（综合国力与文化力）将由下一章来完成。这里要做的仅仅是对西方传统思路进行简单的审视，以点明两种思路存在的基本差异及由此带来的问题。我们论述的重点仍将放在西方学者因不同的定性而建立的分析方法和理论框架上。这里只不过将他们的定性与马克思主义理论对这种定性的可能性态度进行对照，以加深这种定性的分量。总之，这种对照性的定性是非常有必要的，也是十分重要的。

西方学者对待国力的态度和对待权力一样，是非常复杂的，甚至比中国学者的态度更复杂。在第二章我们讲过，中国学者将国力看作实力，也就等于倾向于将其当作实存，当作物质性的力量或存在。[①] 中国学者的国力或综合国力说及其测评理论就是在此基础之上建立起来的。可以说，如果中国学者不坚持国力或综合国力的物质基础或将其看作实体，将与我们传统的马克思主义唯物观发生冲突。但是，对于西方学者来说，就国力问题是不是实体、是不是物质的这一问题不予回答也不影响他们发展自己的国力体系，他们也照样能够提出他们的测评理论。实际上，他们对国力构成的分析和测评是相当迂回、相当曲折的，并不见得对国力及其测评出现了不着边际的妄猜或错估，不见得就忽视了其中的物质因素。而有些中国学者那种将国力直接等同于某种物质存在的做法其实失之简单化。

现在中国学者简单地将综合国力看作物质力与精神力两块儿的复合或组合。这种思维方式并不好。这是不是“二元论”？即便说我们提出“一元论”与“二元论”的质疑有些过时或机械，但那种物质力与精神力相加的观点实际上是对综合国力这个有机整体的割裂。所谓相加说并没有很好地解决给综合国力在马克思主义唯物论方面定性的问题。甚至，这种解释与马克思主义的基本原理是否一致成了一个大问题。这种提法反倒愈发显示出了马克思主义唯物论在综合国力定性上的重大意义。总之，中国综合国力问题涉及“姓物质”或“姓精神”的定性问题。尽管我们知道中国学界关于综合国力基本特征的观点是相当复杂的，但我们姑且假定中国学界的基本观点是坚持综合国力的物质基础与基本特征的。实际上，即便说你刻意淡化这一问题，或认为非此即彼的简单定性不合理，那也要有一个解释。这种解释恐怕比简单的定性更复杂。

实际上，尽管有些中国学者声称考察、测评的是物质对象，但从考察方法上竟然与西方学者毫无二致——前面说过，完全是照搬西方学术的，除了强调国力的“实力”特征之外。可以认为，一些

① 中国学者对待权力的基本态度（权力是物质还是精神的问题）不甚明了。中国学者已经将权力概念与国力概念分开，或者说压根儿没有将二者联系起来。这在前面已经讨论过了。所以这里讨论中国学者对待权力的态度没有必要。实际上，中国学术界对权力概念是相当忽视或马虎的，就其内涵或本质几乎没有展开过认真的讨论。

中国学界相关研究方法的唯物论色彩和国力概念的所谓物质性特征有时也只是表面的，在很多重要环节完全看不出他们对国力的理解与西方学者有什么质的不同（显不出唯物论的优势）；而当他们的提法显示出明显的理解不同的时候，恰恰显示出某种“机械唯物主义”的痕迹。关于文化力或文化软实力的理解也有此类问题。对此，我们将在后面详细讨论，这里暂不涉及。

前面说过，中国学者是将国力看作典型的物质性存在或物质性的力量进行分析的，而且使它与权力概念分道扬镳。而西方学者没有这样做，仍将权力与国力看作同一个理论体系，国力（国家权力）仍是政治权力或权力概念的拓展。但这并不代表西方学者明确否认权力和国力的物质属性，更不表明他们反对从物质属性的角度考察、量化和评估权力和国力。这个问题颇为复杂，容我们后面徐徐论述。不过，即使我们搁置关于国力的“哲学基本问题”的定性问题，我们也可以看出，西方考察国力的基本方法已被中国学者吸纳了；中国学者的思路和方法几乎没有突破他们的理论框架。这就说明无论国力是不是物质的、无论其是否为实体或实存，都可以测评和分析其构成或成分。不过，西方的国力测评或量化理论及分析模式主要是间接测评，大致估算，其测评的对象其实很难说就是国力本身。而中国学者由于倾向于将国力看作物质的实体，而且强调测评对象的物质性和直接性，因而自以为测评很准，测得全面。但事实上，从量化分析的思路和测评方法（包括所谓的公式或方程），中西之间并无质的区别。中西国力体系和研究方法的异同是一个非常复杂的话题。说二者基本一致是不对的，说缺乏相同的地方也不对。

## 三　国力、权力或实力量化、测评的复杂性与困难

前面我们讨论过：权力实际上是一个抽象的概念，它描述的对象是非常复杂的；国力概念也是如此。西方学者没有明确地涉及权力或国力是物质的还是精神的问题。或者说，他们没有明确或直接

地提出国力是物质的还是精神的这一问题，更没有围绕着这一问题进行讨论并解决这一问题。不过，通过第二章的讨论我们也可以发现，他们的确也面临着这一问题的挑战和考验，也有过这一问题带来的困惑。实际上，对国力的物质性或精神性的基本判断或定性始终是西方理论界的一大难题，是几乎每一个学者都必须面对的，也是不得不给予回答的。马克思主义理论中所说的哲学的基本问题并非浪得虚名，若要回避是不可能的。那么，我们为什么刚才说西方学者没有明确涉及或回答这一问题呢？这是因为：西方学者没有使用物质性或精神性这一概念，也没有将这两种属性明确对立，更没有围绕着物质性或精神性大做文章、形成论战（没有形成所谓的唯物主义与唯心主义立场之争）。对他们来说，关于国力的物质性和精神性的问题绝非非此即彼、不可调和的。事实上，从一开始，他们都倾向于认为国力乃至权力具有这两种属性。如果硬要我们对西方学者的国力概念就物质或精神属性方面下一定论，或许我们可以机械地说他们大都是二元论的。但他们绝非是机械地强调国力的物质与精神的所谓“二元”特征，而是将其看作一个有机整体。也就是说，所谓物质性与精神特征在他们的论述中没有被割裂。不过，西方学者所谓的二元基本上指的是权力或国力源，而主要不是权力和国力本身。这一点与中国学者不同。中国学者往往将西方学者看作国力资源的东西看作综合国力本身。因此，中西学界关于国力在唯物与唯心的定性问题上并不一样，或者说不是一个层次上的问题。

西方学者全都不否认国力的物质基础或物质资源。在开始阶段，在国际关系研究领域，谈到国力，一些国外学者甚至将这些物质基础和资源等同于国力，尤其是军事力量。这几乎是中国学者和唯物主义的观点。后来西方学者才注重将权力资源、权力运作过程和权力表现区分开来，并增加了精神性因素的权力源。实际上，在实际应用中，西方学者也很难区分权力源、权力运作过程和权力结果，将它们混为一谈也是常有的事。国外学者逐渐将国力看作物质因素和精神因素的有机复合。不过，我们这里需要特别强调的是，即便承认或强调国力的物质属性，但西方学者几乎全都回避直接使用物质这一概念或马克思主义唯物主义的方法，更没有自觉、主动地向马克思主义唯物论靠拢。他们即便是强调国力或权力的物质性，也与马克思主义的唯物论不一致，与中国学者唯物论的综合国力说也不一样。他们更习惯于使用“实体”、“可感或可触的”、“实在的”等概念，以区别于“精神性的”、“不可触的”等概念。我们不能简单地说西方学者回避了物质性或精神性的问题。总的说来，他们的权力观和国力概念与物质的关系不是那么简单。如果我们硬要简单地对他们的国力观或权力观贴上“物质的”或“精神的”标签，会是非常机械的，也是不合适的。前面说过，他们所谓的权力或国力都是一个复杂过程的产物，来源复杂，产生或发挥作用的过程复杂，因而构成也复杂。可以肯定，说国力的构成，对于他们来说也是逻辑分析框架中理论上的构成，绝不等同于现实中存在的某一固定的对象，无论这一对象是所谓物质的还是精神的（客观唯心的）。

实际上，无论国力是精神性的还是物质性的，无论是可以触摸、可感的实际存在，还是模糊的、虚的、精神性的东西，或者是物质实存与精神因素的复合，都是可以测量的，也是应该进行测量的。这就像对人的力气、体重、智慧、勇气、智力和能力的测评、测量一样，就看你怎样测，用什么样的标准。

人的智力或智商也是能够测量的，体力和能力也能得到基本的估算，公共权力或掌握公共权力的人物的权力，比如总统的权力，也是有一个限度或限量的。人的气力和体重可感、可触，好测评，算得出，但人的智力、智慧、勇气之类的因素就说不清楚了吗？难道它们就没法测评了吗？我们知道，对于智力或智商这种所谓纯粹精神或意识的东西人类已经建立了严谨的测评理论和具体的方法。只不过，这种测评要比测体重和力量（力气）复杂得多。人的能力应该是体力与脑力的总和，更是这种能力发挥的结果或综合体现。国力也是如此，其测法也应该是一种综合、复杂的手法。即便是将国力看作非物质的因素，也照样可以测评。如果权力与国力因其不具备物质性而不能直接测评或精确量化的话，间接测评或大致量化总是行得通的。因此，不一定非得把权力或国力看成实力才能量化或评估。权力本身能否估量、测评与它是否具有典型的物质性或属于物质存在没有必然的联系；国力的量化与测评也是如此。人的智力、能力、体力，个人权力，公共权力，公共权力人物的权力，其物质性或精神属性之辨有什么特别的意义？实际上，将国力硬贴上物质或精神的标签是教条主义的表现，是对国力本身的割裂。总之，对权力或国力进行物质与意识的简单区分意义不大，反倒会妨碍全面、合理的分析方法的建立。当然，对这个问题完全忽略、缺乏讨论也是一种错误。因为这样不仅降低了中国综合国力与文化力理论的深度，也会模糊其与马克思主义理论的必然联系并降低其对马克思主义理论的重要贡献。对此，我们在后面的章节将会详细讨论。

那么，西方学者又是如何进行量化分析或测评的呢？或者说其量化和测评是怎样操作或进行的呢？事实上，前面说过，关于权力或国力能否量化及是否能够精确或大致的估算，西方学界也是有分歧的。只有一部分学者热衷于这种量化及测评。这是由于西方学者的权力观的差异造成的。这种差异导致了他们对权力（包括国际关系中的权力）构成要素理解上的差异或分歧，进而决定了他们对于如何估算权力（包括国力）的方法上的差异，也因此产生了赞成量化、测评的理论和反对（不主张）量化、评估的理论。所谓权力（国力）的构成（有哪些要素或成分）也是与权力（国力）源、权力（国力）产生的过程、权力（国力）发挥作用或体现的过程联系在一起的。或者说，我们也可以从这些角度展开我们的讨论。

正如我们在前两章所讨论的，权力的产生、发生、实现与其资源、过程、体现（实现）的程度、带来的结果和指向的目标有关。权力实际上是很虚、很空、难以捉摸的，最后往往是目的、结果（效果）说明一切，其大小、多少也靠实效来说话。如果说到资源（权力源），那就非常具体了。权力源是实在的东西，容易量化、估算。实际上，早在马汉之前，人们就从估算这种权力资源估算权力本身。这实际上是一种间接、侧面的估算方式。马汉之后的权力或国力测评，包括汉斯·摩根索和黄硕风也基本上是这种做法。中国学者所说的综合国力的物质性或实在性，实际上指的是权力或国力资源的物质性或实在性。这一点我们在前面也讨论到了，这里就不再多说。这里想补充说明的是，对这种测评或量化的方式和结果，我们不能太相信，更不能迷信。任何测评理论和结果都只具有参考价值，真实的国力及其具体的体现和带来的结果可能完全是另一个样子。一句话，这里介绍和讨论的权力测评、量化方式都是理论上的，所谓纸上谈兵，而且可能是歪曲的一种方式。尽管学者和理论家尽可能完善这种测评理论或方式，事实上这种测评理论也的确在进步、在发展、在日趋合理，但它永远不可能达到完善或完美的地步，得出的结果永远也不可能与真实的存在等同。不颠倒黑白、相差万里就是万幸，大差不差、大致对头就是好的测评。

## 四　西方理论体系与研究方法的局限

这里要做的仅仅是对西方关于权力和国力的传统思路进行简单的审视，以点明中西两种思路存在的基本差异及由此带来的问题。我们论述的重点仍将放在西方学者因对权力和国力概念不同的定性产生的分析方法和理论框架的不同上。只不过，这里会将他们的定性与马克思主义理论对这种定性的可能性态度进行对照，以加深我们对这种定性的认识。总之，这种关于定性的对照是非常有必要的，也是十分重要的。

西方的权力与国力理论本身也是有问题的，我们不能对它盲目崇拜；原封不动地用它来描述中国的现实问题并不一定处处合适。首先，西方的权力与国力概念也富有争议，内涵暧昧不明。也就是说，作为基本概念和理论，西方的学者们对属于自己的问题的把握和研究也不是很准确或很到位，也是有着极大的欠缺和漏洞的。

其次，权力与国力之间的联系和差异在西方的理论体系中没能很好地得到描述。实际上，对于西方权力理论来说，权力对于个体、公共机构、国家和国际体系来说，其内涵、资源和表现及作用对象也是极为不同的。

再次，非常明显，尽管很多西方学者极力强调国力（或权力）

资源与权力本身的不同，但即便是对二者之间差异最为敏感或强调最多的学者在自己的具体描述中也往往将二者混为一谈，没有认真区分。如此，无论是对权力概念的界定还是对所谓权力（国力）的衡量（度量），总是以所谓权力资源为对象。如此，在西方相关理论体系中，一个普遍的现象是：权力资源变得比权力本身（权力现象）更为重要或更为基本了。在这一点上，西方的理论体系就显得与中国综合国力和文化力理论的基本方法或理论基础一致了。也就是说，尽管西方的权力理论体系强调的是权力，但最终强调和研究的对象从实际上与中国学者并无二致。这就说明西方学者的理论体系未必高明，而中国学者的理论体系和方法尽管有一定的错误和缺陷，但也并没有错到非常离谱的程度。当然，我们也得承认西方学者在学术的传承（学术发展史的线索）的脉络交代方面是较为清楚的；学术的规范性、严谨性保持得也比较好。总的说来，他们对问题的把握是较为准确、到位的，描述本身也是较为深刻的。

最后，正如前面我们强调的，西方的权力、“软权力”和国力理论描述的是西方的问题或对象，因此那种描述适合他们的需要，反映了他们的现实，为的是解决他们的问题，最终形成了他们的话语体系并反过来影响他们的现实存在和决策需要。既然中国已经形成了与西方权力理论完全不同的综合国力与文化力理论体系或话语体系，而且这一理论体系或话语体系与中国的现实需要和社会存在本身已经形成了有机的结合和互动——几乎融为一体，那么，我们的理论体系当然不能是西方色彩的。不过，西方理论体系的基本主张我们是应该清楚的，因为它毕竟是中国综合国力和文化力理论的来源。这一理论体系的传统、规范和基本主张，还有研究方法本身都是值得我们学习、借鉴的。这就是我们所说的对西方权力理论体系的“扬弃”。

## 五 如何认识中国综合国力与文化力和文化软实力研究所取得的成就

对于中国学术界已经形成的综合国力和文化力（包括文化软实

力）的理论体系，我们已经说过，应该得到基本的肯定并成为这里所许诺构建的新的理论体系的基础。也就是说，这里试图构建的新的理论框架和研究方法将以中国的综合国力和文化力（包括文化软实力）理论与方法为基础。这样做首先是因为我们无法摆脱中国的话语体系或语言背景。其次是因为中国业已形成的理论体系或话语体系与现实及现实需要已经形成的牢固关系不能改变。最后，中国学界关于综合国力与文化力或文化软实力研究的学术传统已经形成，我们不得不尊重这种传统，并力图使之变得完善。

理论体系本身的正确性和完善程度是与现实的需要和社会存在本身的契合或结合程度为准的。西方的理论体系与我们的理论需要和社会存在本身有距离；中国的理论体系本身是对这种存在的描述，是为了满足我们自己的现实的需要。这是理论价值和正确性的前提和基础。从这个意义上来说，我们必须接受中国业已形成的综合国力和文化力（包括文化软实力）理论体系。当然，所谓接受并不是说将其中明显的谬误和非学术性的内容与习惯都继承或接收下来。

关于中国综合国力与文化力或文化软实力的理论体系，我们应该接受或肯定如下内容：

首先，所谓“实力”说是将综合国力视为一种实存，尽管可能是物质与精神因素的结合。这是中西理论体系最大的区别，所谓理论的分水岭所在。

其次，综合国力和文化力（包括文化软实力）理论主要是关于社会发展和国际竞争的理论，不仅适用于国际问题，而且适用于国内问题。事实上，它是在以描述国家内部发展的基础上兼顾国家的国际地位、国际关系和国际竞争力的理论体系。比如中国科学院的《中国可持续战略报告》的立意和内容就是这样。[①] 该报告将综合国力与可持续发展联系在一起，这与西方以国际关系理论为主的描述国际社会权力结构的权力和软权力理论体系的确不同。中国社科院

① 中国科学院可持续发展战略研究组：《中国可持续发展战略报告》，科学出版社2003年版。

的"国际形势黄皮书"中王玲的综合国力概念和分析框架是在所谓的"全球政治与安全"的框架下展开的，与科学院"可持续发展战略"课题组的思路有所不同。[①] 不过，中国综合国力与文化力或文化软实力理论体系尽管涉及国际关系理论和相关的权力理论体系，但主要是以政治、经济等诸多学科相结合的关于社会发展的理论。它已经成为党的执政理论，是当代科学社会主义理论的一个主要组成部分，并且成为发展中的马克思主义理论的一个分支。总而言之，中西关于国力的理论已经是两个不同的理论体系，我们应该坚持中国的理论特色，站在中国的理论基础之上谈发展和突破。我们前面花了很大篇幅讨论西方的理论体系并不是要奉西方理论为正宗，而是要完成对学术线索和理论发展过程的系统考察，以便纠正我们自己的综合国力和文化力（包括文化软实力）理论在借鉴西方理论过程中产生的误解和不合理之处，同时也是为了强调理论本身的严谨性和学术的规范性。

最后，中国学者以马克思主义基本原理作为综合国力和文化力（包括文化软实力）研究的出发点和基本方法的做法应该得到充分肯定和完全继承。本章最为重要的任务就是突出这一基本方法的重要性并在此基础上构建中国综合国力和文化力（包括文化软实力）的新的理论体系和分析框架，而且还要将这一新的理论体系和研究方法与马克思主义的基本原理更好地融为一体。

总之，更彻底强调马克思主义理论的特色和将这一理论体系更完全地马克思主义化会使这一理论更加完善，并使之升华到一个更高的理论水准；而将这一彻底马克思主义化的理论体系完全融入马克思主义理论体系之内更是对科学社会主义理论和马克思主义基本原理的丰富和发展。事实上，正如前面所讲的，党和国家关于综合国力与文化力或文化软实力的执政理论本身就是对科学社会主义和马克思主义基本原理的丰富、发展和突破。我们怎能不在我们的研究中强调这一点并在我们的研究中使之更加系统化、学术化呢？

---

① 李慎明、王逸舟主编：《国际形势黄皮书：2003 年全球政治与安全报告》，社会科学文献出版社 2003 年版。

## 六　如何认识中国综合国力、文化力和文化软实力研究存在的局限及其原因

在表达过我们对中国学界的综合国力和文化力（包括文化软实力）理论体系的基本肯定和基本继承的态度之后，下面让我们谈谈对中国学界关于综合国力与文化力或文化软实力研究方法和理论体系的一些问题的检讨性的认识。然后在此基础之上谈谈综合国力与文化力或文化软实力研究方法和理论体系的发展与突破问题。

实际上，中国学界关于综合国力的内涵和本质的认识是存在着极大分歧的，尽管表面上并没有大的争论。在很大程度上，大家只是将综合国力概念看成不言自明的或不证自明的现成的存在，好像它是再明白不过的事情，无须多言。事实上并非如此。文化力与文化软实力概念存在的问题更是如此，或者说更为严重。实际上，很多相关研究关于文化指什么都不得要领，缺乏界定，况文化力与文化软实力乎！如果对一个理论体系中的基本概念及其本质认识不够、探讨不足，那么这一理论体系的理论价值和现实意义就不能很好地实现，所谓研究也不可能达到应有的深度和高度。不少研究者对综合国力、文化力和文化软实力的内涵、本质、理论价值与现实意义懵懵懂懂，不得要领，更意识不到它们作为党的执政理论要达到的现实目标和理论目的。很多学者似乎从来没有考虑过综合国力与文化力或文化软实力理论对马克思主义基本理论能够产生怎样的推动、发展。

我们前面说过，关于综合国力和软实力（软权力）理论，中西理论体系和研究方法的最大分野在于中国的是实力说，西方的是权力说。这不仅仅是理论体系的差别，同时也是方法论的根本差异。从这个意义上来说，西方压根儿就没有综合国力、文化力和文化软实力的理论，也没有软实力理论。综合国力、文化力、软实力、文化软实力理论是十足的中国土产，或者说是典型的中国特色的理论。因此，中国的综合国力、文化力、文化软实力概念，乃至翻译过来的软实力概念都需要从中文背景或中国学术的“话语体系”进

行重新解读或界定，而不能以其原初的西方概念的根源寻求标准答案或借鉴其界定或定义。我们前面尽管一直在分析综合国力、文化力和文化软实力的概念起源和内涵，但却是一直在介绍国外相关概念和理论的所谓本质和内涵，指出中国学界在转借过程中的误解和由此产生的差异，而关于中文的综合国力、文化力和文化软实力的内涵和本质并没有进行深入的分析和界定。甚至关于综合国力、文化力和文化软实力概念真正的来源我们并没有指明。

这里我们并不是说中国人的理解就对，而是说我们必须将中文世界、中国学界或中文话语体系中的综合国力、文化力、软实力和文化软实力真正的意思或含义挖掘出来，而不是要给这一语言体系或话语体系一个所谓的标准答案。我们首先找出中国人自己认为的综合国力与文化力或文化软实力概念的含义，然后再将其与西方学界本来的含义比较，以发现基本概念与理论体系的最根本的不同。下面让我们对中文的“实力”概念进行分析，谈谈它作为中文的综合国力（指的是国家的综合实力而非全面而整体的权力）和软实力（并非软权力）的本质及内涵。在此基础上，我们对中文的综合国力和软实力与文化软实力的内涵及概念的真正起源做一个较为全面的分析，找出这些概念真正的起源和产生的语言背景。

将国力（综合国力）、文化力、软实力和文化软实力的本质和内涵看作实力，是对西方概念，即权力概念的翻译。但这从很小的程度上说明这一概念是一种引进，因为将权力翻译为实力有点误会。这不是说翻译为“实力”错了，是十足的误译，而是说将“power”翻译为“实力”后我们完全抛开了其英文或西文原文的其他含义和复杂的理论背景。仅仅一个单词的暂时的翻译，将“power”翻译为“实力”并无差错，甚至更为合适；但如果将这一翻译——“实力”，定位为中国综合国力和软实力理论体系的核心概念，而且将其视为西方国力和软权力理论的核心概念，那就产生了不小的问题。事实上，现在很多关于综合国力和文化力研究的学者，并不是从原初产生这些概念（综合国力、文化力和文化软实力等）的西方话语体系或理论体系来界定、理解这一概念的，更无视其产生的理论背景和学术发展过程，而是直接从中文单词“实力”

的固有含义或原有的含义出发来界定综合国力和文化力等概念的；普通人更是如此。也就是说，综合国力和文化力（包括文化软实力）理论中国化的第一步，也是最重要的一步，首先是一个语言问题。翻译后的中文所具备的强大的影响力几乎完全排斥了其英文原文的内涵和理论框架及研究方法。这使得中国人，包括学者，几乎完全在中文的“实力”概念的基础之上重建了综合国力、文化力理论以及文化软实力理论。

中文的“实力”本身是中文中一个普通的词汇，原来压根儿不是一个学术词汇，更不是一个理论体系的核心概念，但由于它被选中翻译英文的重要学术概念和核心概念“权力”，最后它就完全取代了中英文理论体系和话语体系中的权力概念的地位，而成了中文综合国力和文化力（包括文化软实力）理论体系的核心概念。试问，在当前中国学界的综合国力和文化力（包括文化软实力）理论体系中，哪有权力概念的影子?!

正如我们前面所言，我们现在要做的不是什么“纠错”，更不是否定这种“实力说”的价值和意义。从某种程度上来说，“实力说”的习惯或许更符合中国人的表达习惯和理论与现实的需要，“权力说”或许与我们研究国力的表达习惯和现实需要格格不入。无论如何，不管是从现实的存在，还是从实际的需要，我们必须或不得不接受“实力说”的现实，并从“实力说”出发来研究中国综合国力理论和文化力理论。

但是，中文的“实力”概念究竟表达的是什么呢？既然我们要撇开它的前身——英文“权力”概念的影响，那么西方权力概念及其相关的“国力”和“软权力”概念的内涵几乎都变得不适应了。我们需要对中国人所讲的“实力”的内涵从日常用语到学术研究的角度进行深入分析，然后再探讨其理论框架和研究方法的不足，最后提出一些理论突破的构想。

正如我们在第一章里所言，如果将“实力”视为一个学术词汇，其含义实际上是非常模糊的，也是缺乏严格界定的。尽管很多学者对综合国力、文化力和文化软实力等概念进行了似乎较为严格的界定，但由于“实力”概念没有界定，那么，综合国力、文化力和文化软实力的界定会因此失去意义，或因此变得含义模糊，缺乏学术价值。这是因为，正如前面所讲的，“实力”本身在综合国力、文化力和文化软实力概念和理论体系中是一个更为基本和更为重要的概念，就像权力在西方“软权力”和“国力”中的地位一样。我们需要首先认清“实力”的含义和本质，对它进行严格的界定，然后才能搞清楚我们讨论的综合国力、文化力和文化软实力等概念的含义是什么，对它们做进一步的分析和定义才有意义。现在我们缺乏的是对“实力”概念的定义。它不仅是含义模糊而变动的，有时甚至是空洞的。我们知道，西方相关研究是花了很多的学术努力放在对权力概念的界定上的，或者说他们讨论分析的起点和核心是“权力”；权力这个基本概念界定清楚了，然后在此基础上进一步提出所谓“国力”与“软权力”的概念，比如摩根索、约瑟夫·奈、雷·克莱因和托夫勒都是这么做的。他们从来不曾舍本逐末。

我们的问题首先出在将“权力”翻译为“实力”上，其次出在将“实力”视为简单而不证自明的概念，将它在中文中固有的作为日常用语的狭窄含义作为学术词汇的基本内涵和理论基础，构建起一个庞大的理论体系。这一理论体系的基础过于脆弱。我们必须在“实力”这个词汇的日常用语内涵的基础之上对它进一步分析、界定，赋予它足够的含义，使之成为一个典型而十足的学术词汇，然后能够胜任作为一个理论体系核心概念和理论基础的角色和地位。

无论如何，“实力”概念仍然是一个典型的普通词汇，其内涵和用法仍然局限在日常用语的范围之内，没有太多的学术成分和地位。中文中固有的“实力”一词与据英文“power”在内涵上发生了冲突。或者说，中文词汇“实力”固有的含义与转借来的“实力”内容上并不完全吻合，而是有差异的。但最后的结果却是中文中“实力”固有的含义吞噬了英文原文的含义；或者说中文固有的“实力”内涵完全充斥英文“power”概念中，使之成为一个完全的中文概念（实力）。总而言之，正如我们在前文中所指出的，中文的“实力”一词不仅与英文的“权力”（power）是两回事，而且与中文的“权力”更是两回事。事实上，“实力”与中文的“权力”概念的距离和差异比与英文的“权力”概念（power）的差距与距离更大。这也是为什么说将英文的“power”翻译为中文的“实力”之后，几乎完全丢掉了其英文含义中权力成分的根本原因。因此，我们对综合国力、文化力和文化软实力的理解不得不从中文“实力”原本具有的或原初的含义出发，完全在这一中文语汇的基础之上界定综合国力、文化力和文化软实力的概念，并构建相关的理论体系。

那么，“实力”的含义究竟是什么呢？它成为一个具有核心地位的学术词汇是否可能？如果成为一个重要的学术词汇和综合国力理论与文化力理论的核心概念，它应该具有什么样的含义呢？“实力”说是否意味着物质性或马克思主义理论的特征？

如果想了解实力作为日常用语的含义，我们最好先查查《现代汉语词典》。《现代汉语词典》给它的定义是“实在的力量（多指军事或经济方面）”，如“经济实力”、“雄厚实力”和“增强实力”。[①] 可以看出，该定义是十分简单的。我们会失望地发现，这一定义实际上是在用另一个更为基本词汇或概念“力量”来解释“实力”。“实力”实际上仍是一个复合词。我们要想搞清楚它的内涵，还要去探究“力量”的内涵及其作为一个学术词汇的资格及相关要求。当然，我们也需注意，在“实力”的定义中，“实在”这个字眼的重要性。前面引用的《现代汉语词典》已经说得很清楚，所谓“实力”是“实在的力量”。实际上，“实力”一词的学术重要性本身或其学术内涵恰恰在于所谓“实在”的限定。对此下面我们再来讨论。现在让我们先去查查《现代汉语词典》中关于“力量”的定义。

在中文中，“力量”无疑是一个非常普通的日常词汇，也还没有被赋予太多的学术内涵或意义。与实力比较，它似乎与权力概念（中英文的权力）距离更远。《现代汉语词典》对“力量”的界定是：①力气；②能力；③作用；④效力。[②] 可以看出，所谓“力量”的所有内涵与英文“power”一词所具有的一些基本内涵几乎都是

① 中国社会科学院语言研究所词典编辑室编：《现代汉语词典》（修订本），商务印书馆1997年版，第1145页。

② 同上书，第775页。

完全吻合的，但就是不具备其所包含的相当于中文“权力”的含义；而中文的“权力”恰恰是英文“power”里面最重要的含义，或者说是最具学术性的含义。因此，中文中的“力量”也只是一般性的词汇，不是理论体系中的核心概念。中文词汇中早就有“权”或“权力”、“权势”之类的概念，中国的法家和兵家对权力概念的重视及其在此基础之上构建起来的权力理论比马基雅弗利、培根早得多，甚至也比他们系统、深刻得多。古希腊的修西底迪斯涉及的权力也没法与商鞅、韩非等法家的权力理论相比。但是，无论是中国古代的“权”或“势”的概念，还是现代语汇中的权力概念都与“力量”或“实力”毫不搭界。那么，我们用“实力”或“力量”为主翻译英文的“power”不能不说是一个极大的遗憾，用“实力”或“力量”作为核心概念构建综合国力的理论体系虽然不能说是一个错误，但的确有值得商榷或反思的地方。

如果我们对中文“力量”一词的含义进行进一步的挖掘，对它的词根或所包含的更基本的概念——“力”——做进一步的调查，我们上面的结论或许会变得更有说服力。试看《现代汉语词典》对“力”的定义：①物体之间的相互作用，是使物体获得加速度的或发生形变的外因。②力量；能力。③特指体力。④尽力；努力。⑤姓。[①] 这一定义表明，除了后两种是特定的含义之外，前三个与“力量”几乎是完全一致的。也就是说，“力”本身几乎等于力量。但是，它和“力量”一样，仍没有中英文“权力”的含义。总之，古代汉语的“力”与“权”和“势”毫不搭界；现代汉语中的“力”和“力量”与“权力”也互不相干。

那么，这样说是不是意味着中文的“实力”或“力量”概念就不能作为一个关于综合国力和文化力概念和理论的核心概念了呢？或者说即便将其看作一个核心词汇或中心词，但其学术性或学术分量也不够呢？情况并非如此。正如前面我们所强调的，“实力”概念真正的学术价值在于它具有的“实在”特点，或者说在于“实

① 中国社会科学院语言研究所词典编辑室编：《现代汉语词典》（修订本），商务印书馆1997年版，第775页。

在”的限定。这应该是中国学界综合国力和文化力核心概念的理论着力的重点，或者说应该是其学术性最强的地方。如果我们注意到这一点，就不能忽视或轻视“实力”概念本身具有的理论价值和学术意义了。但问题是，我们必须真正赋予“实力”以“实在”的特征或强调其“实在”特征。这等于对这一概念赋予真正的学术性。否则的话，“实力”就算不上是一个十足的学术词汇。实际上，很多学者并没有能够做到或做好这一点。因而很多人所说的“实力”就降低了或干脆失去了学术性，而只是一个普通的日常用语。

## 七　“实力说”应根植于马克思主义唯物论的基础之上

所谓“实力说”的学术意义在于强调，无论是文化力、文化软实力，还是综合国力，其本质是物质性的力量，是一种实际存在的力量，而不是精神性的力量或“虚”的力量。马克思主义辩证唯物主义和历史唯物主义物质第一性的原则，存在决定思维的原则在这里被体现。这也决定了中国综合国力和文化力理论的基本特征和第一原则。不过，这一原则有时也无意之间被有些学者所忽视。他们对综合国力和文化力的本质和内涵的解释有意无意之间违背了这一原则。这并不是说研究者必须机械地遵守某种教条，而是说你既然将理论基础根植于这一原则，那么就应该遵守这一原则，某些突破也要从理论上给出充分的理由。如果没有合理的解释，那么只能说是对马克思主义基本原理和关于综合国力与文化力或文化软实力问题的相关理论体系的无知（也包括对西方相关理论的无知）。

值得注意的是，不少学者似乎也并不明确强调综合国力和“实力”的所谓物质特征；文化力或文化软实力更是几乎被大多数人完全等同于精神的力量。“精神国力”、“文化生产力”等概念都已经提出。将综合国力看作所谓“物质力”与“精神力”的相加的做法是相当流行的。现在大多数中国学者有意或无意地回避了关于综合国力的“物质”或“精神”属性的问题，有的人甚至压根儿没有认识到综合国力应该牵涉这个问题。但中国综合国力概念的提出，从一开始就涉及了“物质”或“精神”定性的问题。这实际上是从黄硕风等开创综合国力理论时就已经决定了的。我们不能不认为综合国力问题应该涉及“物质”与“精神”定性问题；而且，从逻辑上来讲，中国的综合国力和“实力”概念应该具有物质性的基本特征。我们现在这里大而化之地认为中国学术界基本上将综合国力和“实力”的实质定性为物质的。当然，我们也反对那种机械的“非此即彼”的定性。总的来说，如果将综合国力和文化力的本质看作“实力”，那么就不能认为有纯粹精神国力的存在或者将文化力和文化软实力看作纯精神的因素。

如果将综合国力、文化力和文化软实力的构成看作是物质与精神的复合，那么就必须对马克思主义基本原理中物质决定意识、存在决定思维的第一原则有一个更为丰富、全面、合理的解释。如果不涉及这一部分，不仅关于综合国力、文化力和文化软实力的定义会有问题，而且也表明研究者没有将综合国力、文化力和文化软实力问题视为发展中的马克思主义理论的一部分，也不准备将其与马克思主义基本原理有机地融合在一起。如果准备融合在一起，就必须将综合国力和文化力（包括文化软实力）的实在性和物质属性问题与马克思主义基本原理中最重要的原则——物质第一性问题放在一块讨论，使二者有机地融合在一起，并通过对文化力、文化软实力和综合国力概念的新的界定对马克思主义物质与意识的关系和社会存在与社会意识的关系、文化与物质存在的关系进行更加丰富的乃至新的界定。通过对综合国力、文化力和文化软实力的合理界定和系统而深入的探讨，可以丰富我们对马克思主义基本原理（包括物质观）的认识，而不仅仅满足或停留在机械地将这种观点教条化并接受这些教条的水平上。总之，现在的问题不仅仅是综合国力、文化力和文化软实力概念需要重新定义，其理论体系需要新的框架，而且还要借对这一问题的探讨促进马克思主义基本原理原有的分析框架的突破和变革。综合国力、文化力和文化软实力的界定和分析框架、研究方法实际上涉及马克思主义基本原理最核心和最重要的内容，它的突破能够促进马克思主义理论的发展，能够带来对马克思主义核心理论和最基本问题更加全面、更加准确同时也是更加丰富、更加合理的认识或解读。

## 八　综合国力与文化力和文化软实力理论应怎样坚持和发展马克思主义

总的说来，综合国力、文化力、文化软实力和“实力”概念存在着与马克思主义唯物论和历史唯物主义的相互诠释问题。回避它是不应该的，也是不可能的。关于如何用马克思主义唯物论和历史唯物主义理论解读综合国力和文化力（包括文化软实力、文化生产力和精神生产力等）概念，或如何将综合国力理论和文化力（包括文化软实力）理论与马克思主义经典理论有机地融为一体，目前学界还没有完成这一任务。一些关于综合国力和文化力（包括文化软实力）新的提法当然是正确的，是对传统的马克思主义理论的新发展。这说明原来我们对马克思主义经典理论的解释有问题，而不是马克思主义经典理论的问题。因此，我们不能认为目前这些新提法是与马克思主义经典理论脱节的，更不能认为它们是与马克思主义理论无关的。前面已经说过，综合国力与文化力和文化软实力理论是党的执政理论和执政理念，已经成为发展中的马克思主义理论的一部分，我们必须用马克思主义理论来研究，而且必须解决好它们与马克思主义经典理论的关系。况且，我们不能一方面将综合国力、文化力和文化软实力问题看作当前意识形态的提法，但又无视它们与马克思主义基本理论的关系。在综合国力、文化力和文化软实力研究方面，首先我们在研究方法上不能简单化。因为，这不是一个简单的问题。

本书认为，用马克思主义唯物论诠释综合国力和文化力的问题绝非简单的“姓物质”或“姓精神”的定性或贴上“物质”或“精神”的标签那么简单。本书也不赞成一些惯用的将综合国力看作所谓“物质力”与“精神力”的相加的做法。当然，本书更反对用一些关于综合国力、文化力和文化软实力的想当然的“新解”或“新见”去反对马克思主义唯物论的经典理论的做法。一些关于综合国力和文化力（包括文化软实力）研究的新的方法和提法尚不足以动摇马克思主义唯物论的根基和传统诠释。本书尽管不赞成传统的关于马克思主义唯物论的某些机械诠释和对物质与精神的机械割裂，但这并非意味着赞成完全颠覆马克思主义经典理论中的唯物论和关于社会存在和生产力等方面的理论。即便说我们今天肯定了综合国力和文化力的某种精神属性，但也不能说这种新的观念已经抛弃、背离了马克思主义唯物辩证法和历史唯物主义的基本原理，或者说足以颠覆马克思主义的物质观和历史唯物主义。

如果从现实或实践的角度探讨综合国力、文化力和文化软实力与发展中的马克思主义和科学社会主义理论的关系，其理论价值与现实意义可能就会更加突出；将它们有机地融为一体就显得更有必要了。

如何解读综合国力、文化力和文化软实力理论的学术价值与现实意义？这一理论体系的任务或目的是什么？或许将我们视为对手的美国官方和战略分析家对它的认识有助于我们的理解。

美国人对中国综合国力的提法和理论相当重视。前面我们说过，他们认为这是属于中国人自己的理论体系，与西方的理论体系无关。他们对于综合国力内涵的界定前面我们已经引用过了，下面是他们关于综合国力理论的现实意义的理解。尽管他们没有谈到文化力和文化软实力问题，但由于文化力和文化软实力与综合国力可以被视为一体，可以被看作一个理论体系，其理论价值和现实意义应该是一致的，或者说就是一个。下面美国人关于综合国力现实意义或应用价值的理解同样适用于文化力和文化软实力理论。当然，他们的解读也有一定的片面性，并不完全准确，不过可以作为一个相当有分量的参考。

美国国防部一年一度出炉的《中华人民共和国军力报告》（2000 年）认为，中国政府和学者都主张经济力量（economic power）是综合国力中最重要同时也是最基本的部分，而军事力量（military power）没有经济力量重要，因而中国主张在“和平与发展”的国际环境中通过提高科技水平，优先发展经济；但在 1999 年北约轰炸中国驻南联盟大使馆之后，中国也开始注重国家安全和军事力量的提高。[①] 该《军力报告》认为，中国的自然资源（natural resources）、人力（manpower）、核力量（nuclear-capable forces）、联合国安理会理事国的席位（seat on the UN Security Council）以及经济的发展，已经使中国具备了成为大国（a great power）的大部分条件。[②] 该《军力报告》还指出，与英语"大战略"（grand strategy）相近的中文词汇可以翻译为"国家发展战略"（national development strategy）。该报告认为中国的"大战略"或"发展战略"是综合发展中国的国力（to comprehensively develop national power），借此实现自己的长期国家目标（long-term national goals）。[③] 美国人对中国人的综合国力概念的解释基本上是准确的。现举两位中国学者的观点加以佐证。

许平曾经指出："近代以来的大国不是地理意义上、人口意义上的大国，而是由一个国家的经济实力和政治影响力决定的。"[④] 张文木曾经有过这样的论断："国家也是一个生命体，'体力透支'往往会使一个大国走向衰落。……在这一点上德国就是很好的例子。"[⑤]

在中国学术界或理论界，综合国力问题的核心是社会发展（国家发展），综合国力逐渐成了社会发展与社会进步的一种评价标准与衡量机制。这比原来强调某种单纯的精神因素或物质因素，如道德水准、思想境界或生产力标准，显得更全面、准确、可信，更具客观性，同时强调了社会发展与社会安定的动力和核心因素。这种理论是关于社会发展、历史进步的一种全面的认识，也是对马克思主义辩证唯物主义与历史唯物主义，包括科学社会主义与马克思主义政治经济学整个理论体系和主要问题的一种全面反思和补充。这一理论体系当然也涉及国际竞争和国际较量，但更是以国内与国际

---

① *Annual Report on the Military Power of the People's Republic of China*（http://www.defenselink.mil/news/Jun2000/china06222000.htm）.

② 同上。

③ 同上。

④ 《环球时报》编辑部：《大国为何会走向衰落》，《环球时报》2007年1月4日。

⑤ 同上。

社会的发展与整个历史的进步为审视对象的。不过，与西方的权力和国力理论不同，中国的综合国力与文化力和文化软实力理论不以对立和对抗为目的，其整个理论体系是和平主义的，是以全人类的发展与全球协作为基本原则的，符合全球化中进步的价值观与国际合作机制。总的来说，中国理论界关于综合国力、文化力和文化软实力的理论意义和现实价值与西方的国力与软权力理论是完全不同的。西方的国力理论是以权力为基础，涉及的是国际竞争和对抗，以争夺权力和一国的私利为目的，充斥着暴力和鼓动战争的因素。即便是所谓软实力或软权力概念也是与硬权力互为补充的，其目的仍是为了一国的私利和权力，仍是以霸权和权力的平衡为目标的，而不是为了人类的共同进步与共同繁荣。

总之，以上的分析是肯定中国综合国力与文化力和文化软实力理论体系的原因，但同时也是中国综合国力与文化力和文化软实力理论需要的达到的基本标准或需要完善的目标。从某种程度上来说，中国综合国力理论具有上述特点，但从另外一个角度来说，这些特点还不是太明显，无论从整个理论体系还是各个方面，系统性和深度及广度都还没有达到目标，有待我们发展完善。也就是说，中国学术界在综合国力和文化力理论的研究方面还远远没有达到这个标准，还没有完成这种理论研究的使命。当然，上面提到的是本书所理解的或设想的关于综合国力和文化力（包括文化软实力）体系最宏观也是最基本的理论框架，同时也是最基本的研究方法。不过，从理论体系和方法论而言，还要有更具体的内容，要涉及具体的或更详细的理论方面，以及具体的研究方法。对于这些具体内容，我们还要从现有的中国学术界关于综合国力研究的理论体系和方法入手。

本书以及本章的重点不在于提出一个新的定义以颠覆传统的综合国力、文化力和文化软实力的定义以及理论框架，也不在于提出一个新的分析框架和测评公式，而在于分析过去相关研究中的不足以及新的研究应该调整的方向及关注的主要问题。我们要颠覆或摧毁的是既往学术研究中不合理的成分，而不是要否定一切。实际上，我们是在维护或捍卫中国综合国力研究已经建立的基本理论体系，并力图用我们自己的新的贡献使之显得完善、合理。应该承认，此前的研究的确存在着严重不足，从基本概念到研究方法都有着不少问题。我们要做的就是改变那种坚持误解或谬误的习惯和忽视学术合理性与严谨性的固执，更要指出在研究方向和方法论上的盲目和欠缺。

# 第八章

## 新的分析框架：综合国力与文化软实力系统论

国内传统的关于综合国力与文化力研究存在着理论体系和方法论的缺陷和不足。即便说新兴起的文化软实力问题的研究也存在着相同的问题。本章我们首先对中国学术界已经形成的综合国力、文化力和文化软实力的研究方法进行全面的反思或检讨，然后在此基础上提出我们认为合适的综合国力和文化力（包括文化软实力）系统的理论框架和分析方法。本章要解决的主要问题有三：（1）提出一个囊括综合国力、文化力和文化软实力的新的分析框架和研究方法；（2）将综合国力和文化力结合在一起并建立一个比较合理、系统、严谨、规范的理论体系；（3）在此基础上，我们还要探讨文化软实力构成的分析框架和中国文化软实力的发展战略问题。需要特别关注的是，我们在本章的相应部分分别公布了自己独创的关于综合国力和文化软实力的测评公式各一。这也是本书最主要的理论创新的一部分。

### 一　国内传统研究方法的局限与缺陷

即便承认我们已有的旧的综合国力和文化力理论体系存在的合理性和其具有的应用价值，对其基本内容或主张也予以保留和继承，但其研究方法也是有问题的，理论框架本身也是有待重新建构的。也就是说，即便承认学界关于综合国力和文化力的定义、定性或解读，但也得指出此前构建的理论框架或系统所暴露的问题和存在的争议。更重要的是，此前的理论体系对于综合国力和文化力之间的关系没有给予合理的解释。这主要是由于传统的关于综合国力研究的方法的局限与缺陷造成的。我们在研究文化软实力并构建它的理论体系时，应该避免出现这种情况，也更应该将它与综合国力和文化力的关系理顺。

如果说中国综合国力研究从理论体系到基本概念与西方学术界都有了本质的不同，那么从方法论的角度而言从大的分析框架到具体的研究方法也应该有所不同。事实上，正如前面所言，我们的一些学者在分析框架和具体的研究方法上又很难说与西方学者有什么质的不同。说白了，几乎全是机械的模仿。可以看出，中国综合国力与文化力研究的方法首先是充满矛盾的。一方面，我们的综合国力与文化力是“实力”说，与西方的国力与软权力概念和理论似乎有质的差别，其理论目的也大不相同；但另一方面，具体到综合国力的构成和量化、测评公式，又与西方理论没有什么区别了。这就是我们为什么说中国学界尽管无论针对综合国力还是文化力研究的都是所谓“实力”（或者将其看作“实力”），但具体到操作（分析、量化、测评之类）又与西方学者没什么不一样的。新开展的文化软实力研究也存在着类似的情况。那么，凭什么说中国学界研究的就是“实力”而国外学界研究的就是权力呢？难道仅仅是笔者在这里吹毛求疵、没事找事吗？

事实上，如果我们要建立自己的真正以中国话语体系为背景和前提、以马克思主义基本原理为理论基础的考察所谓“实力”的理论体系和分析框架，就不能再机械地照搬国外的研究方法，或是搞生硬的嫁接。我们不能一方面抛弃了西方的基本概念及其内涵，但另一方面却又抱着他们的研究方法和分析框架不放，以至于离了这一研究方法和分析框架就不能存活。这样的话，我们的理论体系并不能形成自己的特色，或者说就不能脱胎换骨，而我们追求的理论目标和现实任务就不能达到或完成。甚至这样会造成我们的理论体系从结构和内容上出现自相矛盾、不伦不类的局面。

虽然所谓综合国力概念是中国特色的概念，而西方学界并无此提法（国外只有日本有）；而且黄硕风从建立（或者说开始讨论）这个概念之始就强调所谓综合的方法，并将其视为中国的综合国力研究与国外理论体系的最本质的不同点之一，但是，就这一方法本身而言，也没有显示出多少优点或独有的特点来，相反倒与自摩根索以来国外形成的研究方法并无质的区别。说到底，我们所谓综合国力研究的综合方法仍是一种简单的借用或拷贝。这种所谓综合的方法在国外学界一直流行，并不比中国学界改造过的所谓“综合方法”差。通过前面几章对中西理论体系和研究方法的比较我们不难发现，西方学界无论对基本概念的考证、界定、理论体系的构建和方法的改进，所花费的精力、所达到的深度，以及所具有的学术严谨性本身都是远远超过中国学术界的。中国学者其实一直是在对国外的理论成果进行模仿和借鉴，还没有真正结束学习期或学徒期。其标记是：真正属于自己的研究方法还没有形成，仍然使用的是人家的东西。这样也妨碍了中国特色的国力理论的真正形成。也就是说，研究方法和分析框架对国外理论的依赖使得我们的整个理论体系无法彻底摆脱西方理论的控制或影响，因而无法在核心问题或基本理论上形成突破并建立自己的真正有价值的或具有积极意义的中国特色。

严格说来，中国学术界在相关领域就研究方法存在的问题而言，就是修改了别人的分析框架，但又没有形成真正属于自己的分析框架。而就具体的研究方法而言，也存在着一定的问题。下面我们对此做出分析。

接下来，让我们看看中国综合国力研究中最具特色或最具代表性的方法——综合方法——存在的问题。前面说过，“综合”是一种方法或逻辑手段，但我们有些学者将其直接等同于客观存在本身了。这就是综合国力概念建立的一个非常直接的原因。但是，具体到“综合”作为综合国力的一种最基本、最普通的研究方法，也还有许多问题值得注意。

对于大多数中国人来说，说到国力必指综合国力无疑，从“综合”的角度、用“综合”的眼光或方法衡量国力已经成为惯用的方法或基本常识。“综合”差不多成了研究综合国力的最基本的方法。顾名思义，所谓综合国力就是将构成国力的所有因素综合在一起进行考虑、量化、测算。然而，说说容易，做起来难。实际的情况并非如想象的那么简单。怎样“综合”？在怎样的基础之上“综合”？“综合”的原则是什么？这的确是一个非常复杂的问题。因而，综合的方法并不只是将构成综合国力的各方面因素或力量简单相加，也不是将原来比较单一的因素扩大化。将综合国力的各种因素简单相加算不上是综合的方法。事实上，一些所谓的“综合”就是这种简单的加法。因而，从某种程度上说，在中国学术界综合国力的概念有时仅仅是一个提法，其内涵还很有限，围绕着它建立起来的理论体系对客观对象本身的概括和把握还远远没有深入实质。实际上，关于综合国力这一范畴一些非常重要乃至最为基本的问题并没有被揭示出来或没有引起足够的重视，构成综合国力的各种要素之间的关系也没有被理顺。这已成为这一领域理论发展的严重障碍。①

正如前面所讨论过的，关于综合国力的分析框架和测评公式的建立，摩根索的影响一直阴魂不散，无论中国学者还是国外学者大都沿袭了他的思路，所谓新发展也只是在此基础上的修改或模仿，或在力量（权力）因素的类别上稍加调整。总之，当今国内学术界考察或分析综合国力的流行方法就是尽可能将一切可以考虑进去的因素统统加在一起，能提出一两个新因素或新概念就算得上创新了。实际上，这种思路非常陈旧或老套，在方法上并没进步，而且大家千人一腔，延续的都是一种相同的思路。当然，这种做法对于国力涉及的方方面面的因素倒是差不多都考虑到了或涉及了。这种思路固然丰富了人们对国力构成或形成所涉及的各种因素的认识，但缺点也是非常明显的，而且对综合国力本身仍缺乏实质性的揭示，不能给人以比较明确的答案。于是，这种关于综合国力的研究或考察似乎是学者们想象力的竞赛，好像谁的想象力丰富，谁罗列的因素多，谁就对理论提供了新发展、新贡献并成了最后的赢家。说

① 这一部分的观点笔者最早发表于《浅谈综合国力研究几个问题》一文中，这里的表述基本上是对当时观点的转述。这段内容曾被国内一些同行在其著述中所转引，但大都没有标明出处，也没有提到笔者的名字。对此，笔者虽然感到遗憾，但也只能徒唤奈何。

白了，这种考察只是一种简单的加法，是一种较为原始的研究方法。其所涉及的综合国力所包含因素的全面性倒是越来越好，但不够简明，重点不够突出，也不成系统，让人看不到力量（综合国力）的源泉和实质；名曰“系统”、“综合”，实际上仍是对综合国力各种因素杂乱无章的堆砌或罗列。如此“综合”等于没有综合。事实上，如果对综合国力的各方面因素过分细化或罗列过细、过多，反而会给人以摸不着头脑之感。①

之所以出现研究方法的严重缺陷不是缺乏具体的方法，也不是没有引入所谓科学的方法，而是因为在中国综合国力概念的逻辑前提之下对该领域基本问题的判断有问题，因而造成没能抓住研究要点的局面。比如，什么才是综合国力的关键，应该从哪个角度进行“综合”或综合研究，这是所谓的科学方法解决不了的。而这些最基本的问题又是综合国力研究的关键或出发点。没有这一关键或基本出发点，或基本出发点错了，一切方法都没用。一些数学公式，比如所谓“动态方程”的建立无助于加深人们对综合国力本质的认识。可以说，找准这些基本问题或基本出发点的眼界或视角才是最关键的、最重要的方法。因而，这里所谓的方法主要指一些理论要点的提出。因为在这一领域，基本的理论要点还没有完全提出，这导致综合国力理论的基本框架显得支离破碎。总的看来，目前理论界对于综合国力缺乏系统认识，或者说没有将综合国力纳入一个合理、有机的系统。因而，对于综合国力的基本因素及其关系要重新认识，要用真正的系统论来把握。主要的理论要点认清了，其关系理顺了，综合国力才能呈现为一个有机、合理的系统，而合理的学术理论体系也就顺理成章地得以建立了。否则综合国力永远无法系统化，所谓的理论体系也往往显得不得要领。②

---

① 这一部分的基本观点也曾发表于笔者所作的《浅谈综合国力研究几个问题》一文中。

② 这一段的内容最早也曾发表于笔者所作的《浅谈综合国力研究几个问题》一文中，原文也被国内一些学者原封不动地引用或抄袭过，但同样让人感到遗憾的是，笔者的名字和所写的文章的名称都没有被提及。

## 二　什么才是真正的综合方法?

在人类社会发展的大部分时期，社会发展的力量和国力本身的体现是简单的甚至是原始的，国力的各项因素之间的联系没有现在密切，甚至很难有国力的有机组合和综合利用，某几项，甚至某一项因素就代表了整个国力。而这些因素所具备的“物质性”或“客观实在性”似乎非常明显。这就是第一批被认识到或引起重视的构成国力的因素。随着历史的发展，一些非具体可感的或“虚”的因素作用渐渐明显，逐渐纳入了综合国力的体系。而这些后来出现的或新引起重视的因素就自然而然地归入了与第一批截然不同的类别。这就是“虚”与“实”、“软”与“硬”或“可感”与“非可感”两大类别国力分野的关键所在。①

实际上，在知识经济的今天，综合国力本身绝非各种因素或各方力量—— 现有的人力、物力和财力——的简单相加，对国力的物质因素与精神因素的区分或“虚”与“实”的区分也越来越困难。最重要的是，综合国力已不足以用简单的、看得见的形式表现出来。知识、智慧、科技的因素已使原来表现简单的人力、物力发生了实质性的变化。现在，要说哪一方面的因素决定国力或代表国力的一切恐怕都难以成立。任何一种重要因素都不能说具有压倒优势。而且，各个要素之间的联系越来越密切，甚至变得难以分割。可以讲，综合国力的各种要素盘根错节，浑然一体，难以严格地加以区分。因而，综合国力就是各种因素的有机地交织和全面联系。综合国力这一概念本身就应该从系统的角度来看待。因而，综合国力的研究必须立足于系统化、整体化和综合化。因为国力本身就是一个系统或整体，其构成及其各要素之间的关系是极其复杂的。因而综合的方法主要意味着系统化或系统论的建立。②

① 这一段的基本内容最早也曾发表于笔者所作的《浅谈综合国力研究几个问题》一文中。

② 同上。

要将综合国力的各个要素纳入一个有机、合理的系统，或者说将综合国力的有机系统正确地揭示出来，首先要解决将综合国力的各个因素串联在一起的要素、灵魂或主线是什么。这是综合国力系统或理论体系建立的基础。中国的综合国力的概念提出后，通过大量学者的努力挖掘，所罗列的国力的内涵似乎什么都包括了，各种要素几乎没有遗漏，但面面俱到差不多等于什么也没有揭示。综合并非简单的罗列或相加，而是要揭示综合国力的关键和实质。综合国力的各种因素之间也有层次的差别和主次之分。更重要的是，建立综合国力的系统要有一个综合的基础和建立系统的支柱。

目前学术界的研究似乎没有使综合国力纳入一个有机而合理的系统，而是将本来有机的客观存在的整体割裂成若干块，然后再用自己主观臆想的蹩脚方式将其重新捆绑在一起——理论体系的构建大抵如此。作为综合国力研究的重要方法或特征的“综合”手段，给人的印象似乎是只见其短，不见其长，其作用不是“综合”反倒是肢解。这种手段没有使综合国力表现为一个系统，没有体现出综合国力之间的层次差别及其联系，也没有突出综合国力的最重要的因素，更没有揭示出国力的源泉和基础。可以说，学术界对于综合国力各种因素之间的关系或相互作用、相互影响缺乏论述或论证，更没有指出贯穿其间的主线或灵魂是什么。因而，关于国力的衡量或综合国力的考察并不能给人以清晰的印象，也不能给人以层次分明、重点突出之感。可以说，目前综合国力的理论关于综合国力的基本要素及其产生、发展的本质与规律是什么仍缺乏深刻的揭示与挖掘。①

综合国力的考察只有从力量源、力量产生的基础、连接各种力量要素的主线的角度来综合、归纳，才能把握其实质，才能揭示出其规律，才能将综合国力的关键突出出来，才能将综合国力理论系统化。把握综合国力的关键就是要解决国力的动力源是什么或源泉问题。这是理论体系的基础。国力不仅仅是可供消耗的一笔财富或

① 本段和上一段的基本内容最早也曾发表于笔者所作的《浅谈综合国力研究几个问题》一文中。

一团物质，它更是一种生气勃勃的创造力和竞争力。国力当然主要表现为人力、物力和财富，但更是一种创造物质财富、创造知识的能力。所以，国力或综合国力不但要从力量源的角度去考察，还要从可持续发展的角度来衡量，不能只着眼于某一阶段的状况。国力的基础或力量源是最重要的因素，但在特定的历史阶段它不一定是外在的最显眼的因素，找到它并不十分容易。①

## 三　怎样理解综合国力与文化力的关系？

国力的源泉是什么？将综合国力各个要素串联起来的关键是什么？它就是文化因素和社会软环境——文化力或文化软实力的来源。日本已故首相大平正芳认为：“现在已经从以经济为重心的时代进入了文化时代。当代，国民关心的目标从物质转向精神，关注文化。”他还说：“如今既不是政治的时代，也不是经济的时代，而是文化的时代。”② 前面我们说过，托夫勒也持类似的观点。

在以往的历史中，物质因素，甚至主要是军事因素，在国际较量中起着决定性的作用。不过，随着知识经济的来临，随着全球竞争方式或形式的转变，关于国力衡量的方式或观念也有了极大的转变。原来被认为是最重要的，同时也是最表面化、最具物质特征的因素反而显得并不基本，原来被认为是“虚的”或“软的”要素现在显得越来越重要了。甚至物质因素和财富已不是衡量国力的最主要考察对象，军事实力在国际竞争中的作用也已大为下降，因而也不再被排在综合国力构成因素的第一位，文化、知识以及别的被认为是精神因素的或“虚的”、“软的”力量因素则地位大大上升，甚至被看作国力或综合国力的决定性因素。实际上，文化的因素就是国力的源泉与动力，是国力的基础，同时也是连接综合国力各要

① 本段和上一段的基本内容最早也曾发表于笔者所作的《浅谈综合国力研究几个问题》一文中。

② ［日］名和太郎：《经济与文化》，高增杰、郝玉珍译，经济出版社 1987 年版，第1页。

素的关键。只有摆正文化在综合国力中的地位，搞清文化力量的威力，才能把握综合国力的实质，也才能明白国力是怎样“综合”并产生的，国家发展战略的基础是什么也就迎刃而解了。①

过去，我们过分拘泥于唯物辩证法物质决定意识的理论，担心强调文化或知识的决定作用是颠倒了物质与意识、思维和存在的关系，是犯了所谓唯心主义的错误。其实这是一种非常机械、教条的思维方式。这里在讨论综合国力的时候，将文化的因素或知识等被认为属于精神因素的东西列为重要的力量或力量源是强调这些因素表现出的实实在在的力量，而不是把所谓唯心主义的空洞的概念或理念看作力量源。所谓唯心主义的特征就是思维决定存在、意识派生物质。但这里将文化或知识等所谓精神因素看作力量或力量源却不是这个意思。所谓精神因素也只是一种相对于实实在在的物质力量的说法，是一种不太具体的或不太容易把握、不太容易衡量的因素，而不是说这些因素就是虚无缥缈的意识或理念。实际上，文化作为国力表现出来的时候既有所谓物质因素，又有精神因素，而不是一种所谓精神力量在孤立或独立地起作用的。实际上，将知识、智慧、文化的因素看作意识或精神因素强行从物质世界割裂出去是荒唐的。精神、意识与物质世界是一个统一的有机整体。所以，对许多问题或许多因素，为了研究或表达的方便，进行物质、精神因素的划分或区分是有必要的，但这是一种模糊的大致划分，是一种逻辑的假定，实际上二者很难有严格的界限。或者说，物质与精神严格界限的划分是没有必要的，也是机械的。物质、精神的概念只是人们认识世界、表达自己的一种大致区分，是人为的一种大致特征或标签。它们实际上都是联系在一起的，是不可分割的。②

在有些人那里，物质和意识的关系问题似乎成了提倡文化或知识因素作为国家发展的决定力量的理论上的障碍。实际上，这是对文化或知识的内涵和作用存在着理解的错误造成的，因为强调文化或知识因素在综合国力中的决定作用并不违背物质决定意识的基本

① 这一段的基本内容最早也曾发表于笔者所作的《浅谈综合国力研究几个问题》一文中。

② 这一段的部分内容最早曾发表于笔者所作的《综合国力系统论刍议》。

原理。当然，从另一个角度来论证文化因素作为国力的基础或源泉似乎可以避免在唯物、唯心之辨上做过多的纠缠，也更容易凸显它作为综合国力基础的独一无二的地位。其实，所谓精神因素或文化因素归根结底是人力的因素。人力的基础是人，不是什么意识或思维等非物质的东西。因此，从一种全新的角度，用全新的方法来衡量竞争力或国力的话，问题就变得简单明了，而且容易估计到位了。那就是从人的角度或人的因素来考察国力或生产力，而不是主要从物的因素，或将人及其创造割裂为物质与精神两大块。

生产力主要是人类征服自然、改造自然的能力；竞争力主要是人的竞争，人的较量。任何人自身之外的因素只是起辅助作用。精神因素也不是孤立的，没有完全能脱离人的精神因素，精神仍是人的精神，知识仍是人创造的，而且还要为人所用。谁能说人或人力是精神力量？如果从人的角度来理解文化和知识的力量，就不会给人一种精神因素高于物质因素或意识决定物质的错觉。这样，在谈论国力时，从逻辑上物质与精神的割裂就会避免，而且还显得完整、系统。另外，科技因素也完全可归结到人才或人的素质方面。因为科技水平取决于人才的培养和积累，取决于人的文化水平和人的能力的提高。

## 四　综合国力分析框架与测评公式的新思路

在对研究方法做了以上的探讨之后，下面让我们对综合国力、文化力和文化软实力的概念做一个基本的界定，然后在此基础上提出我们自己的关于综合国力系统构成的分析框架或者说我们认为的客观对象内部所应该具有的逻辑关系。为了达到更直观和间接的目的，我们还要建立一个大致的测评公式。这多少也有点模仿的味道，但是，既然学界已经有了这个传统，我们最好还是保持或遵守。而且，这种公式的确能较好地说明问题。只要我们不将其“神话”或奉为绝对，从很大程度上来说，它们还是有实用价值的。况且，我们认为自己的新公式还是比较先进的，或是具有理论优势的。

也就是说，在这一部分，我们要提出属于自己的综合国力概念，建立自己的综合国力测评公式或方程。

我们还说过，无论是将综合国力和文化力（包括文化软实力）的本质定义为权力还是实力，都可以对它从资源、力量（能力）、表现、目的及其实现（效果）等多方面进行考察。而从学术考察的角度来说，无论在中国学界还是国外学界，这几个方面实际上从来没有被严格地区分开来。实际上，严格地区分几乎是不可能的。那么，我们这里关于综合国力内涵的界定也只能化繁为简，尽可能照顾这一问题涉及的各个方面，提出一个能够说明问题、有些新意的定义，借此构建我们的分析框架。

关于基本概念的定义，看似简单，实则复杂。这应该是最复杂、最艰巨的任务。我们在这部书中的基本任务和主要任务实际上就是对基本概念进行分析，但主要是分析别人的定义并在此基础上展现它所涵盖的指标和涉及的问题。这已经是一个较为完整的研究过程。不过，在本书这一结尾的部分提出我们关于综合国力和文化力（包括文化软实力）的定义和分析框架及测评公式也是必需的，否则就显得我们的研究工作本身不完整。但是笔者要强调的是我们这里要提出的只是一个初步而简单的定义和分析框架，仍有待进一步完善和更加系统、合理的论证。这种完善将是以后的工作而不是现在。

那么，我们自己对于综合国力的内涵的理解是什么呢？

综合国力是一个国家可感与不可感的力量，一切能产生力量、能力、潜力、影响力的资源及表现，以及国际威望、国际地位及在国际社会各领域的机构拥有的权力。总的来说是一个国家所有力量、能力、影响力、吸引力和权力的集合。

综合国力尽管是从国家发展的角度来看，发展综合国力的目的也在于此，但归根结底仍是从国际地位、国际竞争、国际较量、国际权力和利益争夺的角度来判断和衡量的，而且其作用和目的也指向国际事务和外交方面，并以国际关系中的政治权力作为最高的体现。但对于中国人来说，可以将其视为一种国际影响力、国际贡献力和反对霸权、保卫和平及对抗国际社会反华力量的能力。也就是说，总的来说还是要从国际体系和国际表现的角度来看综合国力的。

本书主张，作为一个系统，综合国力由五个基本层次或五种范畴构成：基本资源、军事力量、经济力量、文化力量和软实力。构成综合国力的几乎所有因素都可归为这五种基本范畴，它们五者之间是互为关联的。基本资源指自然资源和人力资源，它和军事力量似乎一直是国力最直观或最直接的体现；其次是经济力量，也是相当直观的物质力；最后是文化力和“软实力”，是不太直观的力量，往往被认为属于“软权力”、“文化软实力”或精神范畴的力量。用一个简单的公式表达，综合国力与上述五个基本范畴的关系如下：

综合国力=（资源+军事力+经济力+文化力）×（软实力-灾难因素）

坦率地说，上述的分析框架和公式从概念表达和理论体系上还没有摆脱传统习惯的影响。不过，正如前面我们说过的，我们不可能也不打算颠覆已经形成的理论体系，更不可能抛弃固有的概念表达。这些概念不仅仅在学术界已经根深蒂固，在大众语汇里也已经深入人心。我们只有在尊重语言表达习惯和接受学界业已形成的基本概念体系的基础之上界定我们理解的综合国力概念和建立我们自己的综合国力公式。所以，我们不仅需要继续使用综合国力和文化力的概念，还要继续保持军事力、经济力等表达习惯。这里的所谓“力”指的是“力量”和“实力”，基本上不指权力，特殊情况例外（那时会标明）。

不过，上面我们的定义和公式也不是那么简单，否则这种模仿就显得过于蹩脚，有点东施效颦的味道。下面让我们把上述的那个公式及涉及的五个方面的因素细化并给予概念上的进一步界定。

首先谈谈资源的因素。这里资源指的是自然资源和人力资源，是一个国家的不动产和人口总和，包括国土、矿藏（包括能源）、气候条件、耕地、森林、草原、可利用的海洋资源和水资源（包括水能）等。

军事力指的是为保护国家安全和利益能够诉诸战争的能力，体现为战争力（战斗力）、威慑力、可信度与可靠度。军事力包括军队的规模、装备水平和核武能力，士气、战略决策能力与整体的指挥能力也包括在内。

经济力是一个国家创造财富、生产物质生活资料的能力，主要体现为在单位时间内创造财富和生产物资生活资料的多少，更体现为创造和生产的能力与效率；另外，一个国家开发利用资源、节约能源和保护环境以及可持续发展的能力也包括在内。它包含的指标主要有：一个国家国内生产总值（GDP）、经济结构与生产力水平、技术专利的多少和科技人才储备。

属于第四类的所谓文化力之文化指的是狭义的文化。这一类所谓的文化力也指的是狭义的文化力。与之相对，本书的理解还有一个广义的文化力和大文化概念。这里先说说这一狭义的文化力的定义和包括的因素。

狭义的文化力之所以狭义是因为它并非文化力的全部，仅仅只能代表文化所能体现的力量的一部分。这里，它包括：文化、艺术与信息产业的能力，教育能力和水平，从事文化教育的人才储备和知识体系的创造力。

最后，第五类所谓的软实力与约瑟夫·奈的“软权力”是不一样的，而是建立在中文“话语”与学术背景之上的概念。约瑟夫·奈的软权力概念的建立给人以仿照电子产业中的软件（software）概念的印象，但他的“软权力”相对于社会来说应不同于电子软件相对于计算机等机器设备（硬件）的作用。如果“软权力”真的与软件的功能相仿的话，它就更相当于社会制度之类的因素。实际上，约瑟夫·奈的“软权力”指的不是制度等类似于软件程序之类的东西。但中国人总是从软件程序方面来理解“软实力”（已不同于约瑟夫·奈的“软权力”）；社会结构的“软件”与“硬件”说决定了我们对“软实力”的理解。这里，笔者所提出的“软实力”概念指的是制度的效率及受到国内外认同的程度、国民凝聚力、政府的领导能力与政策水平、外交艺术、价值体系的影响力和国家形象与自我宣传能力等因素。

另外，还有一种影响综合国力的因素我们绝对不能忽视。这类因素含有很大的不确定性，但任何国家在任何时候都存在这种因素的威胁；其破坏性也难以确定。总之，这类因素是难以预料和不确定的。它包括自然灾害、战争和其他人为的灾难，某种特别严重的外部挑战、安全威胁以及内部的困境和分裂因素也应该包括进来。

通过上面系统的分析之后，下面可以公布我们更加细化的关于综合国力的量化与测评公式了：

综合国力=［（自然资源和条件+人口因素）+（核能力+军队规模+装备水平）×（士气+战略与指挥水平）+（GDP+经济结构与生产力水平+技术专利的多少和科技人才储备）+（文化、艺术与信息产业+教育水平与相关产业+文化教育领域的专业人才储备+知识的创造能力）］×［（制度的效率+国民的凝聚力+政府领导能力与政策水平+外交能力+价值观与制度的影响力和被接受程度+国家形象）-（战争+自然灾害+特别严重的内外部压力和困境）］

不过，有一点需要申明，上面公式中所有指标所体现的数据与现实中的具体数据并非一一对应或绝对吻合的。它们只能是通过全球各国同类指标对比后的指数，还要通过与公式中其他因素所表现的指数的比较之后进行调整。总体来说，资源因素、军事力、经济力和狭义的文化力四项指标之间的比例分别是：20%、20%、25%、35%。也就是说，如果用这个公式统计某一个国家的综合国力，各项指标分别在 0—20；0—20；0—25；0—35 之间。比如军事力，最高水平获得满分为 20，最低分是 0 分。这四项指数的总和，如果是满分的话，是 100。关于“软实力”指标，则在 0—2 之间。所谓“软实力”的最佳水平只能获得 2 分的最高分，进而可将前面四项指标的综合翻倍；如果软实力的水平非常差，也只能是低于 1 的小数，进而会减少前面四项指标的总和；如果软实力水平降低到最低水平，也就是 0 的时候，前面五项指标的总和与之相乘，也就变成了 0。

总之，我们这里力图构建的所谓综合国力公式可能得出的总分在 0—200 之间。抛开所谓“软实力”因素的影响，正常的结果应该在 0—100 分之间。具体到这些数据的获得或统计方式，这又是一个极为复杂的课题。其中每一项指标或指数的获得都需要更为具体的统计方式和子公式。由于这不是本课题所要解决的问题，这里就不再展开了。这里需要提供的仅仅是一种思路。不过，这也说明任何所谓综合国力的量化方式和测量公式都是人为的制作，不可能与现实的客观存在画等号。

这里本不打算再建立一个综合国力的量化和测评公式，因为已经有了太多的大同小异的公式。本课题也不准备在固有的思维框架或方法的前提下构建一个仿制品。实际上，本课题试图提供一个新的分析框架和综合国力构成范畴的新结构，而对过分的量化是反对的。如此，构建一个所谓的测量公式或方程就显得多此一举或不合时宜了。但是，为了系统而简洁地说明我们关于综合国力的分析框架，我们还是提出了一个公式。正如我们在前面说过的，这种分析方式和测量公式只是为了更加直观、方便地了解某种理论框架中关于综合国力构成因素及其重要性（所占比例）的表达。西方任何一个建立国力测评公式的人都不敢标榜自己的所谓公式是对描述对象的准确反映，也不敢标榜自己的公式得出的数据是准确、可靠的。那么，我们对自己所能提供的公式的评价或态度也是如此。因此，上面的公式中各项因素本身只能是一些因素的集合，所体现的指数也是通过复杂手段得出的，不可能有现成的毫无争议的数据。如果说这一公式及统计其中各项指标的方式与得出的数据本身存在争议，那是毫不奇怪的。这个公式本身也是开放的。如果我们不公布各项指标统计的方式，它在不同的人手中可能会得出完全不同的数据。

其实，这一公式中各项要素的统计都是一个极为复杂的工程，要想达到较为接近真实的存在的水平都要花费极大的工夫。而要将统计的方式交代清楚也需要花费较大的篇幅进行论证。这里要完成这些工作是不可能的。当然，正如前面所讲过的，这并非本书的任务，我们有充足的理由跳过这一部分。还是让我们保持这个公式的开放性和弹性吧，就像 Linux 系统一样。任何人如果认可我们的思路和公式本身，就可以对它做进一步的量化和细化工作。

## 五　“大文化”概念及其系统

这里刻意将“软实力”与文化力分为两个概念是一种表达技巧

的需要，是为了公式建立的准确性。其实，我们更倾向于将文化力和“软实力”看作一个范畴，相当于文化软实力的概念。前面我们已经说过，与“软实力”分列或分开的文化力指的是狭义的文化力或文化因素。本书更主张一种大文化或广义的文化力概念。前面我们说过，即便是约瑟夫·奈的“软权力”也有文化的因素；而中国的文化力概念更是受“软权力”概念影响而建立的，以至于在中国学界“软实力”几乎被认为与文化力是一回事。那么我们这里最终在理论体系上还是倾向于将狭义的文化力与“软实力”纳入一个系统的，那就是“大文化”系统，共同构成广义的文化力。

所谓“大文化”概念就是将社会制度、科技力量、教育和人才资源、知识与信息体系和相关产业、价值观与意识形态的感召力或影响力、军队的士气和国民凝聚力以及各类人才储备等因素视为一个系统——大文化系统。这基本上就是将前面所说的狭义的文化力与“软实力”两类因素相结合而形成的，也囊括了军事力和经济力中包括的文化力和“软实力”因素。在我们前面提出的公式中，经济因素中的发明专利、技术人才、生产力水平和对资源的开发利用和环境保护，军事因素中的核武能力、装备水平和指挥能力等，几乎每个环节都离不开文化知识的因素；反之，在上面所谓的狭义的文化因素中，文化与教育产业及相关人才都从经济的角度发挥着作用，或者说可从经济体系或经济因素的角度来考虑。可以说，经济与文化本身都渗透到所谓国力的各个方面和各个角落。而在信息时代和知识经济的今天，文化的因素更是无孔不入。但这要从广义的角度来界定文化。这个广义的文化或“大文化”至少包括知识体系、价值体系、意识形态和以信息与观念为核心形成的一切活动，包括政治、经济、文化和体育的组织形式、权力及其活动，政治、经济制度和道德体系，以及以文化、艺术、体育、知识和信息为基础形成的产业。

其实，这种广义的文化力才是国力中最关键的力量，也是唯一能渗透到其他因素中的无所不在的力量。本课题主张，综合国力的核心、源泉以及连接其他要素的主线就是这种文化力，综合国力系统论的建立也应该以广义的文化力为核心。这里所说的文化力产生于一种“大文化”，而非某种精神资源或意识形态。这种广义的文化力是国家强盛或崛起的根本保证，中国应将提升广义的文化力作为发展综合国力的根本。

军事力量曾经被认为是国际竞争力中几乎决定一切的力量。人类以往的历史似乎也证明了这一点，军事实力也曾最受重视，成了国力的代表或象征。不过，由于当今世界武装冲突的频率与可能性得到了一定程度的控制，发展军事力量或诉诸武力的倾向也在改变，军事力量已不再被认为是决定国际竞争胜败的决定性力量。相反，过分依赖或发展军事力量反倒有可能成为竞争力减退或国力虚弱的直接原因。苏联解体的主要原因之一就是如此。足够的甚至强大的军事力量是非常必要的。这也是国家发展的基础或保障。不过，国家真正的发展却不能靠军事的力量，长远、根本的竞争不能靠它。军事力量不能制造财富，不能提高国民生活的质量，而只能耗费财力和人力，除非想靠武力掠夺别国的财富。而当今国际社会靠侵略来征服别的国家的做法变得越来越不现实。事实上，全球大多数国家越来越倾向于限制军事力量。军事力量成为衡量国力第一因素的观点已经成为历史，成为财源的可能性几乎没有。①

中国未来学家兼战略分析专家沈伟光认为，未来世界“20年大战不打”。② 他指出：“当代国际战略形势表明，传统意义上的世界战争是可以避免的。”③ 不过，他又认为，“战争作为一种客观现象，是在不断地运动、发展、变化着的”，这就是“世界战争新动向”。④ 所谓“新战争”，当然包括沈伟光所强调的“信息战”、“思维战”。⑤

军事力量与经济实力和科技实力联系在一起是显而易见的。因为没有经济实力和科技实力就没法养一支庞大且装备先进的军队。冷兵器时代的结束意味着军事实力必须与经济实力和科技实力联系

① 这一段的基本内容曾发表于笔者所作的《综合国力系统论刍议》。

② 沈伟光：《新战争论》，人民出版社 1997 年版，第 160 页。

③ 同上书，第 156 页。

④ 同上。

⑤ 参见沈伟光《新战争论》，人民出版社 1997 年版。

在一起了。而近百年的历史更是证明军事力量的基础是经济实力与科技实力。近几十年来，经济实力似乎已被看作国力的第一要素。或者说，经济实力曾经被认为是最根本的东西。这标志着人类社会对于国力这一问题的认识有了巨大的进步。可以预见，21 世纪国际政治的版图或经济势力的范围肯定会重新划分，而起决定作用的将是经济实力而不是军事实力。冷战期间，苏美两国依靠其强大的军事优势建立了世界霸权。冷战结束之后，俄罗斯作为苏联的主要继承者军事实力虽然大大衰落，但仍居于仅次于美国的全球第二的地位。但是，俄罗斯现在已很难依靠这支军事力量扩张其政治版图，靠它扩大经济势力的范围更是不可能。相反，军事实力似乎不够强的日本在全球的政治影响却大大上升，其经济影响力已相当惊人。甚至，如果经济实力不够，强大的军事力量反而成了一个国家的拖累，成了影响国家经济发展的包袱。苏联的解体可以理解为是被军备竞赛拖垮的。因为苏联的经济实力养不起那么一支高消耗的军事力量。它要想保持或赶超美国的军事能力，首先会对自己的国民经济构成极大的伤害。美国之所以没有像苏联一样衰落，因为它的经济实力是世界第一，养得起一支耗资最大的军队。①

当然，美国的经济实力之所以是世界第一是因为它的科技实力是世界第一。美国科学、工程与公共政策委员会、国家科学院、国家工程院、医学研究院联合发布的报告曾指出：“从第二次世界大战开始，美国就寻求通过技术领先而非数量占优的方法保持军事优势。”② 同一份报告还指出：“经济研究显示二战后美国超过一半的生产力增长来自技术进步。”③ 俄罗斯总统普京在其新作《千年之交的俄罗斯》一书中曾经指出：“在当今世界上，大国的实力与其说表现在军事方面，不如说表现在它能够成为研究和运用先进技术的

① 这一段的基本内容曾发表于笔者所作的《综合国力系统论刍议》。

② 美国科学、工程与公共政策委员会、国家科学院、国家工程院、医学研究院：《科学技术和联邦政府：新时代的国家目标》（*Science, Technology, and the Federal Government: National Goals for a New Era*），张京京译，曾国屏校，科学技术文献出版社 1999 年版，第 32 页。

③ 同上书，第 29 页。

带头人，能够保障人民高水平的生活，能够可靠地保障自己的安全和在国际舞台上捍卫国家利益。”[①] 自人类社会进入信息时代和知识经济时代以来，科学技术越来越成了人们衡量国力的关键。经济实力表现为财力、财富和制造财富的能力，但科技实力更是创造财富的能力，最明显地扮演了人类社会进步的动力的角色。

不过，科技也并不是最基本的。或者说，科技还算不上是完整的力量源或力量块。实际上，我们所讲的科技力、教育力和人的素质因素等等都可归结到文化或文化力，即文化实力的范围之内。美国经济学家彼得·伯杰在其著作《资本主义革命》一书中提出“经济文化”的概念，特别强调了文化对经济的决定作用。[②] 可以说，决定综合国力的第一因素是文化。因此，综合的文化实力越来越成了人们评价一个国家综合国力的关键。实际上，文化才是最基本的实力和最重要的国力。其中，教育更是起着决定性的作用。国家的发展，国际竞争、国际较量的胜败，都取决于教育发展的水平。从综合国力的角度，文化往往被看作“虚的”实力。现在它越来越被看作“实的”了。

科学技术是时代进步的决定性力量，但它的基础是文化，源泉是教育。事实上，知识经济并非科学技术主导一切。不从整个文化范围、文化大背景下来考察这种推动社会发展的力量就不足以涵盖一切。科学技术属于大的文化范畴，其产生、发展及其应用离不开这一文化环境。而且，单讲科学、技术仍无法涵盖知识力量的一切因素。20 世纪 80—90 年代初，日本发展势头很猛，大有动摇美国经济霸主的地位，但最终还是再次被美国抛在了后面。日本为什么没有抓住机会超过美国？就是它的科技创新能力不够。而其科技创新能力不够是因为其文化实力、教育实力不够直接造成的。美国之所以能够充当经济领头羊，新经济之所以在美国兴起，信息产业之所以在美国具有强大的优势，就是因为美国的文化肌体中具有较强的创新能力。这种创新能力是靠其高等教育培养、滋生的。所以

① 转引自《参考消息》2000 年 1 月 11 日。

② ［美］彼得·伯杰（Peter Berger）：《资本主义革命》，吴之深、柳青译，经济日报出版社 1993 年版，“前言”。

说，文化因素的关键和灵魂、文化力量的源泉是教育。其中，高等教育几乎统率一切。也就是说，高等教育是国家力量源泉所在，是决定国际竞争胜败的关键。

据统计，20世纪初，技术、知识对经济增长的贡献率为5%—20%，20世纪中叶上升到50%左右，70年代到90年代提高到70%—80%，信息高速公路联网后将提高到90%。[①] 美国国家科学技术委员会在其向美国政府提交的《技术与国家利益》报告中指出："今天，在全球化的市场中，对公司或者国家都是这样：技术上的领先地位常常意味着成功与失败之间的差异。"[②] 他们的结论是："技术进步是持续经济增长中最重要的决定因素。"[③] 美国总统克林顿和副总统戈尔在其报告中也曾说"技术是经济增长的发动机"。[④] 美国副总统戈尔1994年2月曾经指出："繁荣需要技术创新。"[⑤] 他强调，"我们的国家安全长期以来建立在技术优势上"。[⑥] 美国国家科学技术委员会在发布的公告中也强调："技术上的领先地位对于美国的国家利益比历史上任何时候都显得更为至关重要。"[⑦]

其实科学与技术是不可分割的。技术必须以科学为基础；科学水平决定技术水平。日本尽管重视技术，但基础科学的研究不够，技术的发展就没有后劲。美国的基础科学研究实力最雄厚，所以技术能够不断创新，也有后劲。美国政府对科学与技术非常重视，把保持科学与技术的领先优势视为美国国力的根本保障和国际竞争中

① 美国国家科学技术委员会：《技术与国家利益》（*Technology in the National Interest*），李正风译，科学技术文献出版社1999年版，第18页。

② 同上。

③ 同上。

④ 威廉·J. 克林顿、小阿波特·戈尔：《克林顿总统和戈尔副总统的意见》，载《科学与国家利益》（*Science in the National Interest*），曾国屏等译，科学技术文献出版社1999年版，第3页。

⑤ 威廉·J. 克林顿、小阿波特·戈尔：《变化的时代》，载《科学与国家利益》（*Science in the National Interest*），曾国屏等译，科学技术文献出版社1999年版，第11页。

⑥ 同上。

⑦ 美国国家科学技术委员会：《技术与国家利益》（*Technology in the National Interest*），李正风译，曾国屏校，科学技术文献出版社1999年版，第15页。

取得胜利的关键。美国前总统克林顿和副总统戈尔在其报告中也曾指出："科学是以知识为基础的现代技术社会的基石。"① 他们强调："为了负起我们对未来后代的责任，保证我们的孩子在全球经济中的竞争力，我们必须以与科学事业对于社会的重要性不断增长相适应的比率，对科学事业进行投资。"② 美国科学、工程与公共政策委员会、国家科学院、国家工程院、医学研究院联合提交的报告提出："为了创造出美国在 21 世纪赖以维持世界领导者地位的知识和财富，科学和技术将是关键因素。国家目标将确保科学和技术能够面对变化着的世界的挑战。"③ 他们为美国政府制定的美国科学目标概要为：第一目标是，美国应该在所有的主要科学领域内处于领先者行列。第二目标是，美国应该在一些主要科学领域保持明显的领导地位。④ 美国总统克林顿和副总统戈尔向美国国民承诺："1993 年 11 月，总统建立了国家科学技术委员会（National Science and Technology Council，NSTC）以协调政府各部门的联邦研究和发展。这个内阁级别的组织，由总统亲自挂帅，把对于科学技术政策的讨论提高到了与国家安全、国内政策和经济政策同样的水平。"⑤ 他们还强调，美国科技发展的战略目标是"保持在所有科学前沿领域的领先地位"⑥。

发展经济是提高国力和国民生活水平的唯一途径几乎成了全球共识，国家发展首先意味着经济的发展，其动力和基本保障是科学技术的发展。邓小平早在中国改革开放之初就曾指出，"科学技术

① 美国国家科学技术委员会：《技术与国家利益》（*Technology in the National Interest*），李正风译，科学技术文献出版社 1999 年版，第 15 页。威廉·J. 克林顿、小阿波特·戈尔：《科学：无尽的资源》，载《科学与国家利益》（*Science in the National Interest*），曾国屏等译，科学技术文献出版社 1999 年版，第 6 页。

② 威廉·J. 克林顿、小阿波特·戈尔：《科学：无尽的资源》（*Science in the National Interest*），曾国屏等译，科学技术文献出版社 1999 年版，第 6 页。

③ 威廉·J. 克林顿、小阿波特·戈尔：《科学技术和联邦政府：新时代的国家目标》（*Science, Technology, and the Federal Government：National Goals for a New Era*），张京京译，曾国屏校，科学技术文献出版社 1999 年版，第 11 页。

④ 同上书，第53 页。

⑤ 威廉·J. 克林顿、小阿波特·戈尔：《科学与国家利益》（*Science in the National Interest*），曾国屏等译，科学技术文献出版社 1999 年版，第 19 页。

⑥ 同上书，第 20 页。

是第一生产力”。[①] 江泽民在第三次全国教育工作会议上的讲话中指出：

> 现在，科学技术在经济、国防和社会发展中的作用日益重要和突出，知识更新和转化为现实生产力的速度日益加快。如果说过去国际军事政治斗争的背后，主要表现为直接争夺工业化必需的资源和商品、资本输出的市场，那么，当今的国际经济和科技竞争，越来越围绕人才和知识的竞争展开。发展的优势蕴藏于知识和科技之中，社会财富日益向拥有知识和科技优势的国家和地区聚集，谁在知识和科技创新上占优势，谁就在发展中占据主导地位。这种发展格局，对第三世界的广大国家来说，既提供了利用高科技和先进知识超越传统发展模式的有利机遇，又提出了前所未有的严峻挑战。中国作为发展中的社会主义国家，能不能及时抓住这种机遇，不断增强自己的综合国力和国际竞争力，有效地战胜各种挑战，这是一个关系到我们党、国家和民族的前途命运的重大考验。[②]

## 六　教育是培育和实现文化力的关键

科技兴国、科学技术是第一竞争力也成了全球共识。因此，将它们列为国力的基本要素也变得争议越来越小。不过，要想获得科技的发展，保持科技力量的优势，取决于文化实力和教育水平，尤其是高等教育的水平。

当今世界美国在综合国力以及各个方面几乎都拥有优势。它不仅是个军事大国、政治大国、经济大国、科技大国，还是文化大国、教育大国。正如美国未来学家托夫勒指出的：美国之所以能在

① 邓小平：《在全国科学大会上的讲话》，载《邓小平文选》第2卷，人民出版社1993年版，第88页。

② 江泽民：《教育必须以提高国民素质为根本宗旨》，载《江泽民文选》第1卷，人民出版社2006年版，第329页。

当今世界占统治地位，首先美国拥有世界上最发达和强大的军事力量，另外也因为美国拥有最强大的经济体系、信息和知识体系；也就是说美国在显示国力的三个方面都很强，而且在力量、财富和知识方面还有很大的潜力。① 文化大国、教育大国的地位是美国立于不败之地的根本。

在 20 世纪 80 年代，美国的经济第一和科技第一的位置曾经险些被动摇。日本自 80 年代实施“技术立国”战略之后，与美国的科技差距在头 10 年内有缩小的趋势，其中机械制造业、汽车生产、无线电领域技术先进，微电子、汽车等领域已超过美国。日本第二经济大国的地位和巨大财富的积累是建立在科技实力之上的。20 世纪 80 年代末，美国经济的确有被日本赶超的可能性。日本经济的快速发展和在美国的投资引起了美国人的极大恐慌，大叫“日本人在收购美国”，日本人也不禁得意忘形，盛田昭夫和石原慎太郎等人关于日本应对美国“说不”的叫嚣颇代表了一部分日本人的情绪。② 长谷川庆太郎在其《别了，亚洲！》一书中得意地炫耀：“而且，一看到那些曾经看不起我们日本人、爱搭不理、骄横跋扈的跨国公司，现在也卑躬屈膝地请求我们出售技术的姿态，不论是谁都会体会到一种满足感和胜利感。与此同时，一种怜悯之情也油然而生。这是日本经济强盛的一个象征。”③ 他还宣称：“无论有什么贸易摩擦，包括美国和苏联在内，目前世界上还没有一个国家能够不依靠日本供给产品来运营经济。”④

然而，就在美国许多产业的竞争力追赶日本无望、美国经济似乎走投无路之际，美国计算机和信息产业异军突起，飞速发展，并开创了“新经济”。近年来，美国经济一直保持较高的增长率。信息技术是美国生产率增长的动力。重新夺回的技术的优势拯救了美国经济，保住了美国经济的霸主地位。软件和信息服务业将成为世

① 《三联生活周刊》1999 年第 1 期，本刊记者采访。

② ［日］石原慎太郎、盛田昭夫：《日本可以说“不”》，广文社 1989 年版。

③ ［日］长谷川庆太郎：《别了，亚洲！》，鲍刚等译，黄骁勇校，国际文化出版社 1989 年版，“前言”。

④ 同上书，第 138 页。

界第一大产业。而美国在这方面的优势遥遥领先。因此，在近几年内，美国经济仍可稳坐世界经济的头把交椅。

美国信息技术为什么能够领先全球？美国的科技实力或科技优势的产生又是什么呢？这其实是美国文化底蕴积累的结果，是高教成果的再一次展现。美国如果没有文化、教育的优势，就不会有今天的经济优势和科技优势，也不会有今天的军事优势。一切都是因为它的文化创造能力强，教育水平领先全球。

日本本来早已跃升世界第二经济大国，经济发展的势头在 20 世纪 80 年代和 90 年代初似乎比美国好。但最终日本不但没能赶上或超过美国，经济反而出现了严重衰退，竞争力大大下降。这主要是它的科学技术创新能力大大落后于美国造成的。现在，它在科技上与美国的差距不仅没有缩小，反而有扩大的趋势。日本 20 世纪 80 年代本来是奉行“技术立国”的，如此重视科技发展，为什么实力还严重下滑？这主要是其高等教育和文化底蕴落后造成的。而且，日本的综合国力与它的经济实力也不是太般配。它的综合国力远远比不上美国。正如托夫勒所指出的：“日本已经拥有很强的经济实力，今后也会继续保持这种地位；军事上相对拥有一定的力量，知识界有许多聪明和训练有素的人才，但文化在世界上没有多大影响，因此日本仅有一些产生影响的因素。”① 美国之所以保持其经济第一大国和科技第一大国的地位，主要是因为它是全球文化和教育第一大国，而日本却不是。从教育与文化的综合实力来看，日本与美国相差很远。

美国中国问题专家哈丁教授认为，相比而言，苏联只拥有军事力量，日本只拥有经济力量，中国是自从美国崛起以来遇到的第一个拥有经济、军事和软实力等多重力量的国家。② 但日本众议院议员加藤纮一却认为日本在科技和文化方面相对于中国仍有很大的优势：

> 我觉得日本只能从科学技术以及文化这两个方面和中国竞

---

① 《三联生活周刊》1999 年第 1 期，本刊记者采访。

② 赵子石：《对美国不必讳言强大》，《环球时报》2006 年 6 月 26 日。

> 争。……虽然中国经济迅速发展，正在缩短与先进国家之间的距离，但是从文化角度来讲，中国似乎还差得很远。比如卫生习惯，例如不随地吐痰，服务周到，遵守时间等方面。我认为中国大约还需要40年到50年的时间才能将文明程度提升到新层面。我希望日本能够在科学技术和文化方面始终不输给中国。①

教育才是一切力量的真正源泉。因为教育是文化的核心、灵魂和支柱，因而也是综合国力的最重要的保障——所谓源泉的源泉，基础的基础。国力较量归根结底是文化的较量，而文化的较量归根结底是教育的较量。所以，国际竞争和国力的衡量实际上是教育成果或教育水平的大验收。

为什么将文化归结到教育上来，或者说将教育视为文化的灵魂或统帅？因为，没有教育，就没有文化的延续、发展和传播，而人的素质或内涵都是教育的结果。因而教育是文化的灵魂，决定了文化的发展和水平。而且，没有教育的高水平，也就没有雄厚的经济和军事力量，国力就显得虚弱。在知识经济的今天，这一点更为明显。知识经济的本质是创新，知识经济是知识与经济的结合，核心是教育。教育，尤其是高等教育才是一切力量的源泉和统帅。实际上，高等教育是“决定因素”中的“决定因素”。高等教育决定经济发展的水平和财富创造的多寡，同时也是决定综合国力各个因素的关键。可以说，只有高等教育才能称得上是综合国力各个因素的统帅和所有社会领域发展、进步的主导因素。

实际上，从一种全新的角度，用全新的方法来衡量竞争力或国力的话，问题也就变得简单明了，而且容易估计到位了。那就是从人的角度或人的因素来考察国力或综合国力，而不是主要从物的因素，或将人及其创造割裂为物质与精神两大块儿。竞争力主要是人的竞争、人的较量，物的较量只是起辅助作用。精神因素更不是孤

---

① 孙秀萍：《与中国竞争日本靠的是科技和文化》，《环球时报》2007年7月13日。

立的，主要还是从人的角度来理解，否则会给人一种精神因素高于物质因素或意识决定物质的错觉。没有完全能脱离人的主体的精神因素，精神仍是人的精神，知识仍是人创造的，而且还要为人所用。这样，在谈论国力时，从逻辑上物质与精神的割裂就会避免，而且还显得完整、系统。另外，科技都可归结到人才方面，因为科技的水平取决于人才的培养和积累，取决于人的文化水平。不过，无论从文化的角度来看，还是从人的角度来看，甚至从物质、财富的角度来看，都要归结到教育方面。创造之源、力量之源、财富之源都在人，但人的能力之分在于教育。教育造就了人、造就了人才。科技实力和人才与教育是连体儿，或者说是一种综合因素。综合国力的考察，应从力量源，应从人才的角度出发。

## 七 “文化软实力”的构成及测评公式

随着文化力和软实力理论探讨的深入，加上媒体的宣传、推广，产生了文化生产力概念和文化软实力概念。在中国，人们正试图用文化软实力概念将文化力和软实力概念与理论体系纳入一个系统。这是一个积极的嬗变和理论升华，标志着对西方软实力理论束缚的摆脱，进而彻底完成“中国化”的过程。本书主张，“文化软实力”概念的内涵就相当于我们上面讨论的“大文化”体系所产生的力量。

前面说过，在中国，文化力与软实力两个概念是同时流行的，或者说在相同的领域往往是联袂登场的；有时干脆就被当作一回事。无疑，从内涵和本质上来说，文化力与软实力既有着密切的联系和相似之处，又在内涵和用法上有一定的差异。至少，根据学科的不同，学者们熟悉或选择的感念也有所不同。有的学者只习惯使用文化力概念，有的学者主要倾向于使用软实力概念而少使用文化力一词。文化力曾经流行于从事思想政治教育、宣传理论、文化教育等研究领域；而软实力概念则主要流行于国际关系、国际事务等领域。在媒体、意识形态领域或大众词汇里，由于二者无法完全互相替代，二者同时并存和同时并用刚好可以形成互补。甚至在实际运用中将两个概念合并成一个新的词组的用法也随即出现，这就是文化软实力的概念。这种表达开始可能具有一定的随意性，但它的确又具有相当的创造性和学术合理性，就像从文化力衍生出来的文化生产力概念一样自然而富有创意。我们可以认为，文化软实力概念的内涵和理论就是文化力与软实力的内涵与理论的有机结合。这种结合不仅将使中国综合国力的理论发展得更全面、完整，也会使文化力和软实力的理论本身得到更好的发展。不过，概念的随口或随意相加似乎是简单的，但理论体系的合并和整合却不容易。实际上，将文化力和软实力两个理论体系结合在一起的工作或许只能说是刚刚开始，有机整合还没有完成。甚至有人还认为文化力与文化软实力是完全不同的概念呢；而关于文化力与所谓软实力之间的联系和相似性也很少有人讨论。可以认为，关于文化力和软实力之间的联系和区别在很大程度上并没有得到充分的探讨和认识，其逻辑关系尚未理顺，整合所需的理论框架也尚未搭建完毕。关于文化软实力的本质、内涵的定义也缺乏明确的定义。这无疑限制或制约了相关的应用性研究。正如前面所介绍的，有人甚至提出了“让文化软实力‘硬’起来”的说法。① 这种说法应该说对软实力或软权力（包括文化软实力）概念是有着相当的误解的。

本书所建立的“大文化”分析框架从某种程度上就是对文化力和软实力分析框架的符合与叠加。但这不同于简单的相加。关于文化软实力部分，我们这里炮制了一个所谓的测评公式。这样做不是因为文化力或文化软实力比综合国力更适合测评或量化，而是相反。我们这样做是因为关于文化力或文化软实力的测评理论或测评公式几乎没有，那么，这里作出这方面的尝试以填补空白还是有一定的必要或价值的。

前面说过，对世界大国国力的量化、测评、排序是非常困难的，所有的量化分析和测评公式都引起极大的争议，对国际社会中

① 杨小虎：《让文化软实力“硬”起来》，《时事报告》（大学生版）2007—2008年度第4期。

一些国家文化软实力或软实力的量化、测评和排序更是难上加难，因为文化软实力实际上更加难以捉摸、难以把握，因而也更加难以量化、测评。有的学者只是倾向于提出文化力或软实力构成的各种要素，没有对它进行测量或进行所谓的指数（指标）分析。关于文化软实力的量化、测评更是无人问津。甚至关于文化软实力的构成要素是什么都还没有人进行系统论证，更不用提建立分析框架和量化测评了。

到目前为止，在国外学术界，只有关于国力（综合国力）、军事力量、经济实力、国际竞争力等方面的测评或分析模式，而几乎没有成熟、定型关于文化软实力的量化、分析模式，更没有什么测评公式。约瑟夫·奈建立了一个模糊的分析框架，但没有建立测评公式。其他学者也无意在这方面做深入的尝试。在中国，关于软实力的研究算是刚刚展开，基本理论尚处于借鉴国外的阶段。关于文化力的研究虽然开展不算太晚，但除了门洪华[①]之外，也几乎没有形成量化、测评的理论，也没有建立过相关的测评公式。也就是说，在国际和国内学界，无论是文化力还是软实力，几乎都没有人建立这种测评方式，更不用提文化软实力了。

可以认为，大多数人对于测评文化力或文化软实力的可能性或可行性持怀疑或观望态度。毕竟，对于它们（文化力与文化软实力）作为一个认识对象的存在也才刚刚在疑问中得到勉强的确认。说得直接一些，很多学者并没有考虑到文化力和文化软实力的量化测评问题。正如前面我们所说的关于对待综合国力和软实力测评的态度一样，任何对文化软实力的量化测评都不一定能够反映真实情况。可以认为，对所谓文化软实力或软实力的准确测评几乎是不可能的。然而，量化测评的需要或诱惑也是存在的。目前，无论是学术界还是决策部门，都需要我们建立一个合理的关于文化软实力构成的分析模型，最好有一个测量公式。这并不意味着大家真的会迷信这一公式及其得出的数据，而是说一种能化繁为简的较为直观、

① 门洪华曾经对中国的软实力进行测评并提出了一个量化、测评的分析框架。参见门洪华《中国软实力评估报告》，《国际观察》2007 年第 2—3 期。

方便的表达方式有助于更多的人去了解文化软实力理论及分析框架，也更易于了解一个国家文化软实力的强弱、大小。

总之，虽然说对文化软实力的准确测评是不太可能的，但这并不意味着进行这方面的尝试就没有必要或没有意义。如果说准确的量化、测评不可能，那么大致的估量还是可以操作或进行的。实际上，国力或综合国力的所谓公式或方程得出的数据也只能在某种特定的条件下具有参考价值，文化软实力或软实力的测评也应如此。如果是这样，对文化软实力进行量化或测评不仅有必要、有意义，也是可行的。如果建立一种合理的测评公式，它至少可以较为准确地反映出一个国家在文化软实力资源和文化软实力的开发、体现方面的大致情况，显现出一个国家文化软实力构成的大致情况和强弱分布；其得出的数据能够为世界各大国文化软实力的排行榜提供较为准确的参考。

文化软实力是一个系统因素的整体体现，取决于政治制度和价值体系、科技与教育的实力、文化遗产和文化产品、国民素质与道德水准，也包括知识、体制的创造力和决策、外交等方面的智慧与实践等因素。这是我们分析文化软实力各构成要素的理论框架。那么它们之间构成怎样的关系呢？这种逻辑和数量的关系如果用公式表达就更直接，也更能清楚地说明问题。我们主张的文化软实力的测评公式为：

文化软实力=政治制度的效率与国内外认同程度×［外交艺术（价值观的影响度+国际形象与国际威望+对外宣传能力与效果+体育水平与国际比赛的成绩）+（文化的创新能力+战略决策水平+政策效能）×（科技实力+教育水平+人才储备或人力资本+文化产品与文化遗产的国际影响力+国民道德水准）］。

将上面各项用英文字母代替，我们可将这一公式简化为：

$P_C = S_P \times [D(V+I+P+S) + (C_c+S_t+P_y) \times (T+E+H_c+C_i+M)]$。

靠上面公式的计算并得出中国与各大国或国家集团文化软实力的数据及排名顺序，这里是没法公布这一结果的，因为统计、计算工作并没有展开。这将是一项庞大的工作，也是一个严肃的事情。

在没有经过认真计算或考评之前，不能乱下结论。实际上，公式中所有的指数或指标都需要另外一批公式或计算方式来统计。这里随便排名或下结论是不负责任的事情。不过，通过粗略的比较和对各项指标大致的衡量，可以认为中国的文化软实力应该排在美国和欧盟的后面，与俄罗斯和印度属于一个集团，而在日本和巴西的前面；而美国和欧盟属于第一集团。在第二集团中，中国的文化软实力可能会略高于俄罗斯和印度，也就是说在全球排名榜中可能列第三位。而印度的综合国力尽管不一定强于日本，但其文化软实力却可能高于日本，属于第二集团。通过这一统计与横向的比较，我们可以对中国文化软实力的优劣和存在的问题有一个更深入、清楚的认识。这为中国文化软实力发展战略的制定奠定了基础。

以往人们对文化力或文化软实力的理解往往囿于某种学科的界限，相对比较单一、片面。我们这里企图建立一种跨学科的分析框架，所说的文化也是一种大文化概念。文化乃强国之本，生产力水平的提高取决于文化的进步。文化软实力在这里被定义为一个国家的文化和智慧的集中体现；知识体系、价值体系、战略决策、外交手段、教育体系的资源、能力和创造都属于文化软实力。文化力不仅是所谓“软实力”，而且是综合国力的源泉和发展动力，是将综合国力所有因素有机地结合在一起并使之充分体现的关键；制度的优劣和效率、科技与教育的发展、人才战略、文化产业、文化与价值的传播、国民素质与道德水准、战略决策、外交智慧等因素都应归结到这一范畴。文化软实力或文化力的资源或体现不只是传统文化或文艺产品，而是一种能够改变社会和世界的制度和知识、价值的创造力与影响力，是赢得社会和世界支持和认可的魅力，也是一种赢得拥护和认同的凝聚力。

前面说过，所谓大文化概念就是将科技、教育、人才、知识创新体系与文化产业等因素视为一个系统——大文化系统。大文化战略首先是一个以教育、科研、人才培养和知识创新为基础和核心的综合性国家发展战略或系统的发展战略，进而促进制度与价值体系的完善与能量或效率的充分发挥。大文化系统及其发展战略也包括软实力，因而指的就是文化软实力的系统及其发展战略。在国际竞争中，文化软实力的发展目标应该是将文化和价值观的魅力（影响力）充分发挥，佐以外交和决策的智慧，实现自己的战略目标或发展目的，赢得世界的认可、认同和拥护。这一战略新思维非常适合于中国未来的发展模式，以实现和谐社会、和谐世界的对内、对外的国家战略目标。

目前，从国家发展的角度来看，中国的文化力或文化软实力不够强，发挥或表现不够理想。这首先表现为制度和价值体系的效能、效率及国际竞争力不太理想，价值观与文化的国际影响力不大；知识的创新能力较弱，有价值的文化产出和输出有限；科技、教育的能力也没能充分体现。其关键是社会的公平竞争机制不完善，科研、教育等知识、文化和价值的创新机制、应用与传播体系不够完善，功能发挥不够理想。这影响了我们的经济发展和社会变革，也影响了社会的和谐和内部的凝聚与团结，更影响了综合国力的增长和国家的发展战略。从对外的角度，中国文化和价值观的影响力和魅力也没能充分体现。这妨碍了国际社会对中国文化和中国本身的接受和拥护程度，不利于中国的国际经济环境和外交环境的拓展，更不利于中国走向世界，实现民族复兴。

中国文化软实力的发展战略应该从内部发展和对外拓展两部分来理解。无论对内还是对外，我们都要以提高自身的文化创造力和魅力（吸引力或影响力）为目标。当然，我们在文化软实力方面也具有丰富的资源，现有的力量也相对不算弱。如果很好地开发、利用，制定出可行的增强发展文化软实力的战略决策，我国的文化软实力能够得到较大的发展、壮大。传统文化这里不被看作文化软实力的主要源泉（资源），文化软实力的推广也不以推广、开发传统文化为主要目标。当下的制度、价值体系和文化知识体系的创造能力是关注的重点。沈丁立指出：“很多大国衰落是制度原因造成的。落后的制度导致生产力与生产关系的发展不协调。苏联的衰落就从多个侧面反映了这个问题。”①

关于文化软实力的发展，制度或体制因素是非常关键的，价值

① 《环球时报》编辑部：《大国为何会走向衰落》，《环球时报》2007年1月4日。

体系也是一个非常重要的话题。不过，制度和价值观是文化发展总体的体现，是方方面面历史的积累，并非一朝一夕能一蹴而就的；纯粹的价值观与制度或体制的问题从某种程度上也超越了文化软实力的讨论范围。所以这两个非常关键的问题这里不是讨论的重点。我们仍是从文化软实力发展的制度环境和价值观的全球影响力的角度来考察这两个方面的内容，由此将所有相关的文化软实力因素纳入一个系统。我们所构想的中国软实力发展战略首先围绕着前面提到的大文化发展战略展开，以文化软实力的发展环境和教育与知识的创新为突破、为主要目标，尤其是从文化软实力系统的角度强调高等教育和现代学术的作用或功能。邱立本说过："学术界是社会发展的先锋。美国学术界在过去大半个世纪里，由于非凡的创意，扭转了美国的命运。"① 他还指出，中国要崛起，就必须依仗"学术力"的崛起。② 高等教育应该是国家战略和文化发展的核心，因为它是知识创新、学术进步和价值更新的关键，科技发展战略、人才培养战略与人力资源开发都隶属于它，所有文化的创造、价值观的推广与普及都以它为基础。原来我们对它的认识不足，定位不够准确。

从对外的角度，中国国际形象的宣传、价值观影响力的扩大尤为重要，这要从对外宣传、国家形象包装和文化外交方面入手。但简单、生硬的宣传方式可能会遇到抵触，而文化产品的推广、学术的交流、教育的输出、文化外交是较好的选择。在发展中国文化软实力的宏观战略的框架下，我们还要特别重视科技与人才战略。另外，还要重视中国文化的国际传播、中国国际形象的改善与对外宣传、文化教育产业的发展、壮大与海外市场的开拓。

---

① 邱立本：《中国要和学术力谈恋爱》，（港）《亚洲周刊》2006 年 9 月 3 日（提前出版），《参考消息》2006 年 8 月 29 日。

② 同上。

# 第九章

## 综合国力与文化力理论对传统马克思主义理论的继承与发展

前面我们说过，综合国力和文化力、文化软实力理论是党的执政理论的非常重要的一部分，已经成为目前党的执政理念和建设社会主义中国的基本指导思想的核心部分。毫无疑问，它已经是新的历史条件下发展中的马克思主义理论和科学社会主义理论的一部分。我们在这一部分要讨论或解决的是将综合国力和文化力、文化软实力理论与马克思主义经典理论融为一体，同时看看它对传统的马克思主义理论有哪些理论上的大贡献和理论突破以及如何将马克思主义理论推向一个新的高度。

事实上，前面两章我们主要是用马克思主义的基本原理对我国学术界业已形成的综合国力和文化力、文化软实力的理论进行整理，使之更加符合马克思主义的理论标准并与马克思主义的理论体系保持一致。本章的主要目的是前两章任务的继续。同时也是为了从学术的角度系统整理党和政府关于综合国力、文化力和文化软实力的执政理念和理论并将其与马克思主义理论体系有机而合理地融为一体。这实际上是一回事。不过，本章更注重解答综合国力、文化力和文化软实力等执政理念和理论从哪些方面丰富了马克思主义的理论体系，并注重从这一角度解决综合国力、文化力和文化软实力作为党的新时期的执政理念和理论与传统的马克思主义理论体系的一致性和有机融合问题。这个工作以前是不曾有人做过的。

## 一　综合国力、文化力和文化软实力与马克思主义经典理论的关系

前面说过，综合国力和文化力（或“软实力”、“文化软实力”）在理论体系和方法论上缺乏整合和系统性。有的学者以国际关系和国际战略的学科为基础，用其相关的概念、方法和理论进行研究，其理论体系具有这些学科的特点；有的学者是从当代执政党的理论和理念的角度直接入手，但是完全意识形态化，研究方法和体系失之简单，与一些基础学科的基本理论和方法缺乏联系，甚至与马克思主义经典理论或传统理论都完全脱节，没有使他们研究的综合国力和文化力理论与马克思主义的经典理论形成有机的融合和整合。凡此种种，就显得整个综合国力和文化力研究的学科归属与方法论不太统一，没有形成稳定或固定的体系，甚至在基本概念的界定上都缺乏统一性。最主要的是，学科的理论基础和方法论基础难以确立，体系特征难以辨认。这是现在综合国力与文化力和文化软实力研究系统显得有些混乱、概念模糊、分歧较大的根源所在。尽管其中马克思主义理论的特征似乎相当明显，但是却没有贯穿整体，也没能统一起来，而是像一种点缀；一些提法的重大理论价值没有被挖掘或进行深入系统的学术探讨，而执政党的一些执政理念的重大意图和理论意义也没有被很好地领会，反倒是被简单化甚至误解。实际上，综合国力与文化力和文化软实力理论具有比现在已有的解释更重要的理论价值和现实意义，也需要更好地理论加工和升华。现有的研究还没有完成这些任务，尤其是没有完成用马克思主义理论对其进行系统整理和将其吸纳进马克思主义理论体系的任务。这就是我们在这一部分提出综合国力和文化力（包括文化软实力）与马克思主义理论关系的问题并加以论述的原因所在。这并不是一个伪命题。

对综合国力和文化力（包括文化软实力）理论与马克思主义的关系的不解、无视或产生的误会、误读或误解有几个方面：

首先，即便是从思想政治教育专业和马克思主义理论的角度

（以此为学科或专业依托）进行的相关研究，也对综合国力与文化力和文化软实力理论能否在马克思主义基本原理和科学社会主义理论中具有相当关键的地位没有给予明确或肯定的回答，没有认识到这一理论是对马克思主义理论的新突破和新发展。

其次，无视综合国力和文化力（包括文化软实力）与马克思主义理论的天然联系，将其视为完全与马克思主义理论无关或联系很少的理论。有的学者这样做是因为他们只是从国家发展和国际竞争的角度来定位综合国力和文化力（或"软实力"、文化软实力）的。他们研究综合国力与文化力（或"软实力"、文化软实力）也往往以国际关系或战略学为专业或学科依托。而有些意识形态色彩很浓的相关研究也无视综合国力和文化力（包括文化软实力）理论与马克思主义理论之间的关系是让人非常意外的。很多研究压根儿就不涉及综合国力和文化力（包括文化软实力）理论与马克思主义基本原理关系的任何讨论，似乎二者是风马牛不相及的事情。这都是将综合国力与文化力、文化软实力理论简单化的表现。

再次，将综合国力与文化力理论中一些理论，主要是对文化力和"软实力"（包括文化软实力）的强调，看作是与马克思主义的核心理论（如唯物论、和生产力理论）相悖的。两种相反的原因产生了两种相反的结果：有的人似乎认为文化力或"软实力"（或文化软实力）理论与马克思主义经典理论中一些观点有冲突，出于对马克思主义传统理论的坚持而不承认综合国力与文化力（包括"文化软实力"）理论的重要意义及其与马克思主义的天然联系。有的人似乎肯定综合国力与文化力理论的现实意义或理论价值，但反过来却似乎认为传统的唯物论和生产力理论过时了，并借综合国力与文化力（包括文化软实力）理论来反对或否定传统的马克思主义唯物论和生产力理论。这都是错误的观点。

最后一种现象最具代表性。总的说来，在综合国力与文化力（包括文化软实力）的研究中，将其与马克思主义唯物论、历史唯物主义的基本观点，如生产力理论等的关系解释得不透彻，认识相当模糊。即便是没有主张二者是一致的或是契合的，也没有说出为什么不契合。总的说来，很多学者没有积极主动地运用马克思主义的基本原理分析、阐述综合国力与文化力（包括文化软实力）理论，也没有将综合国力与文化力（包括文化软实力）理论向马克思主义基本原理靠拢。既然说综合国力和文化力理论是我们党的执政理论和执政理念，那么，我们又怎能对它与马克思主义理论的关系和契合程度避而不谈呢？

执政党对综合国力、文化（文化力）、“软实力”（软权力）和“文化软实力”等问题的重视为我们提供了理论研究的导向、目标和任务，但党和政府就这些理论问题所强调的理论价值和现实意义并没有得到学界进一步的深度挖掘。或者说，党和政府的重大理论目标并没有在学界得到很好的领会、贯彻和进一步的正确发挥。从另一个角度来说，学术界也不能将一些缺乏学术严谨性的似是而非的所谓研究成果提供给决策部门，更不能以庸俗化、琐屑化和非学术性的所谓“研究”去降低党和国家在综合国力和文化力（包括文化软实力）理论方面已经达到的高度、深度和所具有的丰富内涵。总之，目前学术界需要将执政党已经形成的关于综合国力与文化力（包括文化软实力）的理论系统化并提出新的问题，贡献更多的学术研究成果。党和国家关于综合国力和文化力（包括文化软实力）的理论已经成为发展中的马克思主义理论的一部分，这些新的理论贡献丰富和发展了马克思主义理论，使马克思主义的理论体系达到了一个新的高度。这些理论在实践中作为党的执政理念和理论对中国的改革开放、和平发展、走向世界和融入世界起到了至关重要的指导作用。如果在理论上对其不是孤立地看待，而是与马克思主义理论的基本体系和核心概念有机地结合并融为一体，那么无论是马克思主义理论和党的这些执政理念和理论本身都会得到更好的升华与发展，也能更好地在社会现实和具体实践中得到更好的领会和贯彻。

如果说综合国力和文化力（包括文化软实力）对传统或经典的马克思主义理论有理论突破或新贡献，那也是在继承和坚持马克思主义经典理论的基础上进行的，而不是在基本内容上有大的或本质的不同。我们首先看看综合国力和文化力理论与马克思主义理论，尤其是经典或传统的马克思主义理论有哪些一致性，看看这一理论体系是否符合马克思主义的基本精神、基本原则。这是理解它对马克思主义理论有所突破或贡献的基础。

究竟应该怎样理解综合国力和文化力（包括文化软实力）与传统的或经典的马克思主义理论的关系呢？

首先，已经成为党的执政理论和执政理念的综合国力和文化力（包括文化软实力）理论本身就是在经典的或传统的马克思主义理论的指导下创立的，是传统的经典理论的体现或再现。其次，一些新的提法或观念与传统的或经典的理论并不矛盾。最后，如果说综合国力与文化力（包括文化软实力）理论中有的提法或新的理论与马克思主义经典理论或传统理论有某种基本概念不太吻合或体系冲突的地方，那是因为以往的马克思主义理论教科书中传统的解释和理解存在着教条主义的地方，而不是经典理论体系本身的问题，也不是综合国力与文化力（包括文化软实力）理论有错误。也就是说，经典理论家（主要指马克思、恩格斯、列宁、斯大林和毛泽东等革命导师）及其经典著作本身与现代的综合国力理论和文化力（包括文化软实力）理论不仅没有冲突，而且是一致的；某种机械、教条的理论图解（以传统教科书为代表）没有发现或强调经典理论中某些有价值的思想，而且将传统的经典理论歪曲为与现有的综合国力和文化力（包括文化软实力）理论有所冲突。综合国力与文化力（包括文化软实力）理论在发扬、光大马克思主义经典理论中一些未被重视的理论点的同时，也有不少理论创新。

传统的教科书在马克思主义基本原理及其实践的宣传教育中尽管起到了巨大的作用，但那种呆板、固定的形式的确存在着教条主义与形而上学的特征。也就是说，传统的教科书将原本生机勃勃、充满活力、逻辑严谨、充满情感与人性的马克思主义理论体系以一种略显僵硬、生硬的面貌呈现在世人面前，而且对整个理论体系的特征、基本结构以及一些核心问题的解释并非没有问题。事实上，自马克思主义理论产生以来，在恩格斯去世后，围绕着马克思主义的宣传、教育形成的理论体系就早已固定化，至少100多年来在形式和体系上就没有多大的突破。关于这种教科书的体系存在的问题及其突破，一直是我国理论界讨论已久的话题，但真正的体系突破却举步维艰、步履蹒跚。对这个话题，由于不是本书的主旨，我们不能展开。我们要说的是，对于马克思主义的一些基本问题，甚至核心问题，过去教科书的解释的确有些机械、狭隘、死板，我们需要重新思考和定位。即便说我们暂时不用考虑对马克思主义理论的教科书的体系结构进行重新认识，但对某些重大问题重新思考却势在必行。这种重新思考或可能的重新构建不是颠覆，而是丰富和发展。这种思路将有助于将综合国力和文化力（包括文化软实力）理论与马克思主义理论有机地结合并融为一体。

综合国力与文化力（包括文化软实力）理论绝不是与马克思主义基本理论相互枘凿、互不相容或互不搭界的，而是从根本上一致的。这一理论重视和强调的正是马克思主义基本原理和经典著作从一开始就强调的或重视的，但被某些教科书那种简单化、教条化、标语口号化的简单图解给模糊掉或忽视掉了。通过历史的发展和实践的证明，执政党重新确定了这些因素和理论点的重要性，不仅明确了执政党和社会主义建设的方向和重大指导思想，而且丰富、发展了马克思主义的理论体系本身。

## 二 综合国力和文化力、文化软实力理论与马克思主义基本原理的一致性及突破

那么，怎样解释综合国力与文化力（包括文化软实力）理论与马克思主义基本原理的一致性呢？又怎样理解综合国力与文化力、文化软实力概念是对马克思主义理论的继承与发扬呢？综合国力理论在哪些方面与传统或经典的基本理论保持一致？又在哪些地方具有新意——属于理论创新呢？又怎样评价综合国力与文化力（包括文化软实力）理论从整体上对马克思主义基本原理的贡献和在马克思主义基本理论体系中的位置呢？

回答这些问题应该说具有重大的理论意义。对这些问题的回答关乎综合国力和文化力理论的重要理论价值和实践意义。对这一新的理论体系的理解和定位关乎马克思主义和科学社会主义理论体系的重大突破和目前中国共产党的执政理论对马克思主义和科学社会

主义理论的重大贡献。

首先，综合国力与文化力（包括文化软实力）理论不仅仅与科学社会主义理论的精神是一致的，而且与马克思主义哲学的基本原理也是契合的。其次，这一理论的提出本身就是要解决如何在新的形势下丰富和发展马克思主义和科学社会主义理论与实践面临的困境与挑战，无论是在理论层面还是在实践层面都给出了合理的或正确的答案。最后，这一理论体系更是中国30多年改革开放和中国特色社会主义实践的理论总结，很大程度上都是经过检验的宝贵经验。这种实践与理论的相结合，不仅使科学社会主义理论走出与实践略显脱节的困境，而且丰富、发展了马克思主义整个理论体系。总而言之，综合国力与文化力（包括文化软实力）理论从理论出发点到实践的过程与目的，都是与马克思主义基本原理和科学社会主义的基本精神完全一致的，而且也是对马克思主义和科学社会主义理论的重大突破。

中国综合国力理论是在马克思主义唯物辩证法和历史唯物主义的前提与基础上，对社会发展、历史进步和社会模式理论的突破，同时也是对马克思主义国家学说和科学社会主义理论的一种丰富和发展。对文化和文化力的重视，以及相关的文化生产力和文化软实力的提法都是对马克思主义生产力理论及更基本的辩证唯物主义和历史唯物主义理论的丰富和发展，而不是与之出现了冲突。总之，综合国力与文化力（包括文化软实力）理论无论对于整个马克思主义理论体系还是它的最为基本的理论要点或核心理论，都有着相当大的丰富与发展。

从整个理论体系上来说，综合国力与文化力（包括文化软实力）理论与马克思主义基本原理和科学社会主义的基本精神是完全一致的，没有任何冲突，同时填补了原来不曾涉及的理论空白。毕竟，从发展综合国力和提升文化力（包括文化软实力）的角度探讨国家发展、社会进步、国际竞争在马克思主义理论体系仍属于较新的话题。

从具体的核心理论来说，综合国力和文化力、文化软实力的话题也与马克思主义辩证唯物主义和历史唯物主义，尤其是唯物论的基本精神、生产力理论、历史进步与社会发展的经典理论是一致的。如果说综合国力和文化力理论在上述的理论领域引起了一定的疑惑或争论，那么，也是由于传统的教科书对马克思主义经典理论的简单化阐释造成的。也就是说，如果有人认为综合国力与文化力（包括文化软实力）理论中的一些提法与马克思主义传统理论中有些提法不一致，那么这种不一致绝不是马克思主义经典理论或马克思主义经典理论家的言论与综合国力和文化力（包括文化软实力）理论不一致，而是与传统的教科书中某种简单化、教条化的解释不一致。

正如有的西方学者所指出的，意识形态化的特征就是将丰富而复杂的理论体系简单化、标语化或口号化。[①] 这是有一定的道理的。马克思主义教科书本身或教科书所代表的马克思主义的理论体系从某种程度上首先就是一种意识形态的载体。它体现的是对马克思主义原理解释的高度统一性或一致性，不可能呈现一种多样、复杂而富有争议的阐释。这一理论体系会因过于追求一种理论的一致性和通俗化而失之简单化和标语、口号化，最后导致理论体系的僵化和发展的停滞。加之行政权力的介入，理论或体系的更新和突破就变得更加困难。总的说来，马克思主义教科书中的理论体系并不能完全、准确地体现或代表真正或真实的马克思主义理论本身。

如果说综合国力和文化力（包括文化软实力）理论中的一些概念和基本内容与马克思主义的基本原理没有一点冲突，或者说没有引发理论和观念的争议是不可能的。但是，这只能是某些人关于综合国力和文化力（包括文化软实力）理论的解释与某些人关于马克思主义基本原理的解释之间的冲突，基本无关马克思主义基本原理或经典理论家的理论本身。但是，由于引起冲突的理论体系和观念也都是非常流行的理论或对理论的解释，那么我们就有澄清的必要。这种澄清就需要我们对两方面内容一些不相宜的或容易引起误解的观念或观点予以分析和更正。

---

① Leon P. Baradat, *Political Ideologies*, Upper Sadele River, New Jersy: Prentice-Hall, Inc., 1997, p. 9.

正如我们在前面所说过的那样，关于综合国力和文化力（包括文化软实力）理论，一些研究本身存在着缺乏深入性和系统性的问题，学术的严谨性、规范性以及方法论本身也都存在着一定问题。所以整个综合国力和文化力（包括文化软实力）理论体系本身存在问题是难免的。而这种研究无论是对马克思主义基本原理缺乏把握或存在忽视，都是不可避免的。甚至，正如前面所说的，一些人根本就没有意识到综合国力和文化力（包括文化软实力）理论与马克思主义基本原理有何联系。因此，综合国力与文化力、文化软实力研究中普遍缺乏自觉而系统的对马克思主义理论的运用。更严重的是，很多所谓的研究因此对党和国家关于综合国力和文化力的执政理论和理念也缺乏正确的解读，没法使之与马克思主义经典理论进行融合和结合。这样，综合国力和文化力（包括文化软实力）理论与马克思主义理论就成了缺乏有机联系的两个体系。总之，对马克思主义理论本身和综合国力与文化力（包括文化软实力）理论本身缺乏深入的思考和细致的研究导致了这种脱节。

实际上，尽管中国综合国力与文化力（包括文化软实力）理论就其本质是“实力说”，或者说将综合国力和文化力（包括文化软实力）解释为“实力”，但并没能明确或成功地确定这种“实力”的物质本质，而是就其究竟具有物质属性还是精神属性的问题上态度暧昧不明，缺乏一个明确的交代或论证。而这种缺乏论证或态度不明绝非一个小错误。

非常明显，很多人强调了综合国力具有物质因素和精神因素，似乎成了物质与精神因素的复合。这似乎成了他们强调综合国力的“综合特征”的关键。然而，就其根本属性问题，却缺乏一个明确的交代。他们的这种“物质+精神”的复合框架或论证并没有突破或颠覆原来简单的物质决定意识或精神的理论框架，但又给人以对马克思主义理论中“哲学的基本问题”命题有所回避或视而不见的印象。总的来说，关于综合国力和文化力（包括文化软实力）理论，一种普遍的情况是：一方面既没有就其本质的根本属性予以明确的说明，另一方面也没有涉及马克思主义哲学的基本问题和历史唯物主义的基本原则以及生产力本质的问题。甚至，也根本没有涉及社会发展与历史进步的过程与动力问题。

用马克思主义的基本原理来衡量综合国力与文化力（包括“软实力”和文化软实力）理论，普遍流行的“实力说”名不副实，与马克思主义唯物论和历史唯物主义的基本原则是不符的。这是因为，“实力说”的“实力”没能目的明确且成功地按照社会存在的因素得到描述，没有突出或强调其是否具备物质性的特征或本质。如果将综合国力看作是物质因素与精神因素的复合，那么，这种复合体中两类因素的关系也没有一个系统而合理的描述。其中，文化力在综合国力中的地位是什么更是很少有人讨论。事实上，正如我们从本书一开始就说过的，甚至关于文化力、文化软实力与综合国力的关系怎样理解都缺乏一个系统而令人信服的描述或论证。有人也提出了“文化国力说”，就是说文化是国力，或者说文化力是国力，但是关于文化力与综合国力在现实中是怎样的关系，以及应该构成怎样的逻辑关系（理论关系）却论证不够。

## 三 文化力与文化软实力理论对传统生产力理论的突破

邓小平认为：和平与发展是当今世界的两大主题。他曾明确指出：“中国发展得越强大，世界和平越靠得住。”① 他还认为，社会主义建设和国家发展的关键在于“是否有利于增强社会主义国家的综合国力”②，社会主义“就是要发展社会生产力，增强社会主义国家的力量，使人民的生活逐步得到改善”③。因此，中国的综合国力理论绝非西方权力政治或国家利益至上的。邓小平关于发展综合国力的论断既创新、务实，又坚持了马克思主义的基本理论。

---

① 邓小平：《和平与发展是当代世界的两大问题》，载《邓小平文选》第3卷，人民出版社1993年版，第104页。

② 邓小平：《在武昌、深圳、珠海、上海等地的讲话要点》，载《邓小平文选》第3卷，人民出版社1993年版，第372页。

③ 邓小平：《坚持社会主义，坚持和平政策》，载《邓小平文选》第3卷，人民出版社1993年版，第157页。

综合国力说的提出一开始主要是一种国家发展与国际竞争和国际较量的理论，但也牵涉到马克思主义和科学社会主义的基本理论，如国家学说、社会发展与历史进步理论，牵涉到历史唯物主义和科学社会主义的几乎所有重大问题，如社会发展的动力、历史进步的标准等。更关键的是，这一理论还涉及什么是社会主义或社会主义制度的本质是什么的问题。它还与社会主义和社会主义制度的目标、标准和发展动力问题有着直接的关系。文化力与文化软实力理论堪称综合国力理论中的核心部分，因此也几乎与上述马克思主义理论体系中的所有理论点有关。而且，单就文化力与文化软实力理论而言，对马克思主义生产力理论乃至整个历史唯物主义的理论都有着很大的发展和突破。

文化力与文化软实力理论导致了我们对生产力概念和生产力标准的重新思考或更全面思考。文化力（包括文化软实力）是不是生产力？文化生产力概念的出现似乎说明文化或文化力就是生产力。然而，文化能否成为生产力的重要标准？文化作为生产力的一个标准有多大的决定作用？生产力的文化标准与传统的生产力标准或传统的生产力观念有无冲突？如果文化力（包括文化软实力）也是生产力的一种形式，那么，这种逻辑上的冲突是否能够消除？

文化力（包括文化软实力）能否被看作生产力以及与传统生产力理论是否一致的问题，也是关乎综合国力与文化力（包括文化软实力）理论与马克思主义的唯物论观念和历史唯物主义的基本原理是否冲突的问题。这实际上是关于对综合国力和文化力（包括文化软实力）理论如何定性的核心问题，是这一理论体系一个最敏感、最富争议性的问题。

为什么说这一问题如此重要？这是马克思主义的基本原理的核心问题所决定的。任何了解马克思主义理论的人都会明白唯物论在马克思主义理论体系的作用，也不会不懂生产力概念在历史唯物主义经典理论中至高无上的地位。生产力概念的物质性几乎是历史唯物主义的最重要的核心观念，是马克思主义唯物论在历史和社会领域的具体运用。只有坚持生产力因素的物质性，才能坚持历史发展和社会进步的决定力量是物质的而非精神的。只有坚持这样的生产力观念才符合物质决定意识的马克思主义唯物论的基本原则。任何熟悉马克思主义理论的人都清楚，物质决定意识（精神）、存在决定思维是马克思主义的最根本的原理。这是所谓哲学的基本问题，在历史和社会领域也是这样。

马克思主义的历史唯物主义告诉我们，在马克思主义出现以前，从来没有真正的历史唯物主义，所有的唯物论进入历史领域全变成了唯心史观。为什么？因为他们没有发现历史进步和社会发展的根本因素是物质的，没有发现社会存在决定社会意识，没有发现有一个最基本的物质因素——生产力在起着决定性的作用，而不是观念、道德、英雄人物、神或上帝在决定着历史进步和社会发展。生产力标准或生产力决定生产关系是历史唯物主义的核心观念，也是唯物辩证法在历史领域的应用。

然而，什么是生产力呢？生产力的物质性意味着什么呢？有纯粹物质性的生产力吗？我们所说的文化、文化力、软实力、文化生产力、文化软实力，以及科学技术是物质性的因素还是精神性的？如果它们是物质性的，问题就简单了，因为这与传统理论或是传统的教科书上的理论完全一致，争议不复存在了。如果它们是精神性的因素，那么问题就来了：精神性的生产力是否违背了生产力物质性的基本原则并进而与辩证唯物主义和历史唯物主义的基本原则相抵触了呢？这可不是一个小问题。因为唯物论的原则是马克思主义哲学头等重要的问题，如果违反或回避了它，就等于违背了马克思主义的基本原理。我们能对这一问题小视吗？关于综合国力和文化力（包括文化软实力）研究中对这一问题的忽视或缺乏深入的讨论是不应该的。这是我们这里要重点讨论这一问题并试图从理论上解决这一问题的原因所在。这也是为什么说此前关于综合国力与文化力（包括文化软实力）的研究并没能解决好使之与马克思主义基本原理相一致或彻底融合的关键。

难道说我们提出的问题或疑问不存在吗？或是没有任何理论意义吗？

非也。我们分明听到黄硕风说综合国力的构成有精神因素。我们也分明正在接受文化力（包括文化软实力）是一种实力——实存的力量的说法，也正在接受文化生产力的概念和观念。历史学家，中国社科院近代史研究所研究员杨天石曾在《北京日报》发表文章，更主张社会生产有两种：一种是物质生产，一种是精神生产；生产力也有两种：物质生产力和精神生产力。[①] 这是颇具代表性的一种观点，赞成者不在少数。可以认为，目前中国学界主张精神生产力和文化生产力已经没有大的理论障碍。文化生产力的提出就是明证。文化软实力概念的提出也出于这一思路。

然而，与杨天石的论证相似，很多主张精神生产力或文化生产力的学者压根儿就没有提及这种观念与此前教科书中的马克思主义生产力观念或经典的马克思主义生产力理论有无冲突，如有冲突应怎样解决或采取怎样的态度。本书这里绝非不赞成杨天石等学者的观点，而是主张要对这种新的主张（生产力理论的突破）与旧的理论体系的关系有一个明确的交代。毕竟，经典理论仍有其生命力，仍未失去其存在的价值，而新的主张仍有待逻辑的完善。我们需要丰富新的主张，并将它与经典理论或旧的主张进行对比，看看它的进步性在哪里；同时看看经典理论与新的主张是否构成水火不容的关系。正如前面我们说过的，传统的教科书对马克思主义经典理论的阐释不一定全是正确的，也不一定能够代表马克思主义经典理论。我们今天理论的突破也必须建立在对经典理论（尤其是原典）正确解读或正确认识的基础之上，而不是在忽视、脱离或误读经典理论的基础之上随意发挥，自以为是。下面就先让我们看看传统马克思主义教科书中关于文化和生产力的主张，看看它的解释有无问题，然后与马克思主义经典理论和我们今天的文化力（包括文化软实力）理论进行比照，看看当今的新的主张是否合理，能否称得上是一种合理的理论突破。

我们知道，在传统的马克思主义教科书里，文化是社会意识的一种形式，还有道德、文学艺术、价值观等，都属于精神范畴的东西，现在都被看成了综合国力的组成部分。如果说它们是文化力的

---

① 杨天石：《解放精神生产力是个大问题》，《北京日报·理论周刊》2008 年 2 月 4 日。

组成部分的话，也正在被解释为物质、精神不分的东西或是物质性的因素。要知道，物质性的本质或特性与能够转化为物质性的力量是两回事。

这又做何解释呢？生产力到底应该怎样理解？以前的标准或解释是否过于简单了？文化力与生产力是怎样一种关系呢？文化能否表现为生产力？又怎样表现为一种生产力呢？

让我们先看看马克思主义理论传统教科书中关于生产力的描述。

长期以来，在马克思主义理论教科书中，生产力标准是突出或强调生产工具的因素的。因为生产工具似乎最具有物质性，也最能体现生产力本质的所谓物质标准。这种解读几乎从第二国际的关于马克思主义理论宣传的读物中就已定型，一直到 20 世纪 80 年代几乎少有变化。请看由中共中央党校韩树英等主编、在 1982 年出版的一本马克思主义教科书关于生产力的定义："生产力就是我们人类社会生产物质财富的能力。它表明的是人们在生产中同自然界的关系。生产力的要素有生产资料和劳动者。"① 我们分明看到，在生产力的两要素中，生产工具是排在劳动者因素的前面的，因而更重要。实际上，在当时，从苏联、东欧到中国，无论是马克思主义的通俗读物，还是大学的教科书，几乎都是这种观点。

人民大学的李秀林等学者在改革开放之初就开始对传统教科书的体系进行某种微调。他们较早的某些突破涉及生产力概念和理论。他们的突破包括以生产力三要素说取代长期流行的两要素说。他们对生产力的定义新意不多："生产力或社会生产力是人们解决社会同自然矛盾的实际能力，是人类征服和改造自然使其适应社会需要的客观的物质力量。"② 关于生产力的要素，他们说："生产力是参与社会生产和再生产过程中的一切物质的、技术的要素的总和。劳动对象、以生产工具为主的劳动资料和从事社会劳动时间的

① 韩树英主编：《通俗哲学》，中国青年出版社 1982 年版，第 365 页。

② 李秀林、王于、李淮春主编：《辩证唯物主义和历史唯物主义原理》，中国人民大学出版社 1982 年版，第 262 页。

劳动者是构成生产力的基本要素。”① 这种观点的依据是马克思的经典论断：“劳动过程的简单要素是：有目的的活动或劳动本身，劳动对象和劳动资料。”② 实际上，能否将马克思所说的劳动过程的要素引申为生产力的三个要素是值得商榷的。而且，生产力的要素虽然由两个增加到三个，但劳动者仍排在最后。因此，生产力要素从两要素发展到三要素理论突破的意义和价值并不大。

在北京大学谢龙等学者主编的教科书中，生产力的定义与其他教科书的定义几乎没有区别，但生产力的要素也由两个变成了三个。该定义是：“社会生产力是人们利用自然、改造自然、从自然界获取物质生活资料的现实的物质力量，它包括三个要素：劳动者，劳动资料，劳动对象。”③ 该教科书还特地强调生产工具的决定性地位：“生产力的状况，主要以生产工具为其客观标志。”④ 也就是说，在当时的观念中，生产工具一方面比人更具有物质性特征，另一方面也更能说明生产力进步和发展的水准。

在署名为李秀林等主编的人民大学教科书的1995年的新版本中，体系和框架已经发生了不小的变化。在这一新版本中，虽然关于生产力的定义几乎与旧版本一字不差，但关于生产力三要素的摆放位置却发生了极大的变化。这一变化就是主张生产力的要素中劳动者是排在第一的要素，否定了传统的将生产工具排在第一的观点。新版本说：“生产力要素中的劳动者，是指具有一定生产经验、劳动技能和知识、智力的人，即运用劳动资料作用于劳动对象的有一定劳动能力的人。”⑤ 更值得一提的是，该教科书强调：“在现

---

① 李秀林、王于、李淮春主编：《辩证唯物主义和历史唯物主义原理》，中国人民大学出版社1982年版，第262页。

② 马克思：《资本论——劳动和价值增值过程》，载《马克思恩格斯全集》第23卷，人民出版社1979年版，第202页。

③ 北京大学哲学教研室组编：《马克思主义哲学原理》，北京大学出版社1984年版，第131页。

④ 同上书，第398页。

⑤ 李秀林、王于、李淮春主编：《辩证唯物主义和历史唯物主义原理》，中国人民大学出版社1995年版，第111—112页。

代，科学技术已经成为‘第一生产力’。”①

实际上，自小平同志提出“科学技术是第一生产力”之后，这一提法很快就写进了马克思主义理论的各种教科书。而且，劳动者由生产力三要素中的末尾变为第一也在不少教材中出现。人民大学教材的体系和观点也是对当时理论新发展的总结。由人民大学另一批学者主编的出版于1988年的另一本教材也曾指出：“在生产力中还应包括科学这个重要因素。”② 他们还说：“随着科技革命的开展，科学在社会上和生产中的地位愈益重要，越来越成为直接的生产力。”③ 在署名李秀林等主编的人民大学教材的最新版本中，关于劳动者作为生产力三要素中的首要地位得到了加强：“在生产力的构成中，劳动者是生产过程的主体，是生产力中能动的、起主导作用的要素，是‘活的劳动’。”④

当然，有不少教材仍坚持将生产工具排在生产力要素的第一位。不过，将劳动者排在生产力要素的第一位的观点逐渐为多数学者所接受，很多教材也采用了这种观点。在大连海军政治学院张守刚主编的教材中，生产力的定义是：“生产力是人们改造自然，并从自然获取物质资料的能力，是人们解决社会与自然之间矛盾的实际能力，它表示生产过程中人同自然界的关系。”⑤ 关于生产力的要素，他们的解释是：“生产力包括三个方面的要素：具有一定生产经验、劳动技能，从事生产劳动的劳动者；以生产工具为主的劳动资料；引入生产过程使生产得以实现的劳动对象。”⑥

值得注意的是，对于邓小平“科学技术是第一生产力”的提法，在理论解读上出现了将科学技术单独列为一种生产力因素和将

---

① 李秀林、王于、李淮春主编：《辩证唯物主义和历史唯物主义原理》，中国人民大学出版社1995年版，第112页。

② 陈先达主编：《马克思主义基本原理教程》，人民大学出版社1988年版，第164页。

③ 同上。

④ 李秀林、王于、李淮春主编：《辩证唯物主义和历史唯物主义原理》，中国人民大学出版社2004年版，第102页。

⑤ 张守刚主编：《马克思主义哲学教程》，人民出版社1991年版，第135页。

⑥ 同上。

其分解到劳动者（劳动者的素质和能力）与生产工具这两种因素中去的两种不同的做法或倾向，但并没有将科学技术归为精神生产力或文化生产力（文化力）的范畴。当然，也有教科书坚持科学技术是生产力的独立要素兼第一要素，但似乎并没有将其列为原来两要素或三要素之外的第一要素。可以看出，我们的马克思主义哲学教科书中并没有明确出现“精神生产力”的概念，也没有将“文化生产力”的概念吸纳进去。这就说明，现在一些学者关于“精神生产力”和文化生产力的说法与传统的马克思主义理论教科书并不一致。这些提法与原来强调生产力的物质性本质的原则有所冲突。即便说将生产力要素中排在第一位的生产工具降格而使劳动者上升到第一位，但仍不足以颠覆生产力物质本质的原则。劳动者并不代表“精神生产力”或“文化生产力”；相反，它仍是一个物质性的概念。

那么，马克思主义哲学教科书的这些观点是否与马克思主义经典理论家的观点完全一致呢？事实上，正如前面我们说过的，教科书的体系和观点很多地方是相当机械、死板的，一些观点一方面不再适应现实的需要，另一方面也与马克思主义经典著作（原著）本意不一致。当然，教科书更存在着对发展中的马克思主义理论，包括对当代经典（如邓小平理论和“三个代表”理论等）吸纳滞后的问题。从马克思主义经典理论和发展中的马克思主义理论两方面来说，文化力、文化生产力、文化国力和文化软实力的概念的成立当无问题；相关理论是对马克思主义理论的丰富和发展，包括马克思主义的生产力。当然，它们究竟应该被定义为精神范畴的概念还是物质的是需要认真探讨的。

下面让我们对马克思主义经典理论中有关生产力、文化力等概念进行一个简单的回顾，结合马克思主义新的经典理论，将其与马克思主义理论的教科书进行比较，看看马克思主义生产力理论的真实体系究竟是怎样一个结构，然后再看看文化理论对这一体系有何突破？

实际上，马克思对生产力的看法是相当复杂的，绝对没有后人编写的马克思主义理论教科书中的观点那么简单。他曾经指出：

“宗教、家庭、国家、法、道德、科学、艺术等等，都不过是生产的一些特殊的方式，并且受生产的普遍规律的支配。”[①] 他还说“文明的果实”就是“已经获得的生产力”。[②] 这大约相当于我们目前所说的“文化生产力”、“知识生产力”甚至“精神生产力”。他晚年甚至提出有两种生产力——“物质生产力”和“精神生产力”的存在。他说：“平原和山区的差别，沿河流域、气候、土壤、煤、铁、已经获得的生产力（物质方面和精神方面的）、语言、文学、技术能力等等。”[③] 可以看出，对于马克思来说，将人的精神财富、文化知识、科学技术、思维能力等在教科书中被定位为精神范畴的因素看作生产力或生产力的因素绝无问题。他的生产力包括人类的一切生产和创造能力，绝不仅仅局限在表现为物质存在的劳动工具和劳动力上面。

列宁主义和毛泽东思想继承和发扬了马克思主义的生产力理论。毛泽东曾经指出：“中国一切政党的政策及其实践在中国人民中所表现的作用的好坏、大小，归根到底，看它对于中国人民的生产力的发展是否有帮助及其帮助之大小，看它是束缚生产力的，还是解放生产力的。”[④] 他对生产力的理解也是非常丰富的，早就强调了文化或文化力的重要地位。他说过：“没有文化的军队是愚蠢的军队，而愚蠢的军队是不能战胜敌人的。”[⑤] 他还曾指出：“革命文化，对于人民大众，是革命的有力武器。革命文化，在革命前，是革命的思想准备；在革命中，是革命总战线中的一条必要和重要的

① 马克思：《1844年经济学哲学手稿》，载《马克思恩格斯全集》第42卷，人民出版社1979年版，第121页。

② 马克思：《哲学的贫困》，载《马克思恩格斯选集》第1卷，人民出版社1995年版，第152页。

③ 马克思：《巴枯宁〈国家制度和无政府状态〉一书摘要》，载《马克思恩格斯全集》第18卷，人民出版社1964年版，第682页。

④ 毛泽东：《论联合政府》，载《毛泽东选集》第3卷，人民出版社1991年版，第1079页。

⑤ 毛泽东：《文化工作中的统一战线问题》，载《毛泽东选集》第2卷，人民出版社1991年版，第1011页。

战线。”[①] 他还强调：“新的政治力量、新的经济力量、新的文化力量，都是中国革命的力量。”[②] 当然，能否认为毛泽东已经创立了“文化力”概念或是认为他明确主张文化就是生产力是有待进一步考证的。贾春峰等根据前面毛泽东的言论而断定他早在《新民主主义论》一文中就创立了“文化力”的概念和理论[③]是值得商榷的。

我们前面的印证和反复讨论在于说明，从马克思、恩格斯到毛泽东，对于生产力的解释从来不是狭隘、机械的，从来不曾因强调生产力的物质性因素而忽视掉文化、科技和知识等因素。而且，生产力在他们那里一直是一个有机的统一体，是一个系统。这与传统教科书中过度强调生产力构成中物质因素而使之显得过于单一完全不同。随着中国改革开放的进行，对于生产力的研究突破了原来的体系是在所难免的。邓小平的“科学技术是第一生产力”可以说是最具冲击力的言论。他就此曾说过：“承认科学技术是生产力，就连带要答复一个问题：怎么看待科学研究这种脑力劳动？科学技术正在成为越来越重要的生产力，那末，从事科学技术的人是不是劳动者呢？”[④] 他主张：“科学技术叫生产力，科技人员就是劳动者。”[⑤] 在1992年的南方讲话中，邓小平指出：“判断的标准，应该主要看是否有利于发展社会主义社会的生产力，是否有利于增强社会主义国家的综合国力，是否有利于提高人民的生活水平。”[⑥]

江泽民早在1998年全国抗洪抢险总结表彰大会上的讲话中，就提出“有没有高昂的民族精神，是衡量一个国家综合国力强弱的

---

① 毛泽东：《新民主主义论》，载《毛泽东选集》第2卷，人民出版社1991年版，第708页。

② 同上书，第695页。

③ 贾春峰、黄永良：《关于“文化力”的对话》，《现代哲学》1995年第4期。

④ 邓小平：《在全国科学大会上的讲话》，载《邓小平文选》第2卷，人民出版社1993年版，第88页。

⑤ 邓小平：《科学工作要走在前面》，载《邓小平文选》第2卷，人民出版社1991年版，第34页。

⑥ 邓小平：《在武昌、深圳、珠海、上海等地的讲话要点》，载《邓小平文选》第3卷，人民出版社1991年版，第372页。

一个重要尺度”，并明确指出“精神力量也是综合国力的重要组成部分”①。他还说：“我们党要始终代表中国先进生产力的发展要求，就是党的理论、路线、纲领、方针、政策和各项工作，必须努力符合生产力发展的规律，体现不断推动社会生产力的解放和发展的要求，尤其要体现推动先进生产力发展的要求，通过发展生产力不断提高人民群众的生活水平。”②

总之，马克思主义经典理论对文化、知识和精神财富历来是相当重视的，也将其视为人类创造力和生产力的体现和重要源泉。邓小平理论和“三个代表”理论为代表的马克思主义新经典理论更是形成了系统的综合国力、文化力、文化国力、文化生产力、文化软实力理论，在丰富、发展了马克思主义历史唯物主义理论体系的同时，更是对生产力理论的一种重大突破。

## 四 “人”是历史的主体和生产力系统的最佳体现者

其实，我们长期以来一直使用的传统教科书中历史唯物主义理论出现偏差的根源在于对“人”的解读出现了偏差。将“人”视为社会存在中的所谓人口因素和生产力因素中的所谓劳动者，以体现其所谓的社会存在的纯粹物质性是机械的，也是对“人”的分裂或割裂。因为这样做完全忽视了“人”是知识和文化的创造者，既是精神的载体，也是文化与知识的最大的活的载体。更重要的是，只有完整的“人”才是历史的主体和人类社会的最基本单元。在历史过程与社会行为中，“人”不能再被割裂了。在历史和社会的领域，他或她已经是最基本、最具体和最小的主体及理论探讨的概念，不能再被分裂为物质的人和精神的人。将“人”本身看作物质和意识（精神）、思维和存在的二元对立在唯物辩证法的基本原理中是可以

① 《江泽民论有中国特色社会主义》（专题摘编），中央文献出版社2002年版，第395页。

② 江泽民：《在庆祝中国共产党成立八十周年大会上的讲话》，载《论“三个代表”》，中央文献出版社2001年版，第153页。

成立的，但这只能是一种逻辑的假定或逻辑关系。这也是为了解决历史上出现过的物质与精神二元对立的命题而设计的。或者说是过去物质与精神二元对立命题的继续。但在历史领域，或者说对于历史唯物主义来说，再进一步将“人”分裂为物质与精神的二元对立就是个严重问题了。“人”在社会或历史中，绝不可能单纯地以物质的人或精神的人而存在、而生活。我们必须尊重历史现象或社会存在本身。人的存在是物质与精神因素的统一体，是物质的人（肉体）与精神的人（意识）的有机统一，不可能是分离或割裂的。从来没有纯粹精神的人或纯粹物质的人的存在。人既是物质的又是精神的。精神上的人或所谓肉体的人的存在从逻辑上可以讲得通，但现实中没有。在解决哲学基本问题时物质与意识二元对立的关系造成人以分裂（割裂）状态的存在的逻辑假定到了历史领域，以历史唯物主义态度来看也应该还原，还原到整体的“人”、物质与精神一体的“人”，或者说将“人”还原到其所处的社会和历史的真实状态中去。

过去，关于生产力、社会存在和历史本体等问题引发的争议从很大程度上首先是由于对“人”的认识出现了偏差引起的。也就是说，我们对马克思主义理论中关于对“人”的定位或关于“人”的本质的理解出现了大问题。传统的教科书将“人”的意识从“人”的物质躯壳中分离出去，只强调人的自然属性、物质属性，完全将人降格为一种体力劳动者（生产力的一个次要因素）或人口（在传统的教科书中被当作社会存在的一个不重要的因素）。这样做显得太僵死、太教条，是一种机械的唯物史观，或者说是机械的历史唯物主义。这种唯物主义是不彻底的，并不比唯心史观高明。机械的唯物史观只会导致我们对人、社会、历史、社会进步和历史发展动力与标准的错误认识，颠倒我们对于人类奋斗目标和幸福标准的判断。这种历史观和“人”的观点，没有将“人”、知识和文化放到应该放到的位置上，而是轻视“人”、知识与文化的。历史证明那种机械的观点曾给我们带来多大的灾难，使我们的共产主义大业和社会主义建设走了太多的弯路，招致了太多的挫折，使人民经受了不必要的苦难。

“人”是社会和历史的基本单元、最重要的单元，也是社会和历史的主体和本体。马克思主义的历史唯物主义应该是以“人”为本的，“人”是社会的本体，也是历史的本体。“人”也应该是最基本、最重要的生产力。这种生产力将传统的所谓劳动者、生产工具和生产手段都包括在内了。因为劳动者就是“人”，“人”就是劳动者。这种劳动者不仅仅是体力劳动者，还有智力和各种主观能动性。生产工具就是他的发明，是他的官能的延伸，是他的技能、智力和体力的体现；其本身就是一种劳动结果。而生产手段更是由人的智力和体力的结合而决定的。我们不能将劳动者降格为一个体力劳动者或单纯具有体力的“人”，或将其视为所谓“物质的人”。这种将人的意识、脑力、精神从“人”的物质躯壳中剥离出去以强调劳动者物质属性的企图是非常机械、荒唐的。如前面所言，物质与精神的对立和分裂在逻辑上是讲得通的，但在现实中却是不可能存在的，是绝对不能分开的。人的物质与精神属性永远是共同存在的，或者说是作为共生体不可割裂的。

“人”是最好的物质与精神的统一体，甚至是唯一的物质与精神的统一体，其所包含的文化、知识和科技含量比所谓生产工具之类所包含的更多，也更典型。长期以来，一直有人试图朝着将工具视为科技的体现者（而且是最大、最典型的体现者）这个方向来解释科学技术作为第一生产力的物质体现或物质性原则，但就是不正视人与科技和文化的关系。这等于忽视了问题的根本，也等于误判了生产力本身和历史本体本身。如果将人视为第一生产力和生产力系统的完整体现者，关于生产力问题、历史发展的物质动力和历史主体的物质性问题所存在的所有困惑和争议就都全部迎刃而解了。邓小平说过：“改革经济体制，最重要的、我最关心的，是人才。改革科技体制，我最关心的，还是人才。”① 他还指出：“中国的事情能不能办好，社会主义和改革开放能不能坚持，经济能不能快一点发展，国家能不能长治久安，从一定意义上说，关键在人。”② 这

---

① 邓小平：《改革科技体制是为了解放生产力》，载《邓小平文选》第3卷，人民出版社1993年版，第108页。

② 同上。

就是一种真正的以人为本的态度，也暗含了将人（人才）视为第一生产力的观念。

## 五　有文化、有知识的“人”是第一生产力

其实，即便是所谓体力劳动和体力劳动者，难道就没有意识与精神互动以及精神因素的参与了吗？原来我们关于劳动本身和劳动者的理解也过于机械和教条。人的一切活动必然是体力与脑力共同体现，其劳动必然是体力劳动与脑力劳动的结合，不可能有纯粹排斥掉脑力劳动的体力劳动，也不可能有与体力无关的脑力劳动。人既是物质与意识（精神）的统一体，又是思维与存在的统一体，同时也是体力与脑力的统一体，当然也是体力劳动与脑力劳动的统一体。

恩格斯“劳动创造了人”的说法不仅对人的本质下了定义，同时也对劳动的本质下了一个定义。但恩格斯的劳动的定义，却在很大程度上被误解了。在我们传统的教科书中，劳动其实被看作体力劳动，人的体力劳动被视为创造性的，成了真正而唯一的劳动；从事体力劳动的人也成了历史的真正创造者和生产力的体现者（生产力的因素之一），而非体力劳动者则几乎成了剥削者、寄生虫和破坏者的同义语。这样，人和劳动都被严重简单化了，文化和知识的作用也被大大降低。邓小平在强调科学技术是第一生产力的同时，也强调了脑力劳动的重要性。这是对劳动和生产力概念的一种观念革命。他还曾明确指出：“我们常说，人是生产力中最活跃的因素。这里讲的人，是指有一定的科学知识、生产经验和劳动技能来使用生产工具、实现物质资料生产的人。”①

“人”的劳动离不开文化和知识、离不开意识和精神因素的指导和作用。劳动必然是有目的、有意识的劳动。劳动力的大小或劳

① 邓小平：《在全国科学大会开幕式上的讲话》，载《邓小平文选》第2卷，人民出版社1993年版，第88页。

动的创造力不仅仅取决于人的体力，还有文化和复杂的智力因素。劳动便是创造，创造便意味着文化、知识和智力（心智）。笛卡尔的名言“我思故我在”到现在仍没有过时。意识是“人”存在的标志，也是“人”存在的目的和意义，同时也是生活的目的和意义。因此，文化和知识就是“人”的意识的集合或结晶。它们是人类社会发展的体现，也是历史进步的体现。从某种程度上来说，作为“人”的能力、创造力和生产力的一部分（最精华的部分），它们也是历史进步和社会发展的动力。西方学者托马斯·弗里德曼曾指出：

> 知识在当今世界已经变得最为重要，它既是经济利益也是军事实力的源泉，提高生产力需要更多的知识。那些拥有最棒的科学家、大学、工程师和可以解决复杂问题的技术公司的国家和地区能够比那些没有这一切的国家享有更高的生活水平。“接受过高等教育的知识人才比那些没有接受过高等教育的人得到称心职位的可能性更大。”劳斯莱斯首席执行官约翰·罗斯说，我们将越来越少提及“发达、发展中和欠发达国家”，而是会越来越多地提及“聪明、更聪明、最聪明的国家”。新加坡人就整天在想如何变得更聪明，如何吸引更多人才，因为他们国家除了人以外没有什么自然资源。因此，发达国家对付像中国这样的低收入新兴经济体的唯一战略就是“越来越聪明”而不是“越来越便宜”地工作。①

如果将文化、知识等因素看作“人”的能力和创造力，它们与体力因素一样是“人”的自然属性，那么，就不会将它们局限在孤立的精神的范畴之内，也就不至于犯机械唯物主义的错误。

即便将文化或知识看作意识又怎样？对于意识，我们不也承认其具有的所谓反作用或反作用力吗？文化和知识无论被看作精神范

① 托马斯·弗里德曼：《令人筋疲力尽的知识竞争》，［美］《新闻周刊》2005 年 12 月 15 日，《参考消息》2005 年 12 月 31 日。

畴的东西还是物质范畴的东西，它们都能产生一种力量。而且，无论它们被看作物质因素还是精神因素，都是“人”的能力的体现。不管是物质力还是精神力，无论是意识的反作用力还是人的创造力，都不违反马克思主义物质第一、精神第二的最基本原则，同时也不违反历史唯物主义的原则。当然，将知识与文化看作力量之源或产生力量的因素与将其等同于力量本身是两回事。一些学者在宣布文化生产力和精神生产力存在的时候大约没能做这种概念的区分和逻辑的推演，更没有将其新的观点与马克思主义传统观点做深入的比较。

“人”是第一生产力，也是历史的真正本体和社会的主体。这应该成为真正的历史唯物主义的基本原则。这比原来的“历史本体”和生产力理论中强调社会存在概念及所谓生产工具和劳动者等物质生产力的观念强。强调能思维的“人”或有文化知识的“人”是第一生产力和历史的本体与社会的主体决不会堕入历史唯心主义。因为，这里的“人”是泛指，既是现实的“人”又是未来的“人”，既是社会的“人”又是历史的“人”，既是个体，又是群体，既泛指历史、现实中的全人类，又可特制某一历史阶段某一社会组织中的“人”。这里的“人”绝不是抽象的“人”或代表某种精神，也不特指某些人，如贵族、精英或所谓英雄，更不指上帝创造的“人”或神仙、上帝本身。“人”是现实的有血有肉、有文化知识的、有思维和意志的能够劳动和创造的“人”。

以往中国学术界或理论界忌讳将“人”看作历史的本体或第一生产力是担心会重蹈英雄史观等历史唯心主义的覆辙。实际上，以“人”为本、将“人”看作第一生产力是典型的唯物主义的观点，与任何唯心主义是不同的。马克思主义经典理论从一开始就是以“人”为本的，是典型的“人”学，历史和社会是其研究的重点。为什么在有些教科书的体系里“人”被肢解了、淹没了、最终成了一个空洞的可有可无的概念了呢。“人”和社会被抽象化、理念化、教条化、程式化。这不符合马克思主义的原则，倒具有典型的唯心主义和形而上学的特征。

一些西方学者认为，黑格尔的哲学从体系的基本特征和本质上是一种历史哲学，而且只有像黑格尔的这种历史哲学才是真正的历史哲学。[①] 黑格尔哲学对马克思主义哲学的影响是尽人皆知的。历史的概念对于黑格尔和马克思、恩格斯来说，要比历史学家眼中的研究对象宽泛得多，它指的是演变、发展中的人类社会的一切，同时既包括过去，也包括现在，甚至还包括未来。事实上，马克思主义理论从根本上来说应该是一种历史哲学。历史唯物主义应该是马克思主义的核心或最重要的部分。但在有些人那里，马克思主义理论中历史唯物主义的部分成了自然观和抽象的唯物论的附庸，“人”也成了自然的附庸，进而被抽象、简化为自然的“人”或物质的“人”，而丧失了“人”的基本特征。马克思主义的“人”学和历史唯物主义被误解了。我们应该认识到，在马克思主义的理论体系中，人、社会、历史是主题，同时也是最重要的物质存在，其中最重要的是“人”。“人”是自然的主人和历史的本体。从逻辑上讲，在马克思主义自然观中，物质本体论可以成立，但这一物质本体到了历史领域就变成了“人”，而不能再强调物质概念。“人”是物质的人。这一物质体包含意识，但不能被肢解或分裂。分裂和肢解意味着犯错误，不符合现实存在本身。将“人”看作一个形成社会、创造历史的特殊的物质本体，是再自然不过、再贴切不过的了。这是真正的历史唯物主义，应该是符合马克思主义的本来面目的，也是经典理论家的本意。这样理解决不至于颠倒马克思主义物质与意识的关系。

① C. J. Friderich, “Introduction to Dover Edition”, in G. W. F. Hegel, *The Philosophy of History*, Mineola, New York: Dover Publications Inc., 1956, reissued in 2004, p. i.

# 主要参考文献


1. 马克思：《资本论》，载《马克思恩格斯全集》第23卷，人民出版社1972年版。

2. 马克思：《1844年经济学哲学手稿》，载《马克思恩格斯全集》第42卷，人民出版社1979年版。

3. 马克思：《哲学的贫困》，载《马克思恩格斯选集》第1卷，人民出版社1995年版。

4. 马克思：《巴枯宁〈国家制度和无政府状态〉一书摘要》，载《马克思恩格斯全集》第18卷，人民出版社1964年版。

5.《毛泽东选集》第2—3卷，人民出版社1991年版。

6.《邓小平文选》第1—3卷，人民出版社1989—1993年版。

7.《江泽民文选》第1卷，人民出版社2006年版。

8.《江泽民论有中国特色社会主义》（专题摘编），中央文献出版社2002年版。

9. 江泽民：《论“三个代表”》，中央文献出版社2001年版。

10.《十六大报告辅导读本》，人民出版社2002年版。

11. 陈修斋、杨祖陶：《欧洲哲学史稿》，湖北人民出版社1986年版。

12. 刘杰主编：《国际体系与中国的软力量》，时事出版社2006年版。

13. 方伟：《文化生产力》，河北教育出版社2006年版。

14. 花建等：《文化力》，上海文艺出版社、百家出版社2006年版。

15. 黄硕风：《综合国力新论》，中国社会科学出版社1999年版。

16. 黄硕风:《国家盛衰论》,湖南人民出版社 1996 年版。

17. 黄硕风:《综合制胜:综合国力与国家战略》,广西人民出版社 1993 年版。

18. 黄硕风:《综合国力论》,中国社会科学出版社 1992 年版。

19. 贾春峰:《贾春峰说文化力》,广西师范大学出版社 2007 年版。

20. 贾春峰:《文化力》,人民出版社 1995 年版。

21. 李慎明、王逸舟主编:《2006 年:全球政治与安全报告》,社会科学文献出版社 2006 年版。

22. 门洪华:《构建中国大战略的框架》,北京大学出版社 2005 年版。

23. 连玉明、武建忠:《中国国力报告》,中国世代经济出版社 2007 年版。

24. 沈伟光:《新战争论》,人民出版社 1997 年版。

25. 宋瑞玉、韩韧、邵可振:《综合国力度量理论》,湖北教育出版社 1994 年版。

26. 童世骏:《文化软实力》,重庆出版社 2008 年版。

27. 王诵芬主编:《世界主要国家综合国力比较研究》,湖南人民出版社 1996 年版。

28. 王恩涌、赵荣、张小林、刘继生、李贵才、韩茂莉:《政治地理学》,高等教育出版社 1998 年版。

29. 宇剑、杜蒲、胡样:《国力论》,山东人民出版社 1999 年版。

30. 中国科学院可持续发展战略研究组:《中国可持续发展战略报告》,科学出版社 2003 年版。

31. 周国平:《尼采:在世纪的转折点上》,上海人民出版社 1986 年版。

32. 周浩然、李容启:《文化国力论》,辽宁人民出版社 2000 年版。

33. 北京大学哲学教研室组编:《马克思主义哲学原理》,北京大学出版社 1984 年版。

34. 陈先达主编:《马克思主义基本原理教程》,人民大学出版社 1988 年版。

35. 韩树英主编:《通俗哲学》，中国青年出版社 1982 年版。

36. 李秀林、王于、李淮春主编:《辩证唯物主义和历史唯物主义原理》，中国人民大学出版社 1982 年版。

37. 李秀林、王于、李淮春主编:《辩证唯物主义和历史唯物主义原理》，中国人民大学出版社 1995 年版。

38. 李秀林、王于、李淮春主编:《辩证唯物主义和历史唯物主义原理》，中国人民大学出版社 2004 年版。

39. 张守刚主编:《马克思主义哲学教程》，人民出版社 1991 年版。

40. [美] 保罗·肯尼迪:《大国的兴衰》，陈景标等译，国际文化出版社 2006 年版。

41. [美] 彼得·伯杰 (Peter Berger):《资本主义革命》，吴之深、柳青译，经济日报出版社 1993 年版。

42. [日] 长谷川庆太郎:《别了，亚洲!》，鲍刚等译，黄骁勇校，国际文化出版社 1989 年版。

43. [美] 傅立民:《论实力》(*Arts of Power: Statecraft and Diplomacy*)，刘小红译，清华大学出版社 2004 年版。

44. [德] 马丁·海德格尔:《尼采》，孙周兴译，商务印书馆 2002 年版。

45. [德] 马克斯·韦伯:《学术与政治》，冯克利译，生活·读书·新知三联书店 1998 年版。

46. [日] 名和太郎:《经济与文化》，高增杰、郝玉珍译，经济出版社 1987 年版。

47. [德] 尼采:《权力意志》，张念东、凌素心译，商务印书馆 1991 年版。

48. [德] 尼采:《偶像的黄昏》，周国平译，湖南人民出版社 1987 年版。

49. [日] 石原慎太郎、盛田昭夫:《日本可以说“不”》，广文社 1989 年版。

50. [美] 约瑟夫·奈:《硬权力与软权力》，门洪华编译，北京大学出版社 2005 年版。

51. 美国国家科学技术委员会:《技术与国家利益》(*Technology in the National Interest*), 李正风译, 科学技术文献出版社 1999 年版。

52. [美] 威廉·J. 克林顿、小阿波特·戈尔:《克林顿总统和戈尔副总统的意见》, 载《科学与国家利益》(*Science in the National Interest*), 曾国屏等译, 科学技术文献出版社 1999 年版。

53. [美] 威廉·J. 克林顿、小阿波特·戈尔:《科学: 无尽的资源》, 载《科学与国家利益》(*Science in the National Interest*), 曾国屏等译, 科学技术文献出版社 1999 年版。

54. [美] 威廉·J. 克林顿、小阿波特·戈尔:《科学技术和联邦政府: 新时代的国家目标》(*Science, Technology, and the Federal Government: National Goals for a New Era*), 张京京译, 科学技术文献出版社 1999 年版。

55. 丁峰峻:《综合国力论——2000 年我国国家发展战略刍议》,《学术界动态》1987 年第 6 期。

56. 胡鞍钢、门洪华:《中美日俄印综合国力的国际比较(1980—1998 年)》,《战略与管理》2002 年第 2 期。

57. 胡鞍钢、门洪华:《中美日俄印综合国力的国际比较: 兼论中国大战略》, 载 [美] 阿什利·泰利斯等《国家实力评估: 资源、绩效、军事能力》, 门洪华等译, 新华出版社 2002 年版。

58. 胡平:《九十年代中国对外开放的十大趋势》,《党校论坛》1993 年第 12 期。

59. 黄硕风:《漫谈综合国力》,《世界知识》1987 年第 24 期。

60. 黄硕风:《未来综合国力对比预测》,《日本问题》1988 年第 5 期。

61. 黄硕风:《综合国力论》,《百科知识》1989 年第 6 期。

62. 贾春峰:《加强市场经济中"文化力"的研究》,《经济日报》1993 年 10 月 26 日。

63. 贾春峰:《文化力: 我的学术研究的新起点》,《人民论坛》1997 年 12 月号。

64. 贾春峰:《经济赛局中"文化力"的较量》,《北京财贸管理干部学院学报》2001 年 6 月。

65. 贾春峰、黄文良:《关于“文化力”的对话》,《现代哲学》1995 年第 4 期。

66. 贾海涛:《综合国力研究的几个理论要点》,《开放时代》2001 年第 6 期。

67. 贾海涛:《综合国力系统论刍议》,《暨南学报》2002 年第 4 期。

68. 李文启、王玉才、吴绍斌:《文化力研究第一人——访著名学者贾春峰》,《商业文化》2004 年第 3 期。

69. 门洪华:《中国软实力评估报告》,《国际观察》2007 年第 2—3 期。

70. 邵光田、刘珠、许昌东、刘勇:《综合国力测定方法研究》,《当代经济科学》1996 年第 3 期。

71. 沈健、吴绍斌:《贾春峰:“文化力”研究第一人》,《文化交流》2004 年第 5 期。

72. 王沪宁:《作为国家实力的文化:软权力》,《复旦学报》1993 年第 3 期。

73. 汪堂家:《一个后结构主义者眼中的尼采》,《读书》1987 年第 1 期。

74. 王一川:《理解中国国家文化软实力》,《艺术评论》2009 年第 10 期。

75. 吴春秋:《现代国防战略与综合国力论》,《国防大学学报》1986 年第 1 期。

76. 杨小虎:《让文化软实力“硬”起来》,《时事报告》(大学生版)2007—2008 年度第 4 期。

77. 张文奎、阎越:《论国力类型的划分及其理论与实践意义》,《人文地理》1990 年第 3 期。

78. 《环球时报》编辑部:《大国为何会走向衰落》,《环球时报》2007 年 1 月 4 日。

79. 贾春峰:《文化力——21 世纪经济角逐的主角》,《中国改革报》1998 年 3 月 5 日。

80. 贾春峰：《市场经济与文化发展散论》，《人民日报》1994年2月9日。

81. 陈璟贝、蒋国鹏：《希拉里阐释“巧实力”外交 演讲五次提到中国》，《国际先驱导报》2009年1月20日。

82. 蒋国鹏：《奥巴马“巧实力”外交露端倪》，《半月谈》2009年3月12日。

83. 马庆红：《发掘中华传统文化优势提高国家文化软实力》，《光明日报》2009年11月11日。

84. 庞中英：《中国不能与世界埋头做生意——如何积累中国国家力量的软资源》，《环球时报》2007年12月29日。

85. 彭林：《政治力短期内提升空间有限》，《环球时报》2007年7月25日。

86. 邱立本：《中国要和学术力谈恋爱》，（港）《亚洲周刊》2006年9月3日（提前出版），《参考消息》2006年8月29日。

87. 孙秀萍：《与中国竞争日本靠的是科技和文化》，《环球时报》2007年7月13日。

88. 王允祯：《别把政治实力的作用绝对化》，《环球时报》2007年7月25日。

89. 邢悦：《很难比较文化力与政治力》，《环球时报》2007年7月25日。

90. 阎学通：《从和谐世界看中国软实力》，《环球时报》2005年12月16日。

91. 阎学通：《软实力的核心是政治实力》，《环球时报》2007年5月22日。

92. 杨晴川：《中国提升“软实力”乃明智之举——专访美国著名国际问题学者约瑟夫·奈》，《参考消息》2006年8月10日。

93. 杨天石：《解放精神生产力是个大问题》，《北京日报·理论周刊》2008年2月4日。

94. 杨威：《“2009文化哲学论坛：国家文化软实力建设学术研讨会”综述》，《马克思主义研究》2009年第7期。

95. 杨义：《综合国力不能忽视文化竞争力》，《文汇报》2002

年 11 月 14 日。

96. 于盈:《约瑟夫·奈:从“软实力”到“巧实力”》,《南风窗》2009 年第 13 期。

97. 赵子石:《对美国不必讳言强大》,《环球时报》2006 年 6 月 26 日。

98. 朱锋:《中国应多侧重“软权力”崛起》,《环球时报》2007 年 4 月 30 日。

99.《人民日报》2005 年 11 月 7 日。

100.《海南日报》2004 年 10 月 19 日。

101. [美] 安德鲁·斯科贝尔:《世界认可中国的软实力吗?》,美国詹姆斯顿基金会《中国简报》2007 年 1 月 24 日,《环球时报》2007 年 1 月 26 日,王析译。

102. [美] 詹姆斯·特劳布:《美国新的硬软实力观》,《纽约时报杂志》周刊 2005 年 1 月 30 日,《参考消息》2005 年 3 月 6 日。

103. [美] 托马斯·弗里德曼:《令人筋疲力尽的知识竞争》,[美]《新闻周刊》2005 年 12 月 15 日,《参考消息》2005 年 12 月 31 日。

104. [美] 约瑟夫·奈:《拉姆斯菲尔德之后,重新关注“软实力”恰逢其时》,[埃及]《每日电报》2006 年 11 月 12 日,《参考消息》2006 年 11 月 19 日。

105. [美] 约瑟夫·奈:《软实力是前途》,《曼谷邮报》2005 年 11 月 17 日,《参考消息》2005 年 11 月 28 日。

106.《印度时报》2005 年 1 月 28 日,《参考消息》2005 年 1 月 29 日。

107. 中国社会科学院语言研究所词典编辑室编:《现代汉语词典》(修订本),商务印书馆 1997 年版。

108. Arrington, Robert L. (ed.), *The World's Great Philosophers*, Blackwell Publishing, 2003.

109. Arora, Prem, *International Politics*, New Delhi: Cosmos Bookhive Ltd., 2000.

110. Baradat, Leon P., *Political Ideologies*, Upper Sadele River, New Jersy: Prentice-Hall, Inc., 1997.

111. Barraclough, Geoffrey, *An Introduction to Contemporary History*, Penguin Books, reprint edition, 1991.

112. Carr, Edward Hallett, *The Twenty Years' Crisis*, New York: Palgrave Publisher's Ltd., 2001.

113. Carr, Edward Hallett, *The Twenty Years' Crisis*, New York: Harper and Row Publishers, 1964.

114. Cline, Ray S., *World Power Trend and U. S. Foreign Policy for the 1980s*, Boulder, Colorado: Westview Press, 1980.

115. Cline, Ray S., *World Power Assessment: A Calculus of Strategic Drift*1977, Boulder, Colorado: Westview Press, 1977.

116. Couloumbis and Wolfe, *Introduction to International Politics: Power and Justice*, New Delhi: Prentice Hall of India, 1981.

117. Czempiel, Ernest - Otto and James N. Rosenau (eds.), *Global Changes and Theoretical Challenges: Approaches to World Politics for the 1990s*, Lexington: Lexington Books, 1989.

118. Deutsch, Karl W., *The Analysis of International Relations*, New Jersey: Prentice-Hall, Inc., 1978.

119. Deutsch, Karl W., *Politics and Government: How People Decide Their Fate*, Boston: Houghton Mifflin Company, 1970.

120. Foucault, Michel, *Power/Knowledge: Selected Interviews & Other Writings* 1972-1977, New York: Pantheon Books, 1980.

121. Foucault, Michel, *Discipline and Punish: The Birth of the Prison*, Middlesex, 1977.

122. Frankel, Joseph, *International Politics: Conflict and Harmony*, London: Allen Lane, the Penguin Press, 1969.

123. Fukuyama, Francis, *The End of History and the Last Man*, New York: Free Press, 1992.

124. Gilpin, Robert, *War and Change in World Politics*, Cambridge: Cambridge University Press, 1981.

125. Hegel, G. W. F., *The Philosophy of History*, Mineola, New York: Dover Publications Inc. 1956, reissued in 2004.

126. Hertmann, Frederick H., *The Relations of Nations*, New York: Macmillan, 1957.

127. Hobbes, Thomas, *Leviathan*, Cambridge: Cambridge University Press, 1996.

128. Hoffmann, Stanley, *Contemporary Theory in International Relations*, New Jersey: Englewood Cliffs, 1960.

129. Holsti, Kalevi J., *International Politics: A Framework for Analysis*, New Jersey: Prentice-Hall, 1977.

130. Jones, Walter S., *The Logic of International Relations*, New York: Addison-Wesley Educational Publishers Inc., 1996.

131. Kant, Immanuel, *Kant's Political Writings*, Cambridge: Cambridge University Press, 1970.

132. Kegley Jr., Charles W. and Eugene R. Wittkopf, *World Politics: Trend and Transformation*, New York: St. Martin's Press, 1997.

133. KegleyJr., W. (ed.), *Controversies in International Relations Theory: Realism and the Neoliberal Challenge*, New York: St. Martin's, 1995.

134. Keohane, Robert O. and Joseph S. Nye Jr., *Power and Interdependence: Politics in Transition*, Boston: Little Brown and Company, 1977.

135. Kindleberger, Charles, *Power and Money: The Economics of International Politics and the Politics of International Economics*, New York: Basic Books, 1970.

136. Kogut, Bruce (ed.), *Country Competitiveness*, New York and Oxford: Oxford University Press, 1993.

137. Knorr, Klaus, *Power, Strategy and Security*, Princeton, New Jersey: Princeton University Press, 1983.

138. Knorr, Klaus, *The Power of Nations: The Political Economy of International Relations*, New York: Basic Books, 1975.

139. Knorr, Klaus, *The War Potential of Nations*, Princeton, New

Jersey: Princeton University Press, 1956.

140. Kumar, Mahendra, *Theoretical Aspects of International Politics*, Agra: Shivlal Agarwala &Co., 1984.

141. Liska, George, *International Equilibrium*, Cambridge, Mass.: Harvard University Press, 1976.

142. Machiavelli, Niccolo, *The Prince* (*trans. by C. E. Detmold*), Ware, Hertfordshire: Wordsworth Edition, 1997.

143. Mahan, Alfred Thayer, *The Influence of Sea Power upon History* 1660-1783, New York: Dover Publsications, 1987.

144. McClelland, Charles A., *Theory and the International System*, New York: Macmillan, 1966.

145. Modelski, George, *Principles of World Politics*, New York: The Free Press, 1972.

146. Morgenthau, Hans J., *Politics among States* (*revised. by Kenneth W. Thompson*), McGraw-Hill, Inc., 1985.

147. Nerbuhr, Reinhold, *Christianity and Power Politics*, New York: Scribner's, 1940.

148. Nye Jr., Joseph, *Soft Power*, New York: PublicAfairs, 2004.

149. Nye Jr., Joseph, *The Paradox of American Power*, New York: Oxford University Press, 2002.

150. Nye Jr., Joseph, *Bound to Lead: The Change Nature of American Power*, New York: Basic Books, 1990.

151. Organski, A. F. K., *World Politics*, New York: Knopf, 1958.

152. Organski, A. F. K., *World Politics*, New York: Knopf, 1968.

153. Organski, Katherine and A. F. K. Organski, *Population and World Power*, New York: Alfred A. Knopf, 1961.

154. Palmer and Perkins, *International Relations*, Calcutta: Scientific Book Agency, 1970.

155. Rosenau, James N., *The Study of International Interdependence: Essays on the Transnationalisation of World Affairs*, New York: Nichols Publishing Company, 1980.

156. Russell, Bertrand, *Power*, London and New York: Routledge, 2004.

157. Schacht, Richard, *Nietzsche*, London, Boston, Melbourne and Henley: Routledge & Kegan Paul, 1983.

158. Schwarchenberger, George, *Power Politics: A Study of International Society*, London: Stevens & Sons, 1941.

159. Schuman, Frederick L., *International Politics*, New York: McGraw-Hill, 1933.

160. Stoessinger, John, *The Might of Nations*, New York: Random House, 1973.

161. Strong, C. E., *Dynamic Europe: A Background of Ferment and Change*, London: University of London Press, 1945.

162. Syed, Anwar, *Walter Lippmann's Philosophy of International Politics*, New York: Free Press, 1963.

163. Tellis, Ashley J., Janice Bially, Christopher Layne, and Melissa McPherson, *Measuring National Power in the Postindustrial Age*, Santa Monica: RAND Corporation, 2000.

164. Toffler, Alvin and Heidi, *War and Anti-War: Survival at the Dawn of the 21th Century*, Boston: Little, Brown and Company, 1993.

165. Toffler, Alvin, *Powershift: Knowledge, Wealth, and Violence at the Age of the 21th Century*, New York: Bantam Books, 1990.

166. Verba, Sidney (eds.), *The International System*, Princeton, New Jersey: Princeton University Press, 1961.

167. Vasquez, John A., *The Power of Power Politics*, New Jersey: Rutgers University Press, 1983.

168. Van Dyke, Vermon, *International Politics*, New York: Appleton-Century-Crofts, 1957.

169. Van Vat, Dan Der, *Standard of Power: The Royal Navy in the Twentieth Century*, London: Pimlico Random, 2001.

170. Waltz, Kenneth N., *Theory of International PoliticsReading*, Mass.: Addision-Wesley, 1979.

171. Wight, Martin, *Power Politics*, London: Leicester University

Press, 1978.

172. Saiter, Ellen, Hans Borchers, Gabriele Kreutzner, and Eva-Maria Warth: *Remote Control: Television, Audiences, and Cultural Power*, London and New York: Routledge, 1989.

173. Baldwin, David A., "Power Analysis and World Politics: New Trends Versus Old Tendencies", *World Politics*, Vol. 31, No. 2, January 1979.

174. Buddy, William, "Elements of Power", *Foreign Affairs*, Vol. 56, No. 1, Oct., 1977.

175. Carroll, Berenice B., "Peace Research: The Cult of Power", *Journal of Conflict Resolution*, Vol. 16, No. 4, 1974.

176. Cohen, Eliot A., "Military, Scientific, and Technological", *Foreign Affairs*, Vol. 80, No. 5, Sempter/October, 2001.

177. Cox, Robert W., "Gramsci, Hegemony and International Relations", *Millennium*, Vol. 12, No. 2, 1983.

178. Deutsch, Karl W., "The Coming Crisis of Cross-National and International Research in the United States", *American Council of Learnt Societies Newsletter*, Vol. 19. April 1968.

179. Hoshino, Akiyoshi, "The Endless, but Necessary Road to Theory of International Relations", *Journal of Economics*, Vol. 9, No. 3, 1984.

180. Jackson, Robert H., "Pluralism in International Political Theory", *Review of International Studies*, Vol. 18, No. 2, 1992.

181. Miller, J. D. B., "The Sovereign State and Its Future", *International Journal*, Vol. 39, 1984.

182. Nye Jr., Joseph, "Soft Power", *Foreign Policy*, Fall, 1990.

183. Treverton, Gregory and Seth G. Jones, "Measuring Power: How to Predict Future Balances", *Defining Power*, Vol. 27, No. 2, Summer 2005.

184. Rosenberg, Justin, "The International Imagination Relation Theory and 'Classic Social Analysis'", *Millennium: Journal of International Studies*, Vol. 23, No. 1, 1994 .

185. Waltz, Kenneth N., "Realist Thought and Neorealist Theory",

*Journal of International Affairs*, Vol. 44, No. 1, 1990.

186. Burchill, Scott, "Realism and Neo-realism", in Scott Burchill and Andrew Linklater (eds.), *Theories of International Relations*, New York: St. Martin's Press, 1996.

187. Cox, Robert W., "Social Forces, States and World Orders: Beyond International Relations Theory", in Robert O. Keohane (ed.), *Neorealism and Its Critics*, New York: Columbia University Press, 1986.

188. Devetak, Richard, "Postmodernism", in Scott Burchill and Andrew Linklater (eds.), *Theories of International Relations*, New York: St. Martin's Press, 1996.

189. Dougherty, James E., "The Configuration of the Global System", in Gavin Boyd and Charles Pentland (eds.), *Issues in Global Politics*, New York: Free Press, 1981.

190. Doupherty, James E., "The Study of the Global System", in James N. Rosenau, Kenneth W. Thompson, and Gavin Boyd (eds.), *World Politics: An Introduction*, New York: Free Press, 1976.

191. Dowding, Keith, "Rational Choice Approaches to Analyzing Power", in Kate Nash and Alan Scott (eds.), *The Blackwell Companion to Political Sociology*, Oxford: Blackwell Publishers Ltd., 2001.

192. Midgard, Knut, "Cooperative Negotiations and Bargaining: Some Notes on Power and Powerlessness", in Brian Barry (ed.), *Power and Political Theory*, London: John Wiley, 1976.

193. Nicholson, Harold, "National Character and National Policy", in Frederick Hartmann (ed.), *World in Crisis: Readings in International Relations*, New York: Macmillan, 1962.

194. Roskin, Michael G. and Nicholas O. Berry, *IR—The New World of International Relations*, New Delhi: Prentice - Hall of India, 2002.

195. Singer, J. David, "The Level-of-Analysis Problem in International Relations", in Klaus Knorr and Joseph Frankel, *International Politics: Conflict and Harmony*, London: Allen Lane, the Penguin

Press, 1969.

196. Spykman, Nicholas J., "The Balance of Power as Policy", in Frederick Hartmann (ed.), *World in Crisis: Readings in International Relations*, New York: Macmillan, 1962.

197. Thompson, Kenneth W., "Toynbee and the Theory in International Politics", in Stanley Hoffmann (ed.), *Covtemporary Theory in International Relations*, New Delhi: Prentice Hall of India, 1964.

198. Waltz, Kenneth N., "Theory of International Politics", in Fred I. Greensrein and W., Nelson, *Political Science*, Vol. 8, *International Politics*, Mass: Addision-Wesley, 1975.

199. Ward, Michael D., "Power in the International System: Behavioral Salience and Material Capabilities", in Stoll and Ward (eds.), *Power in World Politics*, Boulder: Lynne Rienner, 1989.

200. Blackburn, Simon (ed.), *The Oxford Dictionary of Philosophy*, Oxford: Oxford University, 2005.

201. Knowles, Elizabeth (ed.), *Oxford Concise Dictionary of Quotations*, New York: Oxford University Press, 2003.

202. Iain, Mclean and Alistair McMillan (eds.), *The Oxford Concise Dictionary of Politics*, Oxford: Oxford University, 2003.

203. Plano, Jack C. and Roy Olton, *The International Relation Dictionary*, California: ABC-Clio, 1982.

204. Wehmeier, Sally (ed.), *Oxford Advanced Learner's Dictionary*, Oxford: Oxford University Press, 2000.

205. 小柯:《球员榜:姚明伤愈后首度登上榜单　麦蒂仍列第五位》, 2007年4月4日(http://sports.sina.com.cn)。

206. 赵学琳、赵忠祥、陆静:《科学理解软实力与文化软实力》, 人民网(http://theory.people.com.cn/GB/166866/10062622.html)。

207. Li Changjiu, "Augmenting, Safeguarding World Peace", *People's Daily* Online, 30/06/1999.

208. http://bbs.cqzg.cn/thread-149159-1-1.html.

209. http://baike.baidu.com/view/1267278.htm?fr=ala0.

210. http: //www. gmw. cn/01gmrb/2009-11/11/content_ 1006485. htm.

211. http: //news. sina. com. cn/c/2007 - 10 - 24/205814157379. shtml.

212. http: //news. xinhuanet. com/newscenter/2002 - 07/16/content_ 484076. htm.

213. http: //news. xinhuanet. com/fortune/2005 - 05/13/content _ 2953207. htm.

214. US Defense Ministry, *Annual Report on the Military Power of the People's Republic of China* (http: //www. defenselink. mil/news/Jun2000/china06222000. htm).

215. US Defense Ministry, *Annual Report on the Military Power of the People's Republic of China* (http: //www. defenselink. mil/pubs/pdfs/China%20Report%202006. pdf).

216. *Power in international relations* (Information from Answers _ com. htm).

217. http: //www. answers. com/topic/political-power.

218. http: //en. wikipedia. org/wiki/political_ power.

219. http: //www. answers. com/topic/comprehensive - national - power; http: //en. wikipedia. org/wiki/Comprehensive_ national_ power.

220. http: //www. answers. com/topic/Joseph Nye.

221. http: //www. gcoforum. org.

222. http: //www. nbcsports. com/nba_ powrankings/index. html.

223. http: //news. jinghua. cn/352/c/200802/26/n739201. shtml.

224. http: //www. sirbacon. org/links/baconquotes. html.

225. http: //sports. espn. go. com/nba/powerranking.

226. http: //www. shalom. org. cn/military/ShowArticle. asp? ArticleID = 12.